KEY TECHNOLOGY OF
TUNNEL ACCESS CONSTRUCTION UNDER
COMPLEX TOPOGRAPHIC AND GEOLOGICAL CONDITIONS

复杂地形地质条件下
隧道进出洞施工
关键技术

赵慧君　艾振喜　张立忠　王丛泉　杨益波　等　编著

人民交通出版社股份有限公司
北　京

内 容 提 要

本书依托中交一公局集团有限公司承担的部分隧道工程案例和取得的科技创新成果，系统总结了复杂地形地质条件下隧道进出洞施工关键技术。全书共分10章，主要介绍了隧道洞口段施工技术发展情况、隧道洞口段常用施工技术、隧道洞口段施工风险分析及案例调研、零开挖进出洞施工技术，并结合典型工程案例介绍了不同地形地质条件下隧道洞口段施工技术。

本书可供从事隧道工程设计、施工、监理等相关工作的工程技术人员参考，也可供高等院校相关专业师生学习使用。

图书在版编目(CIP)数据

复杂地形地质条件下隧道进出洞施工关键技术 / 赵慧君等编著. — 北京 : 人民交通出版社股份有限公司，2025. 3. — ISBN 978-7-114-20153-0

Ⅰ. U455.4

中国国家版本馆CIP数据核字第2025N8M196号

Fuza Dixing Dizhi Tiaojianxia Suidao Jinchudong Shigong Guanjian Jishu

书　　名：复杂地形地质条件下隧道进出洞施工关键技术
著 作 者：赵慧君　艾振喜　张立忠　王丛泉　杨益波　等
责任编辑：李　梦
责任校对：席少楠
责任印制：张　凯
出版发行：人民交通出版社股份有限公司
地　　址：(100011)北京市朝阳区安定门外外馆斜街3号
网　　址：http://www.ccpcl.com.cn
销售电话：(010)85285857
总 经 销：人民交通出版社股份有限公司发行部
经　　销：各地新华书店
印　　刷：北京建宏印刷有限公司
开　　本：787×1092　1/16
印　　张：12.25
字　　数：306千
版　　次：2025年3月　第1版
印　　次：2025年3月　第1次印刷
书　　号：ISBN 978-7-114-20153-0
定　　价：95.00元

前言

我国是一个地形复杂、山区面积大、多高原和盆地的国家，由于隧道具有缩短路线长度、克服地形障碍等优点，隧道在道路交通发展中发挥着日益重要的作用。隧道洞口段通常存在埋深浅，围岩较软弱破碎、胶结程度差、孔隙率高、岩体节理裂隙发育等缺点，且洞口段围岩自稳能力差、易受施工扰动，在隧道开挖后围岩变形量大、变形速率快且持续时间长，如果稍有处理不当，则极易发生大变形甚至塌方等工程事故。这些事故不仅严重影响施工安全，还将导致施工工期延长、治理难度高、施工费用高等问题。因此，如何完善隧道洞口段施工一直是隧道工程建设的重要课题之一。

中交一公局集团有限公司在总结多年来隧道洞口段修建经验、借鉴国内外先进技术的基础上，遵循隧道工程建设内在规律，通过工程实践开展了一系列技术创新研究，有效地解决了隧道进出洞施工中的系列难题。在隧道施工过程中，中交一公局集团有限公司的广大建设者们积累了丰富的工程经验，尤其在浅埋偏压、高海拔峭壁、陡峻峭壁、软塑流塑状地层以及深层坡积体等不良地形地质条件下的隧道进出洞施工方面，积累了诸多典型案例与施工关键技术，为将这些关键技术介绍给广大读者，特编著此书。

本书共分10章。第1章为绪论，主要介绍了隧道洞口段施工技术发展现状，包括隧道进出洞技术、隧道开挖支护技术以及常见的围岩加固技术。第2章为隧道洞口段常用施工技术，详细介绍了隧道进出洞施工技术、洞口段预支护及预加固技术、洞口段开挖工法。第3章为隧道洞口段施工风险分析及案例调研，介绍了常见的工程风险分析方法，结合相关施工案例总结了隧道洞口段常见施工风险，利用工程风险分析方法对洞口段隧道施工实例进行了风险评估。第4章以丫口寨隧道、上坡地隧道以及大厂荫隧道为例，介绍了零开挖进出洞施工技术。第5章以西(安)合(肥)西部大通道陕西境内丹凤至陕豫界高速公路孤独庙隧道为例，介绍了浅埋偏压隧道洞口段施工技术。第6章以青海省S101省道湟中至贵德公路拉脊山隧道为例，介绍了高海拔峭壁导洞扩挖洞口段施工技术。第7章以济源至阳城高速公路济源段焦树坪隧道为例，介绍了陡峻峭壁隧道进出洞施工技术。第8章以国家高速公路北京至拉萨线西宁南绕城公路南酉山隧道为例，介绍了软塑、流塑状地层隧道洞口段施工技术。第9章以赵家庄1号隧道、赵家庄2号隧道、王家坡隧道等黄土隧道为例，介绍了黄土地层洞口段施工技术。第10章以济源至阳城高速公路济源段张庄隧道为例,介绍了陡坡地段深层坡积体隧道进洞施工技术。

本书由中交一公局集团有限公司赵慧君、艾振喜、张立忠、王丛泉、杨益波等编著,各章参编人员如下:汪媛媛参与第3章编写,董国强、富志强参与第4章编写,魏国涛参与第5章编写,谭利华参与第7章编写,王峻峰参与第8章编写,陈阳参与第9章编写,张小波、李威、李兆彬参与第10章编写。同时,中南大学阳军生和孙锐等也对本书编写提供了诸多帮助,在此表示衷心感谢!

由于参与本书编写的人员较多且作者水平有限,书中难免存在疏漏和不足之处,敬请各位专家和读者不吝赐教,多提批评指导意见,以利修正。

作　者

2022年5月

目录

第 1 章　绪论 …… 1

1.1　引言 …… 1

1.2　隧道洞口段施工技术发展概述 …… 3

第 2 章　隧道洞口段常用施工技术 …… 10

2.1　隧道进出洞施工技术 …… 10

2.2　隧道洞口段预支护及预加固技术 …… 20

2.3　隧道洞口段开挖工法 …… 24

2.4　本章小结 …… 28

第 3 章　隧道洞口段施工风险分析及案例调研 …… 30

3.1　隧道进出洞施工风险识别 …… 30

3.2　风险控制总体策略 …… 31

3.3　隧道洞口段常见施工风险分析及案例调研 …… 31

3.5　洞口段隧道施工实例风险评估 …… 59

3.6　本章小结 …… 83

第 4 章　零开挖进出洞施工技术 …… 84

4.1　零开挖施工技术体系 …… 84

4.2　丫口寨隧道零开挖进洞施工技术 …… 86

4.3　上坡地隧道单向零开挖出洞技术 …… 92

4.4　大厂荫隧道单向零开挖出洞技术 …… 97

4.5　本章小结 …… 100

第 5 章　浅埋偏压隧道洞口段施工技术 …… 101

5.1　孤独庙隧道工程概况 …… 101

5.2　重难点分析 …… 102

5.3　孤独庙浅埋偏压隧道洞口段施工技术 …… 103

5.4　本章小结 …… 110

第 6 章　高海拔峭壁导洞扩挖洞口段施工技术 …… 111

6.1　拉脊山隧道工程概况 …… 111

6.2 重难点分析 …… 113
6.3 拉脊山隧道进洞施工技术 …… 114
6.4 本章小结 …… 123
第7章 陡峻峭壁隧道进出洞施工技术 …… 124
7.1 焦树坪隧道工程概况 …… 124
7.2 重难点分析 …… 126
7.3 焦树坪隧道进洞施工技术 …… 127
7.4 焦树坪隧道出洞施工技术 …… 135
7.5 陡峻峭壁位置隧道进出洞安全环保控制措施 …… 145
7.6 本章小结 …… 146
第8章 软塑、流塑状地层隧道洞口段施工技术 …… 148
8.1 工程概况 …… 148
8.2 重难点分析 …… 150
8.3 洞口段施工方案选择 …… 150
8.4 南西山洞口段SSS工法桩参数设计 …… 151
8.5 SSS工法桩施工技术 …… 152
8.6 暗洞明做施工方案 …… 157
8.7 本章小结 …… 158
第9章 黄土地层洞口段施工技术 …… 159
9.1 赵家庄1号隧道洞口段施工技术 …… 159
9.2 赵家庄2号隧道超浅埋黄土隧道洞口段施工技术 …… 164
9.3 王家坡隧道钙质结核地段隧道洞口段施工技术 …… 167
9.4 本章小结 …… 174
第10章 陡坡地段深层坡积体隧道进洞施工技术 …… 175
10.1 工程概况 …… 175
10.2 重难点分析 …… 176
10.3 张庄隧道进洞施工技术 …… 177
10.4 本章小结 …… 186
参考文献 …… 188

第1章 绪论

1.1 引言

交通隧道作为一种埋藏在地下的管状构筑物,其设计和施工受多种不确定因素的影响。对于一座隧道来说,隧道洞口段施工往往成为整个工程的重点和难点。我国是一个地形复杂、山区面积大、多高原盆地的国家,由于隧道具有缩短路线长度、克服地形障碍等特点,使隧道在道路交通建设过程中发挥着日益显著的作用。隧道洞口段通常存在埋深小、围岩较软弱破碎、胶结程度差、孔隙率高、岩体结构破碎、节理裂隙发育等缺点,洞口段围岩自稳能力差、易受施工扰动,在隧道开挖后围岩变形量大、变形速率快且持续时间长,如果稍有处理不当,则极易发生大变形甚至塌方等工程事故。这些事故不仅严重影响施工安全,还存在影响施工进度、治理难度高、费用高等问题,为工程建设带来极大的不便。因此,如何完善隧道洞口段施工技术一直是隧道工程建设的重难点之一。本书基于文献调研及工程实践,总结出隧道洞口段施工常见的问题,并结合现实工程案例,分析、研究、总结提炼出一系列行之有效的隧道洞口段施工关键技术。

隧道洞口段施工常见问题包括:

(1)洞口段边仰坡失稳。洞口段施工中发生的坡面崩塌、滑动不安全事故是进洞施工中最严重的灾害,不但延误工期,增加造价,甚至造成人员伤亡,在以往的隧道洞口段施工中由于超前支护不当引起的坡面坍塌事故时有发生。隧道洞口段一般处于受地表水侵蚀严重、风化裂隙发育的坡面上,加上洞口段隧道埋深常常较浅,结构上部土体难以形成承载拱,所以洞口仰坡坡面容易受拉开裂、地表水侵入,其稳定性就很难得到保证。隧道洞口开挖引起周边围岩松动,从而诱发坡面坍塌、滑动,故对有可能发生坡面崩塌、滑移的破碎岩土体,应在隧道开挖进洞前,对洞口一定范围内的破碎岩土体进行超前加固处理,进洞后的洞内开挖一定要在超前支护结构的保护下进行,同时还要特别注意防止隧道产生轴向滑动。

(2)偏压造成隧道不均匀下沉。当隧道受地形或整个线路限制,进洞时与坡面不能形成正交,或者洞口段处于地层倾斜地层、断层、破碎带等时,则会形成偏压,洞口段的开挖可能产生极大的弯矩和应力。这时,如果没有合理的超前支护措施,则可能造成隧道不均匀下沉,甚至有可能造成超前支护失效、初期支护破坏,引起隧道坍塌。对于隧道不均匀下沉引起的初期支护破坏,应在洞口段采取合理的超前支护措施,确保洞口段开挖的安全及结构的稳定。

(3)基底承载力不足导致隧道整体或局部不均匀沉降。隧道洞口段一般为浅埋,则其上覆岩土体全部由隧道结构承载,同时,隧道洞口段通常处于松散堆积物、坡积层、风化物破碎带中,若一旦遇涌水,则可能导致隧道结构基底承载力不足,进而可能导致地表下沉和隧道结构变形、开裂,甚至地表塌陷。因此,要采取超前预加固措施增强基底的承载力以确保洞口段地表稳定及隧道结构安全。

(4)掌子面崩塌。洞口段一般处在软弱、破碎围岩中,围岩强度低,裂隙发育,掌子面很难自稳。隧道开挖前不采取超前支护措施或超前支护参数不合理,易诱发掌子面崩塌。因此,要结合掌子面围岩情况,选取合理的开挖方法和稳定掌子面的辅助工法,以避免掌子面崩塌。

(5)地表下沉。洞口段因埋深小,承载力不足,围岩为强风化带,软弱破碎带或未胶结的堆积物等,隧道的开挖易引起地表下沉或塌陷,洞口超前支护过弱,隧道进洞开挖引起洞顶地表塌陷。为此在隧道开挖前需做超前支护,并结合地表注浆或采用注浆管棚法来减少和控制地表下沉,以利于隧道的顺利施工。

(6)洞口边仰坡落石伤人危及施工安全。隧道洞口段边仰坡是位于隧道洞门两侧及后方的工程,洞门后岩土多为严重风化的堆积体或强风化岩石,在地震等自然灾害的影响下更容易产生落石、地表开裂甚至洞口边坡失稳崩塌,造成洞门开裂、倒塌、落石、崩塌体堵塞洞口。

本书以隧道洞口段进出洞施工技术研究作为主线,结合中交一公局集团有限公司(简称"中交一公局")完成的典型工程,进一步总结提炼相关关键技术,以期为类似工程施工提供借鉴。表1-1列出了近年来中交一公局施工的典型隧道工程项目。

近年来中交一公局施工的典型隧道工程项目 表1-1

隧道名称	隧道长度(m)	线别	设计速度(km/h)	单洞/双洞	设计单位
大梁山隧道	6058	山西天镇至大同高速公路	80	双洞	山西省交通规划勘察设计院有限公司
张河隧道	1251	济源至阳城高速公路济源段	80	双洞	河南省交通规划设计研究院股份有限公司
张庄隧道	1602	济源至阳城高速公路济源段	80	双洞	河南省交通规划设计研究院股份有限公司
焦树坪隧道	1562	济源至阳城高速公路济源段	80	双洞	河南省交通规划设计研究院股份有限公司
拉脊山隧道	5565	青海省省道西久公路	60	双洞	中交第二公路勘察设计研究院有限公司
南西山隧道	860(左线)、840(右线)	西宁南绕城公路	100	双洞	中交第一公路勘察设计研究院有限公司
赵家庄1号隧道	756	太中银铁路	160	双洞	中国铁路设计集团有限公司
赵家庄2号隧道	188	太中银铁路	160	双洞	中国铁路设计集团有限公司
王家坡隧道	807	太中银铁路	160	双洞	中国铁路设计集团有限公司

续上表

隧道名称	隧道长度（m）	线别	目标速度值（km/h）	单洞/双洞	设计单位
孤独庙隧道	179	陕西境内丹凤至陕豫界高速公路 DJN4 合同段	80	双洞	陕西省公路勘察设计院
上庄 1 号隧道	770（左线）、880（右线）	山西阳翼高速公路 11 标	80	双洞	中交通力公路勘察设计工程有限公司
上庄 2 号隧道	495（左线）、465（右线）	山西阳翼高速公路 11 标	80	双洞	中交通力公路勘察设计工程有限公司
西山隧道	1285（左线）、1270（右线）	西宁南绕城公路	100	双洞	中交第一公路勘察设计研究院有限公司
凤凰山隧道	680（左线）、600（右线）	西宁南绕城公路	100	双洞	中交第一公路勘察设计研究院有限公司
兴隆隧道	408	湘桂铁路柳南段 LN-2 标	250	单洞双线	中铁二院工程集团有限责任公司
上国隧道	237	湘桂铁路柳南段 LN-2 标	250	单洞双线	中铁二院工程集团有限责任公司

1.2 隧道洞口段施工技术发展概述

1.2.1 隧道洞口段施工内容及特点

洞口段施工包括洞口边仰坡施工以及隧道施工，其中隧道施工包括超前支护、洞口段开挖、支护。隧道洞口段的稳定性不仅和洞口段的自然因素有关，如地层岩性、地质构造、坡体结构特征及水文地质条件等，而且和工程因素的联系非常紧密，如隧道轴线与坡形的关系、隧道规模（高、跨、长）、使用性质（永久性或短暂性）、施工方法（开挖顺序、一次成洞、分段开挖）、开挖工法（钻爆法、控制爆破法或掘进机法）、支护形式及施工过程、其他工程活动的影响等。

边坡一般较破碎，进洞前需要进行边仰坡刷坡施工，在隧道边仰坡施工时应按照“早进晚出”“不破坏就是最大的保护”的理念，确定合理的进洞位置、边仰坡高度，尽量少刷坡，保护自然环境、清除坡面危石，保证施工安全。同时，做好边仰坡的截排水系统，防止边坡遇水软化，避免发生边仰坡失稳。明洞段应采用机械或者弱爆破分层开挖，边开挖边支护，防止边坡及明洞段暴露时间过长产生问题。

隧道洞口一般埋深较小，围岩难以形成有效的承载拱，围岩压力基本由支护结构全部承担。因此，在隧道洞口段施工时，要限制围岩的变形，减小围岩的松散压力，防止围岩变形过大而侵入限界，同时应严格遵守“管超前、严注浆、短进尺、强支护、早封闭、勤量测”的原则。“管超前”要求采用管棚或者小导管等超前支护，发挥其强度高及其沿隧道纵向的梁作用及横向的拱作用；“严注浆”通过注浆将破碎围岩黏结成整体，提高围岩的黏聚力，并起到隔水帷幕的作用,防止地下水进入隧道软化地基或者围岩;“短进尺、强支护、早封闭”要求采用短进尺开挖,强支护早成环,限制由于隧道开挖造成的围岩松动圈范围,避免开挖进尺过长导致变形过大,或者未封闭而出现拱脚下沉或者掉拱等问题;“勤量测”要求对边仰坡、隧道洞身的变形进行量测,确定其变形速率及预测最终的变形量,以便对支护效果进行评价,对支护参数及施工方法进行动态调整,防止边仰坡失稳或者隧道洞口段安全事故的发生。

1.2.2 隧道进洞技术概述

作为隧道工程的难点与重点,隧道进洞施工受到各国隧道工作者的重视。日本较早提出隧道建设与环境保护相和谐的理念,在设计与施工时强调对隧址区环境的保护,通常采用削竹式或矮化的端墙式洞门,减少隧道洞门对整体线路景观的影响。日本主要采用管棚法、先撑管幕工法(AGF 工法)和长钢管注浆工法等辅助工法对边、仰坡进行预支护,配合相应的开挖技术完成隧道进洞施工。日本隧道施工机械化率较高,每种工法都有相应的施工机械,施工技术及施工工艺相对规范化,在隧道建设中取得了良好的效果。

岩土控制变形分析法即“新意法”,在过去数十年内,广泛应用于意大利的铁路和公路领域,并已纳入意大利的隧道设计和施工规范。新意法还应用于欧洲其他一些国家的隧道项目。新意法是由意大利隧道工程专家 Pietro Lunardi 在研究新奥法和压力拱理论的基础上,提出的隧道施工新理念。新意法的基本思想为加固开挖面超前核心土并结合预支护措施实现隧道安全进洞,重视监控掌子面的挤出变形和预收敛,以此来判断隧道开挖后的稳定性。新意法不仅实现了隧道大断面施工,且相对于新奥法来说更加适合浅覆土及软弱破碎地带,为隧道软弱破碎地带的隧道进洞施工提供了良好的思考角度。

随着相关技术的快速发展,我国公路隧道进洞方式和理念也发生了很多转变,国内公路隧道进洞方式根据发展过程主要分为三个阶段:第一阶段是洞口附近大范围刷坡,即大开挖进洞阶段;第二阶段为明洞进洞阶段,施作临时边、仰坡,并进行临时支护,待隧道完成进洞施工后,接长明洞回填,恢复原地形地貌;第三阶段是超前支护进洞阶段,顺应洞口地形、地质条件,施作超前预支护或预加固措施,在其保护下进行洞口段施工。

随着我国对环保工作的日益重视,人们认识到大规模刷坡对洞口段生态环境破坏较大,对隧道后期运营安全造成较大威胁。为了在修建隧道时尽量保护当地生态环境,技术人员提出了明洞进洞、反压回填等技术方案。虽然该类方案比大范围开挖进洞方案对环境破坏明显减少,但现场施工时仍然需要削坡,还是避免不了对环境的破坏,边、仰坡的开挖破坏了原山体的稳定,可能诱发滑坡等工程问题。基于以上情况,“零开挖进洞”理念应运而生,在预支护措施的保护下完成隧道进洞施工,成为隧道洞口段施工的主要原则之一。

“零开挖”施工技术的主要核心点在于尽可能降低对隧道边仰坡的开挖,最大限度缩小隧道洞口施工的破坏范围,从而达到保护隧道口森林植被的目的,符合国家倡导的“绿色环保低碳”公路建设理念。通过该技术,可有效降低上部开挖施工槽的深度,相同坡比的条件下最大限度地减少了洞口施工的横向破坏范围,且提高了施工槽边坡的安全性。

以“前置洞口法”为代表的环保进洞方法,提前施作预支护措施,以最大限度地减少隧道洞口边、仰坡开挖。“前置洞口法”很好地阐释了“零开挖”进洞的理念,并在工程实践中取得了很好的效果,被称为绿色进洞施工方法。

对于前置洞口法，蒋树屏等结合洪西高速公路大董岭隧道，对比分析了传统隧道进洞施工方法与前置洞口法，比较了两者在围岩与衬砌结构的变形、受力方面的差异，研究表明前置洞口法可以很好地稳定隧道仰坡，并实现了无仰坡进洞，为前置式工法的优越性提供了理论依据。

宋玉毛介绍了位于国家级森林公园的老山隧道环保型建设技术——“零开挖”进洞工法创新及应用情况。其认为采用该技术避免了水土流失对林地污染，而且对保护老山林区自然环境，具有广泛而长远的生态效益和社会效益。

洞口“零开挖”是隧道洞口设计与施工的新理念，其要求是采取一定的辅助工程措施或改变施工方法等手段，以最大限度地少开挖山体，保持山体稳定、保护原生植被和自然生态。“零开挖”和“早进晚出”的施工理念是一脉相承的，只是“早进晚出”更加注重的是工程上的意义，即通过“早进洞，晚出洞”减少山体开挖，保证山体稳定以及后续运营的安全。而“零开挖”不仅仅具有工程上的意义，而且更重要的是具有环保意义，即通过减少开挖，来保证山体稳定及运营安全，同时还有助于保护原生植被与原始生态，实现工程对自然的最小破坏，达到工程与自然环境协调、和谐发展的目标。

综上所述，目前对于隧道进洞和洞口段施工已形成尽量减少开挖量、保护自然环境的环保施工理念。采用大管棚或超前小导管辅助施工是隧道进洞过程中抑制围岩变形、维持围岩稳定的有效手段。与之相适应的是，在超前支护的保护下，进洞施工一般采用施工进度较快、造价较低的三台阶法开挖。对于洞口段围岩条件差或存在偏压等不良地质地形条件，工程现场常采用地表预加固和多种支护措施。对于洞口段施工风险分析也出现了不少研究，从理论方面丰富了洞口段施工技术。由于隧道进洞和洞口段施工的影响因素较多，寻求更为安全、合理、经济的施工方案，仍需在工程实践和理论分析的基础上进行深入的研究和分类细化。

1.2.3 隧道出洞技术概述

目前，随着隧道建设规模的不断扩大，复杂地形条件隧道施工情况时有发生，隧道采用洞内单向掘进直至另一端出洞的施工案例逐渐增多。

何英伟以吉怀高速公路羊和岩2号隧道工程为实例进行了出洞技术研究。羊和岩2号隧道为分离式隧道，洞口山体自然边坡陡峭，坡度为40°~55°，隧道左洞明洞长10m，右洞明洞长7m，右侧边仰坡切方高达25m。岩体呈碎裂结构，对洞口坡面的稳定性极为不利，且边仰坡的防护工程量较大。通过对三台阶法和传统超前小导洞法出洞进行数值模拟，对比分析了三台阶法和传统超前小导洞法出洞时支护结构的受力特征和变形规律。工程实践表明采取三台阶法出洞技术保证了隧道围岩和出口边仰坡的稳定性，有效地解决了复杂地形条件下出洞的技术难题。

胡桂先以新滩1号隧道为例，针对隧道出口地形复杂，进口地形稍缓、距既有道路较近、路面高差较小等不足，并结合隧道较短的特点，制订了相应的隧道出洞方案。该方案确定隧道自进口单口掘进至出口明暗洞交接前5m处，改由洞内导洞出洞，采用先加固出口边仰坡及右侧悬空部分明洞基础，构筑右侧抗偏压挡墙及明洞护拱并拱顶回填增压，再进行拱下注浆锚杆超前支护、短进尺扩挖支护，及时施作仰拱、填充及二次衬砌，并做好洞口排水系统及周边环境保护工作。

徐加民以 G111 国道改建工程中的头道穴隧道工程为例进行出洞的设计研究，其研究结论是：①隧道出洞设计需要研究洞口位置及洞门设计、施工方案、结构设计、辅助工程措施、洞口坡面处理等方面；②通过工程实际应用，验证了隧道出洞设计方案的可行和可靠，取得了良好的社会、经济效益；③该出洞方案具有优势及应用推广价值，尤其适用于中、短隧道或一端不利于进洞施工的隧道。

李宗长结合沪蓉国道主干线湖北省宜昌至恩施高速公路夹活岩隧道浅埋偏压段出洞施工情况进行研究，认为准确掌握浅埋偏压地形、加强监控量测、选择合理成洞方案，是解决浅埋偏压隧道出洞施工的关键。

随着国家经济的不断发展，社会对于交通的便利性以及时效性提出了新的要求。为了进一步促进经济的发展，近年来，国家对于高速铁路的建设投资不断增大，这也促进了高速铁路隧道的发展。高速铁路与常规铁路的最大区别在于，高速列车的时速要显著大于常规列车。当高速列车高速通过隧道洞口段时，列车前方气体将会受到列车的挤压，从而形成一个压缩波，随着列车驶入隧道长度增加，隧道内的压力也不断增大，当压缩波传至隧道出口，气体骤然膨胀，形成一个被称为“微气压波”的脉冲波；同时，由于高速列车速度较快，所形成的脉冲波产生的气压难以快速释放，从而所产生的脉冲波会对列车、乘客以及隧道洞口段结构产生较强的不利影响。

田鲁鲁研究了高速铁道隧道需要考虑空气动力学效应的原因，以及空气动力学效应形成机理，并以云桂高铁孟村隧道为例，介绍了如何在高速隧道中采取相关措施缓解该不利影响。通过在隧道洞口设置缓冲结构和增大隧道断面积能够有效缓解隧道洞口微气压波。田鲁鲁的研究结论为：①两侧开孔或顶部开孔的缓冲结构比全封闭的缓冲结构具有更好的降压效果。缓冲结构的开口处，最大有效面积为隧道内轨顶面以上净空面积的 1.4 ~1.5 倍。②开孔面积为隧道净空横断面面积的 1/5 ~1/3 时，会取得较好的降压效果。③缓冲结构长度过短起不到降低微气压波的作用，过长则其降低微气压波的作用提高很小。④缓冲结构长度以在隧道断面水力直径至 50m 范围内为好。

目前对于隧道出洞施工而言，大多数工程均采用超前小导洞法出洞，而根据具体工程条件的不同，超前小导洞的尺寸、形状、长度、施作与隧道断面的位置、支护参数等也有所差异。实际上，超前小导洞法在隧道洞身段施工中也常用到。从洞口地形地质条件和施工安全方面考虑，采用超前小导洞法出洞无疑是较适宜的出洞方案。

1.2.4 隧道洞口段开挖技术概述

从目前的施工水平、设计水平、设备水平和技术水平来看，适合隧道洞口段的开挖方法主要有以下几种。

(1)台阶法

台阶法开挖一般情况下可以分为三种形式：长台阶法、短台阶法和超短台阶法。三种台阶法开挖方式中，台阶长度一般是由初期支护结构封闭成闭合断面过程中的时间长短来决定的，围岩越软弱，地层条件越差，闭合成环所要求的时间就会越短，台阶长度就越短。

王维富等以蒙华铁路石岩岭隧道为研究对象，对台阶法和传统分部开挖法进行比选，提出

“三台阶临时仰拱＋竖向支撑”的开挖工法，对台阶法施工过程中出现的拱顶沉降大、初期支护出现裂缝、爆破对软硬不均地段的影响和地表土体开裂等问题进行分析并提出相应的对策。现场实施效果表明，台阶法能满足石岩岭超大断面浅埋偏压隧道施工安全的要求。

(2)中隔壁法(CD法)

在掌子面不稳定、不适合使用台阶法的情况下可使用中隔壁法。该开挖法可较好地用于浅埋、围岩特别差、地表沉陷要求严格的工程施工。它将开挖断面分成左右两部分，使开挖掌子面减小，变大跨度为小跨度开挖，提高掌子面和顶板稳定性，控制拱顶沉降和地表下沉。

贾晓旭等以雁口山隧道为背景，借助数值模拟和实际监测数据，研究软弱围岩隧道在CD法和台阶法两种不同开挖方法施工过程中的围岩变形、应力变化和围岩塑性区分布规律。实际监测数据和模拟计算结果均表明，采用CD法开挖断面关键点位移和应力明显小于台阶法，随开挖步影响范围也比台阶法要小。总之，CD法比台阶法能更好控制围岩变形和应力发展，塑性区分布范围也明显小于台阶法。

(3)交叉中隔壁法(CRD法)

CRD法源于日本，是中隔壁法和台阶法的综合。CRD法是施工中解决大断面施工的有效方法之一，其最大特点是将大断面化成小断面，步步成环，每个施工阶段都是一个完整的受力体系，结构受力明确，变形小，沉降量小。采用CRD法必须坚持“管超前，严注浆，早成环，环套环”的施工方针，控制台阶长度即施工进尺，坚持及时量测，并根据量测信息调整施工进尺。

杨建民依托郑州至西安高速铁路工程实例，开展地表及初期支护沉降量测，临时支护内力及拆除临时支护过程的沉降、内力变化测试分析。研究结果表明：CRD法能保证大断面黄土隧道的开挖安全；砂质黄土浅埋段地表沉降值多在20cm以上；临时竖撑横向摆幅达9.8cm；逐榀拆除临时支护时拱部下沉2mm，拆除范围大于1倍隧道开挖宽度时，拱部下沉增长显著，达到拆除前下沉量的40%。设计中应提高临时横竖撑刚度；相比于三台阶法，CRD法不利于仰拱尽快封闭而控制最终沉降，地表沉降控制效果不明显；应控制拆撑长度。

(4)双侧壁导坑法

在不适合使用台阶法、承载力不足的地段，可采用双侧壁导坑法。该开挖法可较好地适用于浅埋、围岩特别差、地表沉降要求严格的工程施工。双侧壁导坑法因分割面细，能确保掌子面的稳定和有效控制隧道周边的松弛范围。超前的导坑能探明前方的地质情况，遇到不良地质时可在开挖前采取预防措施，但当地质变好时改变工法困难。另外因开挖断面小，大型机械使用受限，施工条件差。该方法多用于城市地下工程，对地表沉降要求严格的工程以及不良地质地段。

刘宁等以重庆城市轨道交通10号线中央公园东站车站隧道工程为依托，对特大断面隧道施工断面进行分块研究，探讨双侧壁导坑法施工各分部开挖工序优化技术。通过对特大断面隧道施工方法、开挖尺寸、开挖次序的合理优化，形成隧道水平分层优化、横向分块优化、平面分区优化、纵向分段优化、三维分块优化五个方面的研究成果。

(5)环形开挖预留核心土法

环形开挖预留核心土法的施工要点在于预留隧道掌子面前方的核心土，以提高隧道掌子面稳定性，从而进一步提高隧道开挖稳定性。但是该开挖方法也存在一定不足：①由于施工比台阶法复杂很多,隧道围岩会受到更多扰动;②由于开挖断面较多,形成隧道全断面闭合所需时间也较长。这些不足也会增大围岩变形,因此在使用该法时,通常需要对掌子面前方土体进行一定的预加固,以提高围岩稳定性。高飞和李云鹏以西康高速公路长哨隧道为研究对象,利用三维数值模拟方法研究了浅埋偏压隧道洞口段开挖稳定性,探讨了环形开挖预留核心土法的不同施工顺序对浅埋偏压隧道的变形和稳定性的影响。

1.2.5 隧道洞口段加固技术概述

由于隧道洞口段处的地形、地质以及施工条件均可能存在差异,因此隧道洞口段的支护方法也存在一定差异,主要可分为地表预加固、围岩预支护和隧道开挖围岩支护三类。

(1)地表预加固技术

隧道洞口段的工程病害问题非常多,采用合理的地表预加固方法可以有效地解决此类问题。常用的地表加固方法有地表注浆、喷射混凝土、地面锚杆、挡土墙、抗滑桩、锚索等。

在浅埋隧道洞口段,当围岩自稳能力差时,使用地表注浆加固的较多。地表注浆的优点很多,它可以加固地层、控制地表沉降,达到改善隧道成洞条件的效果。砂浆锚杆布置在洞口段预估破裂范围内,使其与岩土体结合为整体,在隧道开挖后,岩土体的滑动受到抑制,起到了防止边仰坡塌方的效果。地表高压旋喷注浆使用于含水软弱地层,喷射注浆效果较好。

我国最早在20世纪60年代修建宝成铁路工程中应用抗滑桩。随着我国公路建设事业的发展,抗滑桩这种支挡结构在隧道洞口边、仰坡的治理中应用越来越多。例如,小德江2号隧道洞口段,由于进洞开挖引起古滑坡体"复活",通过采用抗滑桩治理坡体表层,达到了顺利进洞的效果;渝合高速公路尖山子隧道洞口段坡体形成蛇状滑体,采用抗滑桩及超前小导管预注浆等综合治理措施后顺利进洞。

挡土墙使用在隧道洞口段边、仰坡工程中主要是为了防止坡体因滑坡变形失稳,一般用于坡度不大的边、仰坡。但是在顺层推力较大、坡体较高时,若采用挡土墙支挡,要做到经济合理一般是比较困难的,而且边、仰坡极有可能在洞口段开挖过程中发生失稳,所以,大多数情况下要把挡土墙与抗滑桩等其他措施结合起来使用。例如东巨寺沟隧道洞口施工中,在处理边、仰坡塌方的问题上采用了混凝土挡墙与地表锚杆,达到了阻挡坡体位移的效果;在治理二郎山隧道洞口处滑坡的病害上,左侧坡脚处采用抗滑挡土墙,在墙背与山坡之间进行反压回填,洞顶以上边坡采用预应力锚索等综合整治措施,同时加强坡体地面的排水系统。

锚索支护技术是把受拉杆件埋入边坡剪切面以下,不仅增大剪切面上的摩阻力,而且直接产生抵抗边坡滑动的作用力,提高边坡稳定性。锚索支护技术在20世纪20年代首次应用在西利西安矿山开采工程中。20世纪30年代,阿尔及利亚的COYNE A工程师将预应力锚索加固技术首次应用于加固水电工程的坝体,并取得成功。20世纪40年代末至70年代初,锚索加固技术得到了迅速发展和长足的进步,并广泛应用于工程实践中。

20世纪60年代,我国开始采用岩土锚索加固技术。20世纪90年代以来,锚索加固技术广泛应用在铁路、公路隧道及边、仰坡工程中。1996年修建宝成复线新明月峡隧道时,隧洞顶部坡体出现裂缝,后期裂缝的发展对洞内衬砌结构造成相当大的影响,为了保证施工安全和确保施工工期,经专家研究决定,在新明月峡隧道上述地段的坡体采用预应力锚索加固,取得了很好的效果;在深圳沙湾隧道出口段施工过程中,在隧道洞口段坡体范围采用联合锚固技术进行加固后，效果显著，顺利通过该段地层。

（2）围岩预支护技术

围岩预支护技术是在开挖隧道掌子面之前，将钢管、钢板、锚杆等构件打入掌子面前方岩土体内部，并向前方岩土体内部注浆，在隧道横断面上形成拱形的连续体，从而加固前方的岩土体，同时依靠拱形连续体的支撑力保持前方岩土体的稳定，减小地表沉降量。

20世纪80年代，意大利工程师在米兰铁路联线上的威尼斯地下车站隧道的建设中，首次使用管棚法施工。管棚法作为隧道洞口主要辅助工法，目前已经广泛应用于日本、美国及欧洲等隧道工程中；其在防止隧道塌方、控制地层位移方面发挥着重要作用，特别在下穿既有结构物的隧道及地下工程施工中，管棚法的优势明显，是首选的施工方法。

我国从20世纪80年代末开始在隧道工程中采用管棚法，经过几十年的发展，涌现出诸多成功的工程实例，管棚法也得到了改进，例如福建杨梅岭隧道进口段施工、福建官头岭隧道进口段施工、贵州省大阁山公路大跨隧道工程等，在穿越破碎带、松散带、软弱地层、涌水、涌砂层等软弱围岩隧道施工中发挥了重要作用。

（3）隧道开挖围岩支护技术

隧道是围岩与支护结构的综合体，初期支护是目前隧道工程中最常见、最基本的支护形式，其主要由锚杆、钢筋网喷射混凝土、钢纤维喷射混凝土、围岩顶注浆、钢支撑等材料合理组合而成。初期支护施作后即成为永久性承载结构的一部分，并与围岩共同构成永久性的隧道结构承载体系。目前隧道工程中锚杆（主要指系统锚杆）加喷射混凝土的组合形式是使用最多的初期支护形式，因此，初期支护可以称为锚喷支护。

第2章 隧道洞口段常用施工技术

隧道洞口段施工技术主要包括三个方面：①隧道进出洞施工技术；②洞口段预加固及支护技术；③洞口段开挖技术。施工过程中除需满足隧道结构和围岩的稳定性外，还应保证隧道洞口边仰坡的稳定性，此外现阶段对于隧道洞口环境保护也受到各界普遍重视。本章主要对目前隧道工程中常用的进出洞工法、预加固及支护技术、洞口段开挖技术进行归纳总结，对不同工法的特点和适用性进行分析，并对"零开挖"进洞工法进行详细介绍。

2.1 隧道进出洞施工技术

山岭高速公路隧道洞口段施工与洞内施工相比，因为其所处地段的特殊性，所以在新奥法的理解和应用上，洞口段施工具有不同的技术特点。

《公路隧道设计规范　第一册　土建工程》(JTG 3370.1—2018)对隧道洞口段的定义是：隧道洞口暗挖进洞一定长度段，覆盖层厚度小于2倍毛洞开挖宽度(图2-1)。由于隧道洞口段上方覆盖层较薄，在隧道进出洞施工过程中，施工对围岩的扰动易扩展到地表；与洞身深埋段施工相比，其施工难度较大、围岩和支护结构的稳定性差，需选取合理的开挖方法、足够强度的支护和必要的辅助加固措施，才能保证隧道进出洞施工安全。

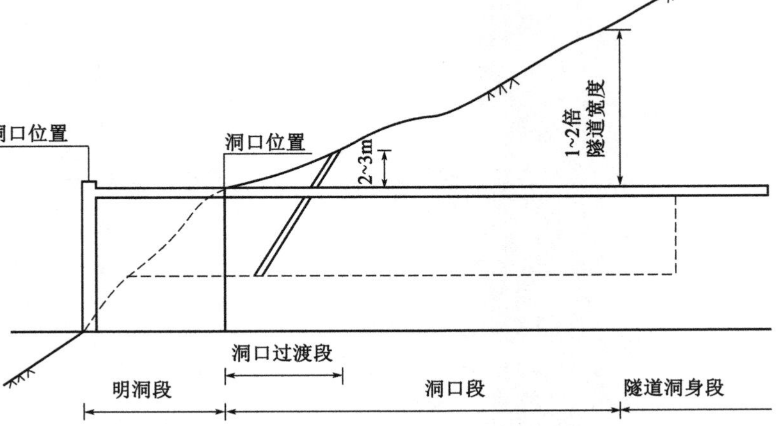

图2-1　隧道洞口段示意图

1) 洞口段施工的特点

(1) 隧道洞口段岩土体埋深通常比较小，这使得开挖后洞顶上方的岩土体难以形成自承体系，且早期的围岩压力大、岩体变形速率较快，如果对其变形控制不恰当，围岩松弛就会很迅速，发生张拉裂隙破坏，从而导致地表产生塌陷。

(2) 考虑洞口段通常存在不良地质条件明显的特点，例如偏压、浅埋、围岩软弱等，更应该在施工中重视采用一些特殊的辅助工法，如地表预加固、管棚法施工等手段，保证洞口边、仰坡及洞口的安全。

(3) 随着隧道洞口段施工经验的积累，以前对边、仰坡“大挖大刷”“晚进洞，早出洞”的观点被“易长不宜短”“早进洞，晚出洞”以及尽量避免“大挖大刷”等观点所代替，极大地保护了山体的稳定。先后经历了“晚进晚出”“早进晚出”，到现在的“零开挖”，即洞口施工的工程理念经历了“重经济→重安全→重环保”的过程。

隧道洞口段施工具有其鲜明的特点。隧道洞口边仰坡和围岩稳定性不仅与自然存在的地层岩性、地质构造、水文条件、地形特征等因素有关，还与隧道施工方法、施工工艺、辅助施工措施等工程因素密切相关。在隧道洞口段施工过程中，可能引起滑坡、坡面崩塌、隧道塌方、支护大变形等不良现象，危及施工安全、影响隧道工程施工的正常开展。因此，隧道进洞和洞口段施工需要依据工程实际特点选取合理的施工方法、支护参数、围岩预支护和预加固措施以及必要的支挡措施，保证隧道进洞安全顺利。

隧道出洞施工即隧道单头掘进至另一端出洞，目前隧道进洞施工是常规的施工方法，隧道出洞施工应用较少。出洞施工常用于隧道长度较短、工期不紧张，或者受隧道洞口段地形条件限制、缺乏有效的施工场地等情况。该技术的最大优点是人员和机械设备的配备减少，节省工程造价；同时出洞施工往往对洞口的扰动较少，有利于环保。

2) 进洞施工和出洞施工的差异

虽然同为隧道洞口段施工，隧道进洞和出洞施工存在明显的差异，主要包括辅助施工措施的差异、掌子面稳定性的差异、施工风险的差异。

(1) 辅助施工措施的差异

由于隧道洞口段围岩软弱，施工过程中掌子面的稳定性常难以保证。为了保证隧道施工安全，除支护结构参数应加强外，还需要采取超前辅助施工措施。通过对掌子面前方拱部未开挖区域预先加固并利用钢管的支撑作用，能保证掌子面及上方围岩的稳定性，为施工安全顺利地开展提供条件。这里针对隧道进洞和出洞施工的不同，分析其对应的辅助施工措施的差异所在。

进洞施工时辅助施工措施多采用长管棚，其刚度较大、加固范围可达 40m，管棚前方嵌入未开挖围岩，可视为固定端，后方落于套拱上，可视为简支端。在管棚的支撑作用下，进洞开挖施工相对安全。出洞施工时由于隧道洞内空间限制，辅助施工措施难以采用长管棚方案，而多变更为超前注浆小导管。当地质条件较差时，可将注浆小导管设置为双层，两层小导管的外插角不同，相应的隧道拱部超前加固圈范围加大。对于辅助施工措施而言，出洞施工采用的超前注浆小导管比进洞施工常采用的大管棚方案存在劣势。主要表现为纵向超前加固范围相对较小，特别是当隧道前方围岩条件软弱时，超前小导管可嵌入未扰动的围岩深度较小，加之隧道掌子面拱部范围围岩的稳定性本身较差，于是隧道开挖后小导管在拱部的支撑作用相对减弱，这是其劣势之一。在正常情况下，进洞施工随着掘进向前推进，隧道埋深逐渐增加，掌子面揭露的围岩逐渐转好，因此超前支护嵌入一定深度后，即可视为固端支护；而出洞施工随着掘进向前推进，围岩逐渐转差，这也弱化了超前支护的作用，这是超前小导管在出洞施工中的劣势之二；对于进洞施工而言，采用超前管棚辅助施工，管棚套拱的支撑作用很明显，而出洞施工超前小导管后部落于初期支护钢拱架上，其支撑作用稍弱，这是其劣势之三。

(2)掌子面稳定性的差异

隧道进洞和出洞施工的差异还表现在掌子面的稳定性方面。进洞施工掌子面稳定性较差，且易发生局部失稳的范围主要集中在拱顶上方，向隧道纵向延伸的范围较小。隧道出洞施工时，由于在掌子面前方不远即将出洞，即前方存在大范围的临空面，掌子面前方难以形成纵向的拱效应、受到围岩的约束作用减弱，故其稳定性降低。

(3)施工风险的差异

隧道进洞和出洞的施工风险也存在差异。进洞施工隧道掘进向前，一般围岩条件逐渐转好，隧道开挖和支护参数与围岩条件相适应，由强至弱逐渐变化，其施工风险较为明确。而出洞施工隧道围岩逐渐由强变弱，隧道开挖方法和支护参数也相应地由弱变强。然而，在隧道洞口段施工经常发现，围岩岩性、软硬不均的过渡有时相当快，因此当施工过程中开挖方法未调整、支护参数未加强、隧道开挖进尺过大等情况下围岩突然变差，则易引起隧道掌子面塌方。正因为隧道出洞施工存在的风险较大，出洞施工前首先应尽量明确出洞洞口段的地质地形条件，以便对不同区段采取相应的开挖、支护以及预支护、预加固方案。其次，还应加强施工过程中的监控量测，及时反馈围岩与支护结构的变形特征，为围岩稳定性判断、施工方法及支护措施的调整提供依据。再次，选择合理的施工方法在出洞施工中很重要。如果围岩软弱、破碎，自稳能力差，应考虑采取小导洞的方式出洞，对于导洞的大小、施作位置、范围等均应经过深入研究。当围岩自稳能力较好时，从经济合理方面考虑，也可采取台阶法出洞，即上台阶弧形导坑首先贯通出洞。此时相比于小导洞法，开挖跨度较大，需采取必要的辅助措施或加固措施。最后，隧道出洞施工需要加强施工控制技术，保证施工的关键部位、关键工序能按要求完成，坚持稳扎稳打、不冒进的施工原则，降低出洞施工风险。

2.1.1 隧道常见洞门形式

洞门是隧道两端的外露部分，是联系洞内衬砌与洞外路堑的结构，也是隧道的标志。洞门的形式很多，从构造形式、建筑材料以及相对位置等可以划分成许多类型。根据洞门纵断面形状，洞门形式有端墙式、台阶式、柱式、削竹式和喇叭口式等。

(1)端墙式洞门

端墙式洞门如图2-2所示，适用于自然山坡陡峭，隧道轴线与坡面基本正交，洞口地形开阔，岩层较为破碎，有一定的山体压力，开挖坡度为1:0.3~1:0.5的洞口地段。当隧道洞口处于仰坡陡峻、沟谷地形、斜交地形的狭窄地带或桥隧相连、延长明洞困难时，也经常采用端墙式洞门。端墙形状一般根据洞口周边地势及所需承受的土压力确定。端墙式洞门对地基的承载力要求较高。

a) b)

图 2-2 端墙式洞门

端墙式洞门具有结构简单、工程量小、施工简便的特点。通过对实际工程的调查情况来看，端墙式洞门在岩层较好时使用最为经济，也是最常见的一种洞门。只是其洞口顶部排水条件较差，若横向山坡一侧较低时，应当开挖沟槽横向引排。采用端墙式洞门时，要注意洞门端墙对驾驶员视线的影响。

(2)台阶式洞门

台阶式洞门如图 2-3 所示，傍山隧道洞口，洞口断面呈单向坡，且地面横坡坡度较大时，为了减少开挖，顺应地形，此时多采用台阶式洞门。此种洞门一般情况下会配合偏压隧道衬砌一起使用，故也被称为偏压隧道洞门。台阶式洞门通常需在靠山侧设置挡墙来降低边坡所需开挖高度。如地质条件较差，地面较高，低山坡一侧也可采用短挡墙。

(3)柱式洞门

柱式洞门如图 2-4 所示，是根据端墙式洞门而演变形成的，它也是一种端墙形式的洞门，只是墙面横向不等厚。当洞口仰坡岩层侧压力较大时，如仍像端墙式洞门那样采用同一厚度的端墙则过于浪费，此时，可以根据墙面受力大小的不同，将端墙设计成横向不等厚，最厚部位呈现柱形，这就是柱式洞门。柱式洞门通常适用于洞口地形开阔、山体雄伟、仰坡坡度较陡且岩层有较大侧压力的地段；当洞口处场地狭窄，设置成翼墙式无良好基础时也可采用柱式洞门，一般情况下，其仰坡开挖坡度为 1:0.5 ~ 1:0.75。

图 2-3 台阶式洞门

图 2-4 柱式洞门

此外，柱式洞门在视觉上能给人一种雄伟的气势，故在一些城市、风景区或有建筑艺术装饰要求的地区，采用柱式洞门可以起到很好的景观装饰效果。柱式洞门的缺点是工程量较大，故其造价也相对较高，施工也较为复杂。另外为了满足洞门稳固的要求，柱式洞门柱子需嵌入路堑基底岩层内，其嵌入形式及深度可根据具体情况而定。

(4)削竹式洞门

削竹式洞门如图2-5所示，该形式的洞门洞口段衬砌在伸出的过程中保持不变，没有向外扩张的变化。削竹式洞门主要有顺切、直切、倒切三种形式，它是一种结合了隧道洞口绿化要求和景观效果的新型洞门，这种洞门的结构形式就是衬砌结构伸到仰坡以外，可以形成突出的环框；也可以根据仰坡坡度选取削切坡度减少洞口附近的刷坡，甚至不刷坡，保护了周边环境，洞门造型美观，表现大方，符合我国隧道设计提出的“早进晚出”的原则和“零开挖”的理念，逐渐成为新建隧道洞门的重要形式。

图2-5　削竹式洞门

顺切式洞门具有良好的整体稳定性且线型流畅，美观大方，同时减少了边仰坡刷方量，尤其适用于洞门前无路堑或仅有短、浅路堑的情况。

直切式适用于洞口山体坡度较陡、围岩稳定性，整体性较好的地段，通常用于距离城市较近或桥隧相连地段或有风景要求的隧道。在现场调查中，直切式洞门在石质隧道桥隧相连，洞口仰坡高度较小，坡度较大的地段应用广泛。它能很好地融入周围自然环境之中，与洞口周围山体协调性很好。

倒切式洞门是一种稳定性好、基础承载能力要求不高的轻型洞门，适用于洞口地质条件较好的情况。

(5)喇叭口式

喇叭口式洞门如图2-6所示，该种形式的洞门洞口段衬砌在伸出的过程中有逐渐向外扩张的变化，喇叭口式洞门对洞口光过渡段的处理较好，在洞口周边比较开阔的情况下应用较多。

a)

b)

图2-6　喇叭口式洞门

喇叭口式洞门具有良好的景观效果，其断面面积较大，最能够适应洞口周围地形。喇叭口式洞门开口大，且开口朝天，能够减弱洞门内外光线差异，在司机开车驶入隧道时，能够有效减缓司机的压迫感，降低“黑洞效应”，保证行车安全。

喇叭口式洞门适用于洞口地形地质条件较好，洞口周围地形宽阔地段，具有良好的景观效果。目前国内已建成的具有喇叭口式洞门的隧道有珠海板障山隧道、青岛嵩山隧道、渝湘高速公路白云隧道、重庆石黄隧道、山西晋济高速公路拍盘隧道、重庆忠石高速公路方斗山隧道、安徽六武高速公路某隧道等。

2.1.2　隧道进洞技术

隧道进洞通常采用独头或者多工作面进洞施工，主要的进洞方式有单向进洞、双向进洞，在工期较紧时也可采用横导洞、斜井进洞。

单向进洞是指在隧道某一端进洞，只采用一个工作面进行隧道施工。该方法适用于隧道较短或者隧道一端存在不良地质而且工期要求较紧的情况。短隧道一般采用单向进洞，在施工至隧道另一端一定距离时反向进洞，或者围岩条件较好时采用小导洞出洞，然后反向开挖完成隧道的最终贯通。

双向进洞是指在隧道进、出口同时进洞，该方法最常见，适用于大多数隧道。横导洞进洞指隧道进出口某一端存在不易治理的不良地质或者暂时没有进洞条件时，可以采用该方法暂时绕避不良地质，加快施工进度，保证工期。该方法的关键点在于横导洞位置、断面形状及长度的选择，横导洞长度要适宜，过长则对工程投资影响较大。

斜井进洞是指在隧道合适位置采用斜井将长大隧道分为几段短隧道，增加工作面数量，提高施工效率。斜井坡度与斜井长度之间以及出渣效率等之间的关系在施工时需要细致研究，不能一味追求斜井长度而将斜井坡度设置很陡。

根据隧道进洞施工与坡体相互作用影响机理、洞口坡体结构特征及稳定性分析，对隧道进口坡体结构特征进行分类。同时对沿线各隧道洞口位置地形地貌及地质情况进行调查分析，确定隧道绿色协调进洞施工工法。

隧道洞口地段问题受地形、地质以及气候等条件的限制，实际工程中，根据实际地质、水文等条件的不同，会采用不同的进洞技术进洞，下面列举了常用的几种进洞方式。

(1)套拱加短管棚进洞法

沿隧道周边开挖轮廓线外钻孔打入短管棚，钢管环向间距为 30 ~ 40cm，长度为 10 ~ 15m，外循角为 3° ~ 5°，管内应注浆，对岩体进行加固。管棚端头宜外露 1m 左右，直接浇筑在混凝土套拱内，或先修筑套拱后再钻进管棚孔，待套拱达到一定强度后开挖进洞，如图 2-7 所示。该工法适用于岩质较破碎的Ⅲ ~ Ⅳ级围岩洞口。

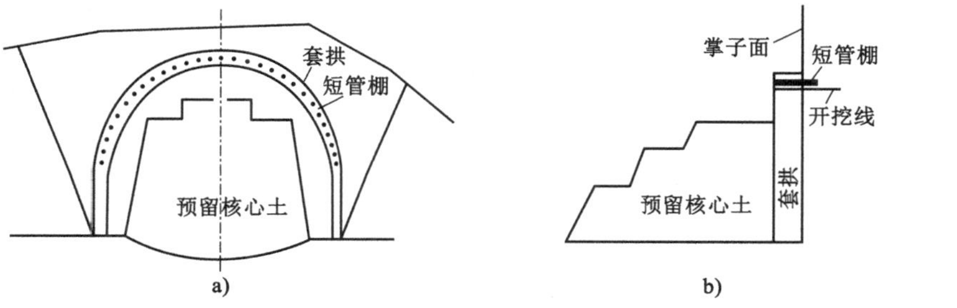

图 2-7　套拱加短管棚进洞法示意图

(2)套拱加长管棚进洞法

该工法先修筑套拱，利用套拱内预埋的导向管钻管棚孔(环向间距为 40 ~ 50cm)，长管棚采用长 20 ~ 40m、直径 108mm 或 127mm 的钢管高压注浆固结岩体，在管棚的保护下开挖进洞，如图 2-8 所示。该工法适用于Ⅴ～Ⅵ级围岩或存在偏压的地质条件较差的洞口。

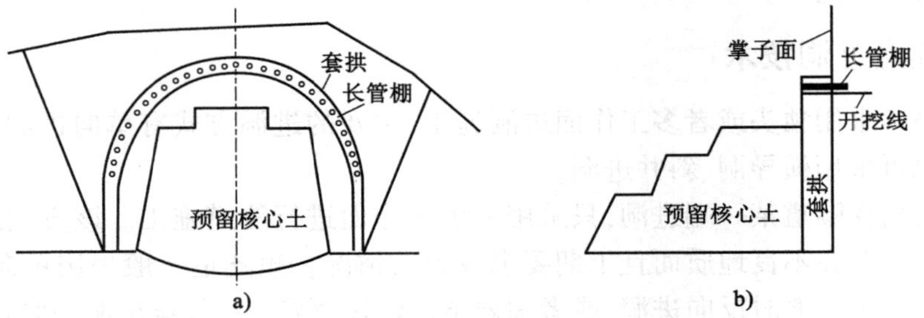

图 2-8 套拱加长管棚进洞法示意图

(3)地表锚杆(小导管注浆)预加固进洞法

设计中需首先确定浅埋隧道土体松动压力范围，利用锚杆或小导管的剪切抗力效应和悬吊效果，控制地表沉降，提高工作面自稳性。当围岩具备成拱自承条件后采用暗挖进洞，在掘进过程中需辅以超前支护或设套拱，采用喷锚网与钢拱架支护，如图 2-9 所示。该工法适用于洞口覆盖较浅、地层破碎或偏压地形的洞口。

(4)回填暗挖进洞法

该工法可在覆盖较薄或拱肩露空的一侧先回填一定厚度的水泥土或施作混凝土(浆砌片石)挡墙，使其符合暗挖的要求，进洞开挖时常辅以套拱与长(短)管棚预加固，如图 2-10 所示。该工法适用于两侧地面横坡很陡，洞口低处一侧露空、另一侧地面横坡很陡的傍山地形区洞口。

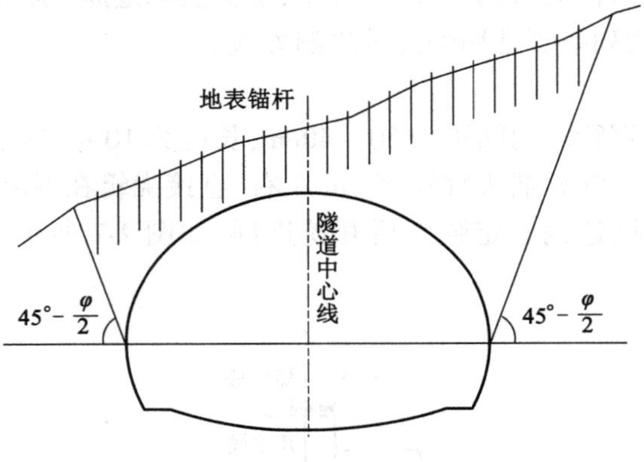

图 2-9 地表锚杆(小导管注浆)预加固进洞法示意图

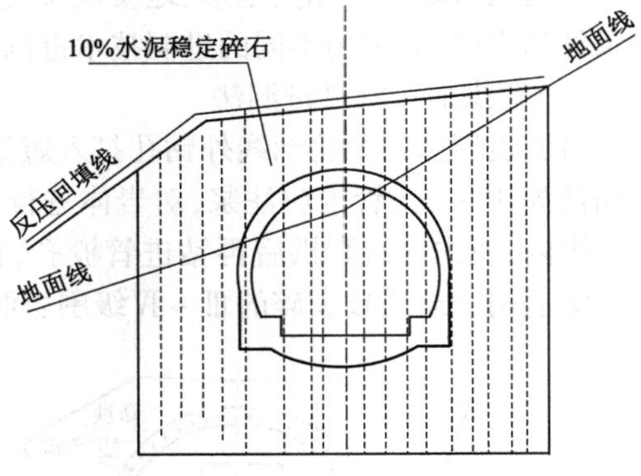

图 2-10 回填暗挖进洞法示意图

(5)半明半暗进洞法

该工法先施工洞口套拱，即露空部分(低侧)采用混凝土套拱配护拱(盖挖法)，通过锚杆使其与岩体紧密连接，暗挖靠山部分(高侧)则采用普通套拱，利用套拱(护拱)内预模的导向管钻孔施作管棚及注浆后开挖进洞。在逐榀架设钢拱架时，钢拱架应布设在暗挖围岩壁和露空部分的混凝土护拱内侧，当其全断面封闭后施作喷射混凝土，形成连续的初期支护，在该初期支护的保护下逐步向前推进，如图 2-11 所示。该工法适用于地质条件相对较好、洞口轴线与地面线斜交的洞口。

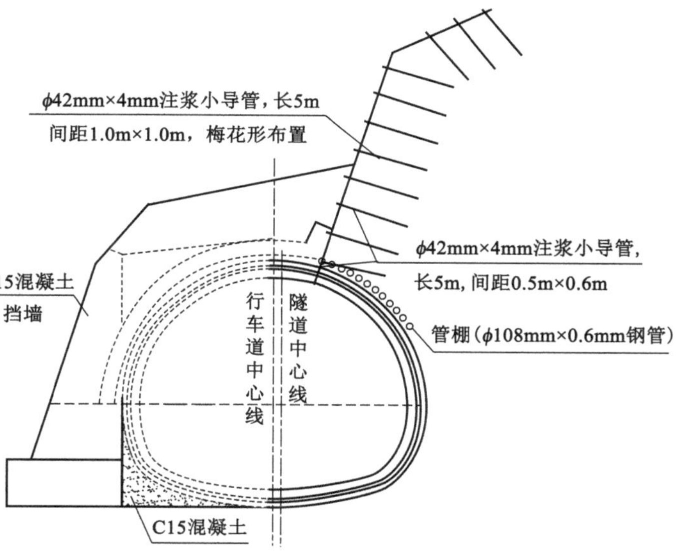

图 2-11　半明半暗进洞法示意图

(7)锚喷与格栅拱联合支护进洞法

该工法在隧道轮廓线的外侧安设几排水平密集锚杆进行预加固，从而形成一定厚度的承载拱，既可阻止仰坡的滑落，也可有效地承担地压。锚杆预加固完成后，在洞口架设格栅拱，要求将其焊接在锚杆上，并用喷混凝土将格栅支撑和仰坡之间的间隙灌填密实，从而使仰坡与格栅支撑连接成一体。

锚喷与格栅拱联合的机理：锚喷使被裂隙分割的岩体连接起来，保持岩体的咬合和镶嵌作用，通过提高岩体的黏结力和摩擦力来有效防止围岩松动，避免或减少应力集中现象的发生，而且给围岩表面提供抗力和剪力，使围岩处于有利于稳定的三轴应力状态，并通过喷射混凝土层的结构刚度阻止不稳定体的坍塌，提高了坡脚的稳定性。由于架设了格栅拱，顶板由悬臂梁变成了简支梁，进一步提高了稳定性。该工法进洞速度快、效率高、工艺简单、成本低。

综上所述，隧道洞口段施工的关键是尽量采用不使围岩失稳的方法进行开挖。当必须在稳定性较差、易于产生变形破坏现象的山体处设置洞口时，应首先采取适当的工程措施，使围岩处于稳定状态下再选择适宜的开挖方式进行施工。

2.1.3　隧道出洞技术

隧道出洞施工时，由于掌子面前方为临空面，缺乏围岩的支撑作用，导致出洞施工时掌子面的稳定性低于洞身施工时的稳定性。因此，隧道出洞施工前应尽可能探明洞口段的地形地质条件，针对不同条件采取相应的施工方案。一般来说，常见的出洞方式为单向掘进直接出洞，或当掘进距出洞口一定距离时反向开挖贯通，本文所提的出洞技术主要是单向掘进直接出洞。

(1)台阶法开挖直接出洞法

在洞口围岩条件相对较好且隧道断面较小时，在采取超前支护和施工控制措施的基础上，可考虑采用与洞内施工方法基本一致的台阶法出洞，这样能有效提高工效、降低工程造价。出洞的超前支护措施一般采用超前注浆小导管，当地质条件较差时，可将注浆小导管设置为双层，双层小导管的外插角不同可以增大隧道上部拱顶的加固范围。

(2)超前小导洞扩挖出洞法

目前对于隧道出洞施工而言，当隧道出洞段围岩软弱、破碎、存在偏压等多种不利条件时，为保证施工安全，应考虑采用超前小导洞法出洞施工方案，这样可以探明前方地质情况，为后面扩挖做施工准备。对于接近隧道出口段通过施作断面较小的超前导洞直至贯通，对于洞口边仰坡进行合理防护后再按正常台阶法进洞的施工方式将导洞扩挖。超前导洞在隧道工程施工中较为常见，特别是当隧道掌子面前方地质条件不明、采用大断面施工的风险较大时，采用超前导洞可探明前方地质条件，为后续施工提供有效参考。同时，小导洞也可作为超前加固围岩的有效工作空间。

当隧道开挖接近出洞范围时，正常情况下围岩的地质条件逐渐由好变差，在某些情况下围岩岩性变化较快、过渡范围很小或直接以明显的地质分界面(如土石分界)的形式呈现。在这种情况下，宜采用小导洞法出洞。由于导洞开挖断面和开挖跨度均较小，隧道施工对围岩的扰动范围小，引起周边围岩松弛范围有限，即便对于较差的围岩，导洞施工中围岩、掌子面的稳定性也容易得到保证。小导洞出洞施工需要考虑导洞的尺寸、位置和长度，这些需根据工程的地形地质条件以及施工机具、人员素质等因素综合考虑。

一般而言，小导洞法出洞施工的安全性较好，但也存在一些弊端，如导洞支护多为临时性支护，在后期施工过程中需拆除；导洞法施工效率较低，相对耗费工时；导洞施工与后方施工存在干扰，若出洞后再从洞口进洞扩挖导洞，则施工所需的管线干扰严重，降低施工工效。

导洞的大小、施作位置、范围等均应深入研究确定。出洞方案一般采用长宽各 3 ~ 4m 的超前小导洞(加强支护设计)提前 10 ~ 20m 出洞，小导洞贯通后，将风、水、电设备从洞内拉至洞外，然后继续进行出洞扩挖。但其缺点为出洞工效低，边墙和底部均需设置临时支护，且后期施工需拆除，增加了工程造价。

三台阶超前小导洞法示意图如图 2-12 所示，首先上台阶小导洞 1 贯通出洞，并施作临时支护；然后进行上台阶扩挖，拆除小导洞部分临时支护，并施作上台阶初期支护Ⅰ；开挖右侧中台阶断面 4，并施作初期支护Ⅳ，同时开挖左侧中台阶断面 5，并施作初期支护Ⅴ；开挖右侧下台阶断面 6，并施作初期支护Ⅵ，同时开挖左侧中台阶断面 7，并施作初期支护Ⅶ；开挖隧道仰拱 8，并施作仰拱初期支护Ⅷ；施作仰拱Ⅸ和二次衬砌Ⅹ。

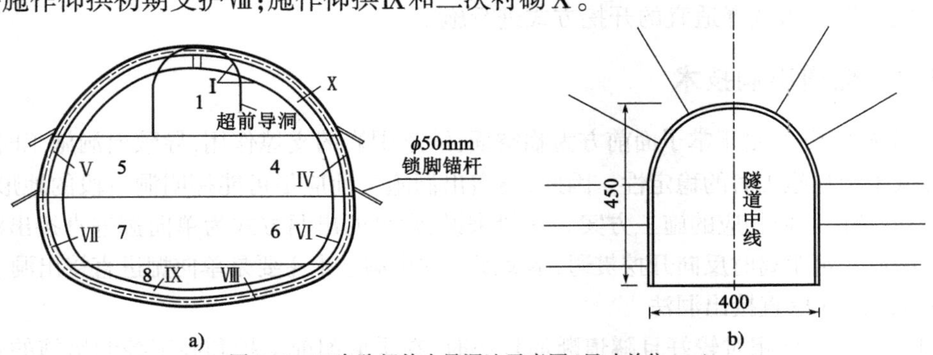

图 2-12　三台阶超前小导洞法示意图(尺寸单位：cm)

1、4、5、6、7、8-开挖分部编号；Ⅰ、Ⅳ、Ⅴ、ⅥⅦ、Ⅷ、Ⅸ、Ⅹ-支护分部编号

(3)侧壁导坑开挖出洞法

当洞口浅埋、围岩较破碎时,为了控制开挖地层的稳定与地表沉降,常采用侧壁导坑法施工;侧壁导坑法又分为单侧壁导坑法与双侧壁导坑法。

双侧壁导坑法属于新奥法的一个分支,以新奥法基本原理为依据。在开挖导坑时,尽量减少对围岩的扰动,导坑断面近似椭圆,周边轮廓圆顺,避免应力集中。初期支护采用格栅钢架、挂网、喷射混凝土柔性支护体系,及时施作,使断面尽早闭合,以充分利用围岩的自承能力,控制围岩变形。建立一整套围岩支护结构监控量测系统,进行信息化施工管理,随时掌握施工过程中的动态变化,合理安排,调整施工工艺和设计参数,确保施工安全。

当隧道跨度很大、地表沉降要求严格、围岩条件特别差、单侧壁导坑法难以控制围岩变形时,可采用双侧壁导坑法。现场实测表明,双侧壁导坑法引起的地表沉降仅为短台阶法的1/2。双侧壁导坑法虽然开挖断面分块多,扰动大,初期支护全断面闭合的时间长,但每个分块都是在开挖后立即各自闭合的,所以在施工中间变形几乎不发展,施工安全。其缺点为速度较慢,成本较高。

以双侧壁导坑法开挖为例,一般开挖至距洞口 20m 左右时,暂停双侧壁掘进;待洞口地表注浆加固完成后,采用双层小导管预支护,仅保留双侧壁的一个侧壁往洞口掘进,直至出洞;运用贯通的侧壁作运输通道先进行洞口工程(除明洞和洞门)的其他防护和排水施工,再继续完成双侧壁出洞的扩挖,在这一点上,其施工理念与超前小导洞出洞扩挖法是类似的。

(4)出洞口大管棚反向开挖法

大管棚法一般多在隧道洞口段施工时采用,它是在隧道开挖之前,沿隧道开挖断面外轮廓,以一定间隔与隧道平行钻孔、插入钢管,再从插入的钢管内压注充填水泥浆,以提高钢管外周围岩的抗剪强度,并使钢管与围岩一体化,形成由钢管和围岩构成的棚架体系。有时还可加钢筋笼,并与坚固的型钢钢架组合成预支护系统,以支撑和加固自稳能力极低的围岩,对防止软弱围岩下沉、松弛和坍塌等有显著效果。

在开挖隧道洞口时,随着下部土体的开挖,管棚端部悬空。由于管棚钢管的绝大部分长度位于已预加固地层内,受到地层固定约束,使悬空段相当于一段弹性支撑上的短悬臂梁,起到支撑洞口上部荷载的作用。其工作原理为:

①通过管棚注浆,使拱顶形成加固的保护环,该加固环发挥“承载拱”的作用,承受拱上部的岩层重力,使拱内部围岩仅承受拱部围岩的形变压力。

②当超前管棚沿隧道开挖轮廓周边密布时,加固环的变形减小,传递给隧道支护结构的上部荷载大大减小,同时通过环形固结层与管棚,将拱部围岩的形变应力传递给支护拱架。由于支撑拱架间的相互连接,形成整体支护,从而有效保证了开挖施工和初期支护的安全。

出洞施工时由于洞内的空间限制与洞外陡峭地形,往往不具备施作超前大管棚反向进洞的条件,而多变更为洞内双层超前注浆小导管支护下单向出洞开挖(特殊情况下可加大洞内拱部开挖面作为超前管棚工作室)。当出洞口施工条件允许,且出口段围岩较差、隧道断面较大时,出洞口设置大管棚超前支护进行反向进洞开挖是工程上常用的出洞方式。如图 2-13 所示,隧道洞身段采用台阶法开挖①部,接近出口段的洞身采用台阶法短进尺控制②部施工,然后在出洞口设置超前大管棚和护拱,最后在超前措施的支护下进行进洞反向开挖③部并与洞内实现贯通。

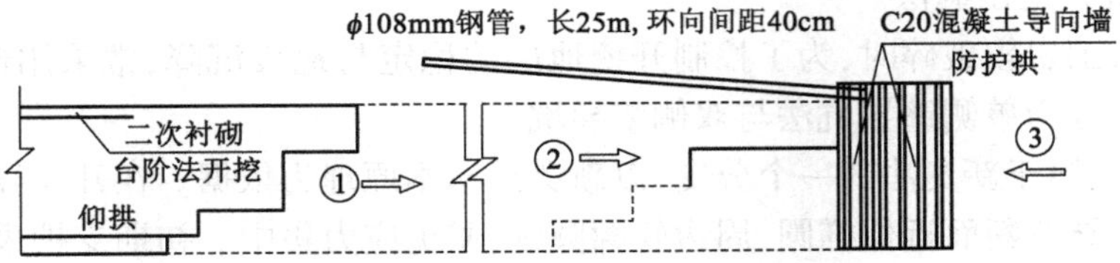

图 2-13　出口段管棚反向开挖法示意图

①～③-开挖分部编号

(5)反压回填出洞法

当洞口段围岩破碎且处于严重偏压状态时，可在覆盖较薄或拱肩露空的一侧先回填或采用一定厚度的水泥土或施作混凝土(浆砌片石)挡墙，减小出口段洞身偏载，再在一定的支护条件下进行出洞开挖施工，同时对仰坡进行注浆加固以稳定隧道上方软弱地层。图 2-14 为一个反压回填出洞法的案例。

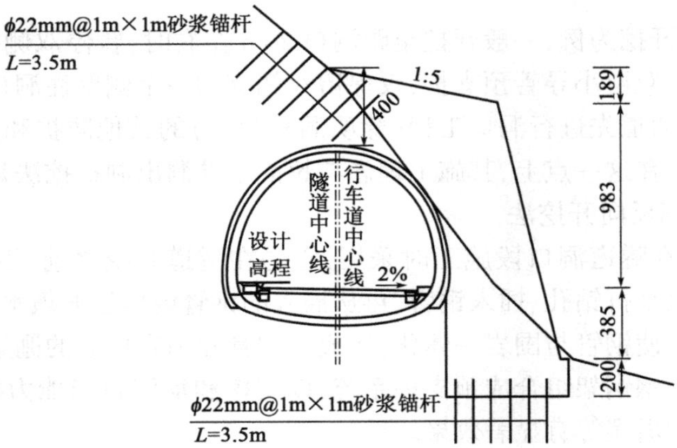

图 2-14　反压回填出洞法示意图(尺寸单位:cm)

2.2　隧道洞口段预支护及预加固技术

由于隧道洞口段情况的不同，隧道进洞支护方法也存在一定差异，常用方法包括洞口段预支护技术和洞口段地表预加固技术。

在实际工程中，影响隧道洞口边仰坡和围岩稳定性的因素有很多，因此，隧道进出洞和洞口段施工需要依据工程特点选取合理的施工方法、支护参数、围岩预支护和预加固措施以及必要的支挡措施，保证隧道进出洞安全顺利。

2.2.1　隧道洞口段预支护技术

根据国内外技术经验，洞口段施工大多是在预加固的支护体系下进行的，尤其在浅埋、偏压、破碎、软弱等易发生滑移的地段，常采用的预加固措施有地表锚杆、抗滑桩、管棚、小导管注浆等。

(1)超前管棚支护

超前管棚支护又称为大管棚支护，一般配合注浆对围岩进行支护。洞口进洞施工时一般采用超前管棚和套拱进行预支护。

管棚主要作用及优点可以从梁效应、加固效应、环槽效应、施工安全性四个方面进行分析。

①梁拱作用:单根管棚以掌子面前方围岩及初期衬砌为支点,形成梁结构,环绕洞周布置管棚,在注浆加固的作用下便可以形成坚实的壳状结构,能承受地面荷载及隧道上部围岩松动荷载。

②提高土层参数:管棚注浆的浆液以渗透、填充、劈裂和挤密等方式扩散,使松散的围岩胶结,将原来松散的土粒或裂隙胶结成一个整体,提高了围岩的自承能力,达到加固软弱围岩、防止隧道坍塌的效果。

③环槽效应:掌子面爆破产生的爆炸冲击波传播遇到管棚密集环形孔槽后会被反射、吸收或绕射,该现象可以有效减小冲击荷载在洞周岩体内引起的应力、应变和位移变化,减小围岩破坏程度及松动范围。

④保障施工安全:管棚能够有效提高土体参数,改善岩体特性,并且管棚能起到"梁拱作用",传递给隧道支护结构的上部荷载显著减小;同时,管棚既能承受地层压力及围岩松动荷载,也可以将开挖段荷载进行传递,使管棚拱内部的围岩处于免压或较低应力状态,进而提高隧道开挖安全性。

管棚具有支护刚度大、一次支护距离长等特点,能有效限制隧道开挖后围岩的变形。管棚对围岩的加固作用在横向表现为拱作用,纵向表现为梁作用,同时由于管棚一般都要注浆,注浆又能起到加固围岩、增强围岩整体性和稳定性的作用。但管棚施作时外插角不易控制,当围岩较破碎时,成孔困难,管棚不易达到设计长度。在洞口段围岩破碎、软弱地带可采用超前大管棚配合小导管使用。

(2)套拱

在洞口段进洞施工时,套拱可以定位管棚,并作为管棚支护的后支点,完成隧道进洞施工。根据隧道进洞时的地形、地质情况的不同,为了保证隧道进洞施工时套拱的整体稳定性及安全,套拱的形式及厚度均应根据实际条件确定。套拱一般由钢拱架及混凝土浇筑而成,按设计的间距及角度留有导向管,方便管棚及小导管的施工。套拱常采用半圆形结构,这种半圆形受力均匀,结构稳定不易变形。立柱采取延伸柱腿至底板以下,并增设底部支撑梁,可有效抵抗因围岩变化收敛产生的对柱腿侧向的水平推力。超前工字钢可增大受力面积、分散受力点,使相邻两组套拱连成一个整体,继而使所有套拱连成一个整体,提高结构抗倾覆性和稳定性。超前型钢支护可以有效避免土体散落到洞内,对洞内施工人员起到保护作用,进而提高循环速度,加快施工进度。套拱施工中最应注意的是山体由于开挖而引起的纵向推力。

(3)超前小导管注浆

小导管注浆是一种近距离超前支护方法,既能通过自身刚度加固隧道轮廓线上方的围岩,又能通过注浆作用,将浆液注入围岩内部,增强围岩物理力学性能,进而提高围岩整体稳定性。

小导管注浆一般适用于掌子面能够短时间稳定或围岩自稳能力很低、少水的地层,常将外露端支于开挖面后方的钢架上,共同组成预支护系统,控制地表沉降的效果一般,施工工艺要求一般,造价较低。所用的钢管直径一般为40~60mm,钢管长度多采用3~6m。小导管注浆既能加固一定范围的围岩,又能支托围岩,其支护刚度和预支护效果均大于超前锚杆,适用于砂土层、砂卵石层、断层破碎带、软弱围岩浅埋段等地段的隧道施工。格栅钢架与注浆小导管组合成的预支护系统具有类似管棚的作用,又称为短管棚或小管棚。

小导管注浆具有以下特点:

①该技术比超前锚杆和单独小导管的支护能力强大。

②比管棚简单易行,灵活经济。

③充填的喷射混凝土将围岩与钢筋均紧密黏结,形成一个共同变形体,受力条件合理,同时具有较好的防水性能。

④缺点是支护能力较弱。

超前小导管的特点是:比超前锚杆的支护刚度和距离大;比大管棚支护灵活、经济,施工简单易行,但支护能力相对较弱。注浆小导管一般配合钢拱架使用,钢架作为后支点,组成联合支护,以稳定围岩。当无钢拱架时,可起到注浆作用,可用来加固围岩和提高防水效果。当隧道埋深较小时,小导管注浆也可用于地表注浆加固。

(4)超前锚杆

超前锚杆适用于岩质地段,根据其作用的位置,一般分为拱部超前锚杆和边墙超前锚杆。拱部超前锚杆是沿隧道开挖轮廓线外围按一定角度斜插入围岩中,可以在开挖面前方形成一层加固圈,稳定围岩;边墙超前锚杆是沿隧道起拱线斜向下插入围岩中,可将因隧道开挖引起的较大的上部荷载传递到更深部的围岩中,起到传递荷载、防止应力集中的作用。超前锚杆尾端固定到初期支护的钢拱架上,可提高支护结构整体性能。

超前锚杆支护技术施工方便,见效快。锚杆主要有三种作用:一是悬吊作用,由于隧道围岩被节理、裂隙、断层等切割,开挖爆破振动可能引起局部失稳,采用锚杆将不稳定岩块悬吊在稳定的岩体上,或将应力降低区内不稳定的围岩悬吊在应力降低区以外的稳定岩体上,在侧壁则用锚杆阻止岩块滑动;二是组合梁作用,在水平或倾角小的层状岩体中,锚杆能使岩层紧密结合,形成类似组合梁结构,能提高层面间的抗剪强度和摩擦力,从而提高围岩的稳定性;三是加固作用,软弱围岩开挖后,使洞内临空面变形较大,当沿隧道周边布设系统锚杆,向围岩施加径向压力而形成承载拱后,便与喷射混凝土支护共同承受围岩的形变压力,可减小围岩变形,提高围岩的整体稳定性。

(5)水平旋喷桩

水平旋喷桩技术是指通过高压旋喷的方式把水泥浆液与松散地层混合在一起,形成一层加固体。旋喷加固桩分为水平旋喷桩和垂直旋喷桩,其中垂直旋喷桩在基坑加固中得到了广泛的应用,垂直旋喷桩也可以用在隧道边坡防护中。

近年来水平旋喷桩发展迅速,在隧道拱顶预支护和软弱基底处理上有一定的应用。水平旋喷桩具有以下特点:

①可控性。水平旋喷桩的浆液局限在土体破坏范围内,浆液注入部位和范围可以控制,可通过调节注浆参数(切削土体压力、固化材料注入速度与配比、注入量等)获得满足设计要求的固结体。

②均匀性。喷射流在能量衰减前交汇,切削能量在碰撞点相互抵消,在比桩心到碰撞点距离大的地方,射流无能力切削土体,加固体均匀程度好。

③成本低、效率高。由于限定注入范围注入量大幅减少,水泥用量仅为100~150kg/m,施工速度比管棚或深孔注浆提高2~3倍。

④具有提高复合土体强度、防渗、抗滑、预支撑等多重效果。

水平旋喷桩主要适用于松散土层或黏聚力较低的碎石黏土层中,与超前管棚配合使用时,支护距离长、刚度大,能有效控制地表沉降,并起到防水效果。近年来我国在黄土隧道及软土地区修建地下穿越工程时采用水平旋喷桩,起到了良好的加固效果。

(6)预切槽技术

预切槽技术是介于浅埋暗挖法及盾构法之间的一种施工方法,属于一种预支护技术,可以提高隧道机械化施工水平,减少对围岩的扰动,可有效控制地表沉降。预切槽是指在开挖掌子面之前,用预切槽机沿隧道断面周边切割出一条深槽,紧接着向槽中灌注混凝土,这样就在掌子面前面形成了一个连续的预支护壳体,也就是一个预置拱圈。随后在混凝土壳体的保护下进行机械的全断面或者半断面开挖。预切槽技术形成的混凝土壳体是分环施工的,环与环之间有一定的搭接,从而形成连续的支护结构,它可以作为永久支护的一部分,在开挖后进行二次衬砌混凝土的浇筑。这种混凝土壳体可以同时具有超前支护和喷射混凝土两方面的作用,可以有效地控制地表沉降和对周围建筑物的影响。预切槽施工技术适用于土砂等强度极低的围岩、埋深小但地表沉降控制严格的地段,如下穿或靠近建筑物段。在敏感的周边环境中,尤其是在城市隧道建设中,采用预切槽法可以安全地实现全断面机械化开挖大断面隧道,并且可以有效地控制地表沉降。

2.2.2　隧道洞口段地表预加固技术

地表预加固能有效解决隧道洞口段的工程病害问题,保护洞口边、仰坡稳定,降低洞口保护成本。常用的加固方法有地表注浆、抗滑桩。高压旋喷注浆等。

(1)地表注浆

地表注浆一般应用在隧道洞口段水文地质条件复杂、埋深小、节理发育、地下水丰富或存在偏压的情况,主要适用于无黏性砂及砂卵石、亚黏性土地层。当浅埋隧道洞口围岩自稳能力差,甚至没有自稳能力时,可用于加固地层和起到堵水的作用,改善隧道成洞条件,降低地表下沉量,减小偏压和地下水对开挖的影响。砂浆锚杆在洞口段预计破裂范围内布置,使其与岩土体结成一体,砂浆锚杆起到“楔子”的作用,抑制隧道开挖后岩土体的移动,防止边仰坡塌方或滑动。地表高压旋喷注浆适用于含水软弱地层,如第四纪的冲(洪)积层、残积层;对于砂类土、黄土等常规注浆难以堵水的地层,采用喷射注浆效果较好。

(2)抗滑桩

抗滑桩是防治滑坡的一种支挡工程,目前国内外广泛应用于加固边坡。在抗滑桩设计中,滑坡体运动是桩产生弯曲的主要因素,而滑坡体的运动又与其岩体结构类型、滑坡体厚度、滑坡体的坡高与坡比有关系。滑坡体的性质直接影响抗滑桩设计。由于受抗滑桩抗弯抗滑的作用,滑坡体的变形受到抑制,当桩与滑坡体内部应力调整至一种新的平衡状态时,滑坡体滑动变形即得到控制,滑坡体进入一种新的稳态,从而起到稳固滑坡体的作用。国内最早应用抗滑桩是 20 世纪 50—60 年代修建宝成铁路,该抗滑桩为钢筋混凝土挖孔桩,且主要用于整治少数岩石顺层滑坡。随着公路的不断发展,抗滑桩加固技术也越来越多地应用到治理隧道洞口大型滑坡工程中。

(3)高压旋喷注浆

高压旋喷注浆技术是一种在地表施作高压旋喷桩以对地表下部旋喷桩施作范围内的岩土

体进行加固的地表加固方法，其适用地层范围广且加固效果稳定，近年来被越来越多地应用于隧道浅埋段软弱围岩地表加固工程中。该技术适用于淤泥、淤泥质土、较软的黏土、粉土、砂土、碎石土、风化严重的软弱破碎岩层等多种地层，但对于含大量大粒径块石、大量植物根基的地层适应性较差。

表2-1给出了隧道洞口段常用的地表预加固技术，并给出了各个预加固技术的施工参数、施工形式、加固范围、技术要点以及技术特点。

隧道洞口段常用的地表预加固技术 表2-1

地表预加固技术	抗滑桩技术	地表注浆技术	高压旋喷注浆技术
适用条件	浅层滑坡带、顺层带、偏压带或岩层间有塑性滑层时	埋深较浅的隧道	含水软弱地层，如冲（洪）积层、残积层，淤泥、淤泥质土、较软的黏土等软弱地层
施工参数	常采用钢筋混凝土形式，断面尺寸有1.5m×2.0m、2.0m×3.0m，桩间距一般7～12m，最大不超过15m，护壁可采用混凝土、钢筋混凝土、喷射混凝土等	注浆孔按梅花形或矩形布置，钻孔垂直于地面，孔间距为1.4～1.7倍扩散半径，孔深至起拱线位置为宜，纵向长度超过不良地段5～10m	浆液压力25～35MPa，浆液密度1.30～1.49g/cm³，钻杆旋转速度10～20r/min，钻杆提升速度0.1～0.2m/min，浆液喷嘴直径2.0～3.0mm，浆液流量80～120L/min，旋喷深度一般不宜超过45m
施工形式	钢筋混凝土桩、钢轨桩、桩间墙、混凝土钢轨桩	常采用水泥—水玻璃双液注浆	钻孔、高压旋喷
加固范围	对施工、运营有影响的滑动带、顺层带，偏压段	隧道周边围岩	隧道洞口段顶部厚层软土地层
技术要点	确定滑动面位置、滑动方向、滑动力大小	操作技术决定注浆效果	钻压、钻速和冲洗量要求较高
技术特点	抗滑能力强，工艺简单	工作条件好，注浆孔定向、定位容易，可多台钻机同时作业	对于提高隧道洞口段软弱岩体的强度非常有效，从而提高开挖后洞口段坡体的稳定性
备注	施工中应跳槽开挖、及时灌注，对于流塑状滑坡体不适用	需要较好的止浆设备，成本较高	易产生冒浆、漏浆现象，浆液损耗较大，且污染环境

2.3 隧道洞口段开挖工法

隧道洞口段施工具有鲜明的特点。由于洞口段隧道埋深较浅，在隧道进出洞施工过程中，难以形成一个稳定的承载拱，因此隧道开挖对围岩的影响容易延伸到地表；与洞身深埋段施工相比，其施工难度较大、围岩和支护结构的稳定性差。因此，隧道洞口段施工需要依据工程实际特点选取合理的开挖方法，保证隧道进洞安全顺利。

目前，隧道开挖方法主要有全断面法、台阶法、环形导坑预留核心土法、中隔壁法（CD法）、双侧壁导坑法、交叉中隔壁法（CRD法）和导洞法等。

台阶法是两车道隧道Ⅱ级、Ⅲ级、Ⅳ级和部分Ⅴ级围岩深埋段常用的施工方法，一般划分为上、下两个台阶。该方法将设计断面分成上半部断面和下半部断面，错开一定距离（台阶长度）先开挖上半断面，待开挖至一定长度后再开挖下半断面，上、下半断面在不同的工作面同时掘进施工。台阶法是环形导坑预留核心土法、双侧壁导坑法和交叉中隔壁法（CRD 法）等施工方法的基础。

2.3.1　环形开挖预留核心土法

环形开挖预留核心土法又称台阶分步开挖法，可将断面分为上拱部 1、左上拱部 2、右上拱部 3，核心土 4、下部台阶 5 等多个部分，如图 2-15 所示。环形开挖预留核心土法适用于一般土质或易坍塌的软弱围岩、断面较大的隧道施工，因为对于断面较大且土质较差的隧道，隧道掌子面容易产生失稳事故。因此为了提高隧道施工的安全性，可通过在掌子面前方预留核心土来提高隧道掌子面的稳定性。

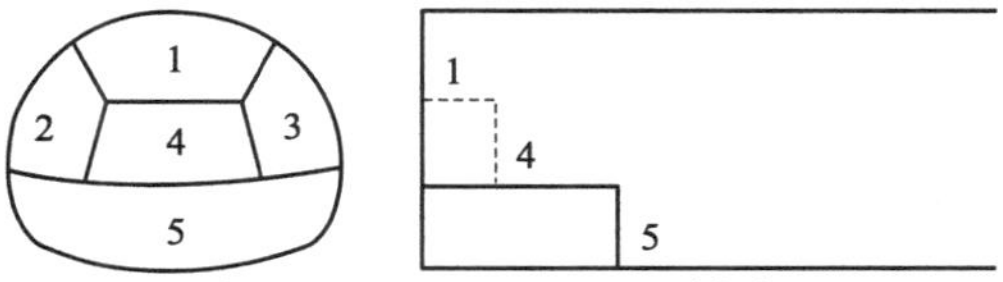

图 2-15　台阶分部开挖法分部示意图

注：1 ~ 5-开挖分部编号

根据开挖断面大小，环形拱部可分为几块交替开挖。环形开挖尺寸一般为 0.5 ~ 1.2m，不宜过长，上部核心土和下部台阶的距离应为 1 倍隧道跨径。当围岩稳定性较差、开挖后掌子面易坍塌时，可转化为三台阶法施工，上台阶开挖长度为 1 ~ 2m，中台阶及时跟进，做到及早落底成环。台阶分部开挖法的特点为：

（1）台阶分部开挖法中，上部留有的核心土支挡着开挖面，能迅速及时地施作拱部初期支护，开挖面稳定性好，适用于一般土质或易坍塌的软弱围岩。与超短台阶法相比，台阶分部开挖法的台阶长度可以加长，减少上下台阶施工干扰；与侧壁导坑法相比，施工机械化程度较高，施工速度更快。

（2）采用台阶分部开挖时，虽然核心土增强了开挖面的稳定性，但开挖中围岩要经受多次扰动，而且断面分块多，支护结构形成全断面封闭的时间较长，有可能使围岩变形增大，应结合辅助措施对开挖工作面及其岩体进行预支护或预加固。

（3）台阶分部法比台阶法落底成环更早，可有效地减小围岩变形。

2.3.2　中隔壁法（CD 法）

中隔壁法以台阶法为基础，将断面分成两大块，并施作中隔壁。一般采用台阶法开挖左侧断面，采用上下台阶法进行开挖，首先开挖上台阶 1，然后开挖下台阶 2，支护后形成独立的闭合单元，再以相同的方法开挖右侧断面的上台阶 3 以及下台阶 4，如图 2-16 所示。侧导坑尺寸应根据地质条件、断面形状、机械设备和施工条件而定，其宽度宜为 0.5 倍洞宽。临时中隔壁可设置为弧形或直线形，其强度应根据地质条件确定。当围岩条件较好时，每侧导坑均可只设上、下台阶。

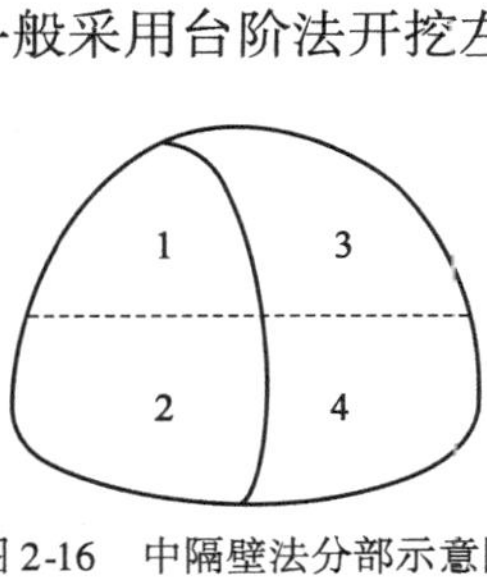

图 2-16　中隔壁法分部示意图

注：1 ~ 4-分部编号

中隔壁法主要适用于隧道断面跨度大、地层较差且地面沉降要求严格的地下工程施工。地质条件和隧道断面尺寸是影响隧道围岩变形的两大重要因素，中隔壁法能够减小隧道围岩变形，是因为该工法将隧道断面分为两大块，减小了施工时的断面尺寸，同时，中隔墙和初期支护也能够有效地提高隧道围岩稳定性。

以上下台阶法为例，中隔壁法的施工作业顺序为：

（1）以上下台阶法开挖侧壁导坑，上部导坑的开挖循环进尺控制为 1 榀钢架间距，下部导坑的开挖进尺可依据地质情况适当加大；并施作初期支护（锚杆加钢筋网或锚杆加钢支撑），并喷射混凝土使导坑的初期支护尽快闭合。

（2）相隔 30～50m 后，以上下台阶法开挖另一侧导坑，使其一侧支承在导坑的初期支护上，并尽快施作底部初期支护，使全断面闭合。

（3）拆除导坑支护的临时支护，中隔壁的拆除应滞后于仰拱。

（4）浇筑二次衬砌。

2.3.3 双侧壁导坑法

双侧壁导坑法又称眼镜工法，可适用于隧道跨度相对较大、地表沉降要求严格、围岩条件特别差、单侧壁导坑法难以控制围岩变形的浅埋隧道。

该工法将断面分成四块：左、右侧壁导坑，上部核心土，下台阶。侧壁导坑的宽度应根据机械设备和施工条件确定，尺寸不宜超过断面最大跨度的 1/3。左、右侧导坑错开的距离，应该按照开挖一侧导坑引起的围岩应力重新分布的影响不致波及另一侧已成导坑的稳定为原则进行确定，且不宜小于 15m，临时支护导坑宜设置为弧形。

双侧壁导坑法是在中隔壁法的基础上，将隧道断面分为 3 个独立的区间，然后分别在每个独立区间采用台阶法进行施工，进一步降低了施工时的断面尺寸，从而减小隧道围岩变形，如图 2-17 所示。

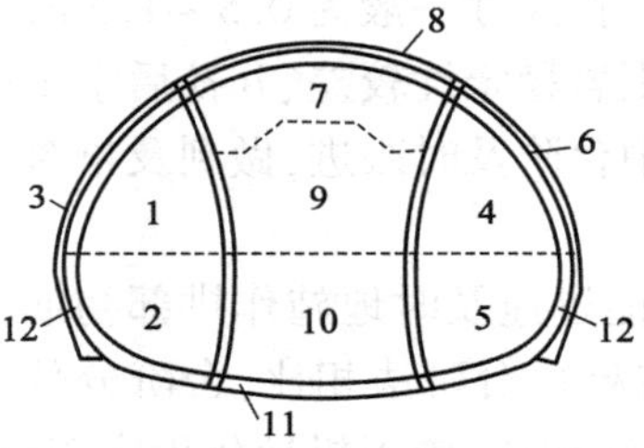

图 2-17　双侧壁导坑法分部示意图

注：1～12-分部编号

双侧壁导坑法的施工作业顺序为：

（1）开挖左侧导坑，首先开挖左侧导坑上部 1，然后开挖左侧导坑下部分 2，并及时将其初期支护 3 闭合。

（2）相隔适当距离后开挖另一侧导坑，首先开挖右侧导坑上部 4，然后开挖左侧导坑下部分 5，并施作初期支护 6。

（3）开挖核心土 7 和 9，施作拱部初期支护 8，拱脚支撑在导坑的初期支护上。

（4）开挖下台阶 10，施作底部的初期支护，使初期支护全断面闭合。

（5）浇筑仰拱 11，拆除临时支护，并施作二次衬砌 12。

2.3.4 交叉中隔壁法（CRD 法）

为了提高掌子面的稳定性，控制下沉量，可采用增设临时仰拱的措施封闭成环，即交叉中隔壁法。交叉中隔壁法是在中隔壁法的基础上提出的另一种施工工法，与中隔壁法的区别在于需要在每个区间施工时，增设临时仰拱，从而加快形成闭环的速度，从而进一步减小围岩变形，如图 2-18 所示。

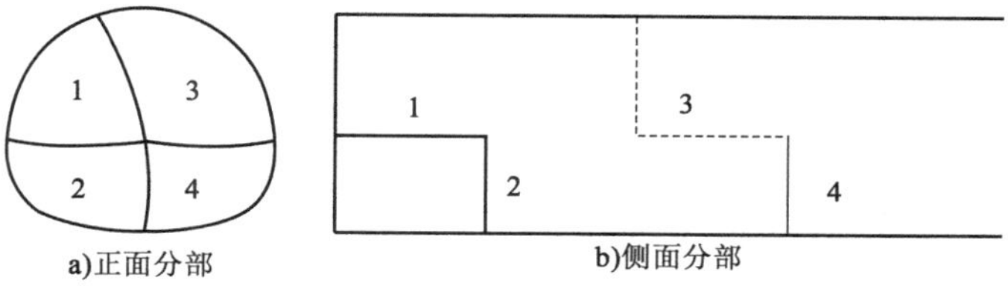

图 2-18　CRD 工法分部示意图

注:1 ~ 4-分部编号

此工法适用于浅埋软岩大跨或特大跨隧道,该方法具有台阶法及侧壁导坑法的优点,与侧壁导坑法相比具有更快的施工速度;同时,该工法通过中隔墙的减跨、临时仰拱以及及时封闭成环等措施组成有力的支护体系,能非常有效地控制拱部下沉与收敛。此工法最适合上软下硬或半软半硬的地层,一旦下部围岩变硬,上软下硬地层可转化为上弧导坑法施工,半软半硬地层可转化为 CD 法施工,施工方法比较灵活。

CRD 工法应配备小型挖掘及转载设备,临时中隔壁设置为弧形。各导坑的开挖距离应小于 1 倍洞跨,各导坑应及时封闭成环。

交叉中隔壁法的施工作业顺序为:

(1)开挖区间 1 部土体,初喷混凝土。

(2)施工部分中隔壁和临时仰拱。

(3)开挖区间 2 部土体,初喷混凝土。

(4)采用相同步骤开挖区间 3、4 部土体,并施作支护。

(5)浇筑仰拱,拆除临时支护,并施作二次衬砌。

2.3.5　导洞法

导洞法是在连拱隧道或单线隧道的喇叭口地段,先开挖两洞之间中隔墙部分,并完成中隔墙混凝土浇筑后,再进行左右两洞开挖的施工方法。位于Ⅱ ~ Ⅲ级围岩地段的连拱隧道宜采用中导洞开挖法;位于Ⅳ ~ Ⅴ级围岩地段的连拱隧道宜采用三导洞开挖法。

连拱隧道各开挖法分部如图 2-19、图 2-20 所示。

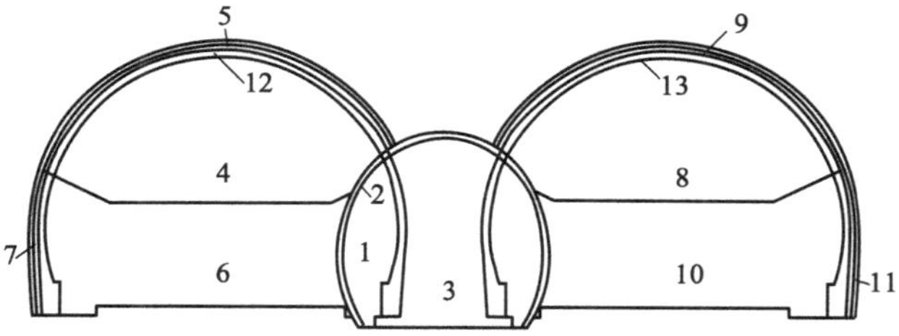

图 2-19　中导洞开挖法分部示意图

注:1 ~ 13-分部编号

(1)连拱隧道的中导洞开挖法

如图 2-19 所示,先贯通中导洞 3 并浇筑中墙混凝土 1,并施作初期中导洞初期支护 2,采用台阶法开挖左洞上台阶 4 和下台阶 6,并分别施作拱部初期支护 5 和拱腰初期支护 7,采用台阶法开挖右洞上台阶 8 和下台阶 10，并分别施作拱部初期支护 9 和拱腰初期支护 11，最后施作全断面二次衬砌 12 和 13。施工时左、右洞错开的距离不宜小于 20m。

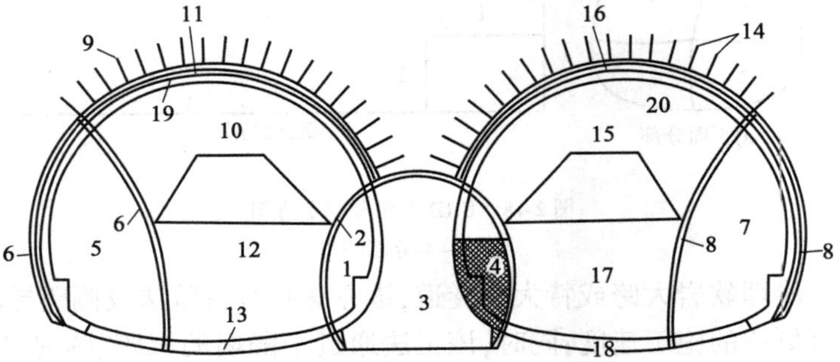

图 2-20　三导洞开挖法分部示意图

注：1 ~ 20-分部编号

（2）连拱隧道三导洞开挖

如图 2-20 所示，首先利用系统锚杆 9 和锚杆 14 对隧道围岩进行加固，然后中导洞及侧壁导洞采用短台阶法施工，先开挖中导洞 3 并浇筑中墙混凝土 1，并施作初期中导洞初期支护 2 和 4；开挖左右两壁导洞 5 和 7，并分别施作初期支护 6 和 8；中导洞和左右两侧壁导洞开挖后，再采用预留核心土环形开挖法开挖左右两主洞，首先进行左主洞上台阶环形开挖，并预留核心土 10，施加拱部初期支护 11，然后开挖下台阶 12；采用进行右主洞上台阶环形开挖，并预留核心土 15，施加拱部初期支护 16，然后开挖下台阶 17；最后全断面施作二次衬砌 19 和 20，并施作仰拱 13 和 18，形成全断面闭环。

施工过程中应及时进行支护和封闭，防止开挖引起围岩松动，继而产生变形破坏现象。由于进行满足所有条件的事前设计是很困难的，为了对不可预见的变形破坏现象采取适当的补救措施，须在洞口段建立完善的观测系统，并根据具体的反馈信息及时进行开挖方式与支护措施的调整，确保隧道洞口段施工过程的稳定与安全，表 2-2 列出了隧道洞口段常用施工方法。

隧道洞口段常用施工方法　　表 2-2

工法名称	台阶分部开挖法	CD 法	双侧壁导坑法	CRD 法	导洞法
工法特点	环形开挖留核心土	变中跨为小跨	变大跨为小跨	步步封闭	中导洞超前开挖
施工难度	不复杂	一般	复杂	复杂	最负责
技术条件	低	较高	高	高	最高
预测地面沉降	大	小	较小	最小	大
施工速度	快	一般	最慢	慢	最慢
工程造价	低	中等	最高	高	高
适用范围	跨度较小，地质条件较好	跨度较大，沉降要求高	大跨度，超浅埋	跨度较大，沉降要求高	连拱隧道

2.4　本章小结

隧道施工宜“早进晚出”，隧道洞口段施工是工程的关键环节，尤其浅埋隧道应保证洞口安全进洞。洞口段施工不仅要满足安全性、经济性，更重要的是要保护好环境，尽量减小施工作业对原始山体和植被的破坏。

(1)在洞口段施工时,首先应根据现场施工条件以及地质情况选取合理的开挖方法,如CD 法、CRD 法、双侧壁导坑法;其次应选用合理的预支护及预加固措施,如大管棚法、超前锚杆、小导管注浆法等。

(2)洞口段基础必须置于稳固的地基上,对地基强度不够的部分需采取加强措施,如采用扩大基础、桩基、压浆加固地基等措施,设计有仰拱时应及时施作仰拱,封闭基础围岩,及早封闭成环,有利于隧道洞口安全。

(3)随着高速公路隧道工程建设的快速发展,人们对环境保护提出了更高的要求,隧道施工应遵循绿色(自然)进洞的理念。“零开挖”进洞工法是基于隧道洞口段边坡稳定与洞口环境保护提出的,其核心作用在于控制隧道洞口段边坡及围岩变形,有利于保持洞口段边坡的稳定、降低地质病害发生的概率;同时极大地减少了对洞口植被的破坏,对隧址区自然环境有较好的保护作用。

第 3 章 隧道洞口段施工风险分析及案例调研

在山岭隧道修建过程中，由于隧道洞口受自然因素或者人为作用的影响比较多，洞口段施工问题在整条隧道施工阶段往往处于突出的地位。作为隧道咽喉的洞口段，其围岩状况一般比洞身段差，最普遍的特点是围岩软弱，风化破碎严重，且通常存在地形偏压的现象。在诸多不利因素的影响下，洞口段开挖后，围岩变形一般较大，坍塌、冒顶等事故时有发生，因此，对隧道洞口段进行风险分析十分重要。本章首先结合隧道洞口段施工技术、工程风险管理的步骤以及风险分析方法分析隧道进出洞施工的常见风险，并提出风险控制的总体策略。其次，对隧道洞口段常见施工风险进行调研，进一步分析实际工程中隧道洞口段施工风险出现的原因。最后结合既有工程案例，建立隧道洞口段施工安全风险评估模型。

3.1 隧道进出洞施工风险识别

山岭隧道地形和地质条件通常较复杂，施工中不确定因素较多，易出现施工安全风险事件。尤其是在隧道进出口，围岩风化严重，地层埋深较浅且受降雨影响较大，在隧道施工扰动下极易发生坍塌、冒顶等事故。因此，隧道进出洞施工一直是隧道施工的难点。在隧道洞口段施工中常见风险因素如下：

(1)地表下沉或开裂。地表下沉或开裂一般属于次生破坏，当洞口段埋深小、围岩的承载力不足、掌子面自稳有问题时，易发生地表塌陷下沉。

(2)支护结构开裂变形。由于洞口段围岩整体性差，开挖后变形量大，增加了初期支护的压力，如果开挖支护方法不正确，或未能及时施作仰拱使初期支护形成闭合环，极易发生支护结构开裂变形。

(3)边仰坡失稳。隧道洞口段边仰坡是位于隧道洞门两侧及后方的工程，洞门后岩土多为严重风化的堆积体或强风化，节理裂隙发育，在地表防排水措施未施作到位的情况下，加上隧道施工扰动，坡体易产生失稳。边仰坡的破坏模式在表现上可以总结为以下六种：①边仰坡喷层剥落破坏；②张拉破坏；③剪切破坏；④局部塌陷破坏；⑤雨水冲刷破坏；⑥洞口初期支护失稳破坏，比较常见的为剪切破坏和张拉破坏。

(4)洞口段坍塌、冒顶。常发生在浅埋地段，因为仰坡围岩较差，岩层风化严重，上部松散土层覆盖较厚，自稳性较差，同时进出洞前后施工对仰坡土体产生了扰动，设计边坡坡率过小、洞内外支护强度不够,再加上施工期间可能雨季较长,雨水下渗使围岩抗剪强度减小,松动圈进一步扩大,造成洞口仰坡失稳塌方。

(5)特殊地形或地质条件导致进出洞隧道破坏。常见的特殊地形有浅埋、顺层、偏压,其中偏压,作用对隧道有很大的侧应力,极易引发地表开裂或支护结构不对称开裂变形;常见的特殊地质有黄土、膨胀土、堆积体等,这些地质一般松散破碎,稳定性极差,易造成边仰坡失稳等。实际工程中应根据不同的地形或地质条件采取针对性措施进出洞。

3.2 风险控制总体策略

在隧道洞口施工中,应主要防控洞口边仰坡坍塌事故、高处坠落伤害、爆炸伤害和机械伤害等,其风险控制的总体策略为:

(1)隧道洞口段由于岩石、土体破碎、边坡稳定性差,因此洞口段施工是整个隧道工程施工的关键。针对隧道洞口的特点,应做到超前思维,制订切实可行的安全进洞施工方案,使其既能减少隧道洞口边坡开挖和防护工程量,又能保证施工的安全,使安全风险得到控制,同时维护洞口的原生植被。

(2)在隧道洞口施工前,应核对施工图与现场实际地质、毗邻建(构)筑物情况,当设计与实际情况不符时,施工单位必须及时上报,并按变更设计处理。

(3)洞口附近的地表水易诱使本就不太稳定的岩石、土体发生崩塌、滑坡,造成严重的地质灾害,对施工安全造成巨大威胁。因此,洞口应设置截、排水系统,洞口截、排水系统应与路基排水系统顺接,不得冲刷路基坡面、桥台锥体和农田房舍。另外,洞口施工中还应按规定进行监控量测工作。

(4)洞口附近不恰当的人工切坡,例如施工道路引入和施工场地平整等,可能造成边坡失稳,因此应尽量减少对原地貌的破坏和对洞口岩体稳定的影响。

(5)杜绝土石方开挖违反作业顺序要求、爆破方式方法不当、防护措施不足、违规处理火工产品等不安全行为。

(6)杜绝施工机具失稳及安全性能缺失或下降、高处作业台(支)架失稳、安全防护失效等不安全状态。

(7)洞口石质边、仰坡的开挖须采用预留光爆层法或预裂爆破法,杜绝在洞口段采用深眼大爆破或集中药包爆破开挖等不安全方案。

3.3 隧道洞口段常见施工风险分析及案例调研

本节从进出洞施工风险的角度进行案例调研,包括地表下沉、开裂变形,支护结构开裂变形,边仰坡失稳,洞口段坍塌、冒顶,洞口山体整体滑移,特殊地形与地质条件等引起的风险事故案例;并对以上列出的几种破坏类型进行整理,总结一些事故案例的工程概况、事故原因分析及采取的处理措施等。

3.3.1 地表下沉或开裂

3.3.1.1 风险产生的原因

隧道洞口段地表的沉降变形是由众多因素综合作用的结果,其影响因素如下:

（1）顶部埋深很浅。一般隧道洞口段属于浅埋段，其拱顶岩土体层较薄，当为岩石与杂填土、淤泥等结合为软弱结构面，导致隧道开挖后岩（土）体自稳性及成拱效应较差，不能形成有效的自稳拱，因此会引起地表沉降明显。

（2）偏压。隧道一般情况都是依山而建，地形高差相差较大，隧道洞口段顶部产生过大的偏压角度，故而存在很大的侧应力，使隧道洞口结构受力不平衡，从而导致上部岩土体的滑动、下沉。

（3）地质复杂。隧道洞口段地质情况较为复杂，地表浅层和下部地质情况一般不同，并且洞口段的隧道围岩和洞身处的围岩相比较为松散、破碎、强度低、自稳能力差。

（4）地表渗水。隧道洞口段顶部覆盖层岩土体存在节理、裂隙，遇到降雨地表水渗入隧道顶部覆盖层的岩土体中，黏土矿物产生体积膨胀，产生较大的地表变形沉降。

3.3.1.2 风险控制措施

隧道施工为了防止过大变形的产生，要对围岩进行支护，支护可以分为超前支护、初期支护和二次衬砌三个部分。但对于隧道洞口段，除了常规支护外，往往还包括隧道外的地表加固。

因此，防止隧道洞口段开挖过程中地表沉降过大的措施有两种，即支护与地表加固。

（1）为防止地表沉降，洞口段围岩加固采用的方法为长大管棚超前预支护法。该方法在洞口上部为第四系坡积层、残积层，含有软弱破碎岩体、浅埋段、节理发育、高倾角裂隙岩质等不良地质情况的围岩中得到了较为广泛的应用。其基本原理是梁拱效应以及强化围岩效应。

（2）地表（岩土体）加固方面传统的方法有搅拌桩法、旋喷桩法、注浆法和冻结法等，最常用的是注浆法。然而注浆法并不是万能的，它也有一定的适用范围，如隧道洞口地表为湿陷性黄土时，就不需要施作地表注浆，只需对上部覆盖层进行加固，然后进行进洞施工。

（3）同时应用支护和地表加固。当地质情况极为复杂，单一的支护或注浆不能防止隧道洞口地表的沉降时，就需要将它们组合应用。当遇到松软地层时，管棚结合围岩预注浆可成为有效地施工方法（管棚注浆法）。由于该工法不需要大型机具设备，具有工艺简单、见效快等特点，因而在地下工程松软地层开挖中被广泛采用。对于半岩石半土质的隧道洞口时，采用洞内加固和地表注浆加固的综合处置措施，可以很有效控制地表沉降和安全施工。

3.3.1.3 案例调研

1）案例1：杭瑞高速江口县境内平南隧道工程

（1）工程概况

平南隧道位于江口县太平乡新街村至平南村，呈近东西走向展布，设计为分离式隧道，属长隧道。其中平南隧道左线ZK68+051~ZK69+219，右线K68+057~K69+245，左右线之间的平面线间距约为25m。隧道区属低山地貌，断层及节理裂隙均较发育，隧道区岩性为灰岩及砂质板岩，岩层层理明显。隧道进出口冲沟部位有暂时性地表水，隧道洞口处钻孔内均未见地下水。洞口处地下水类型以孔隙水和风化、构造裂隙水为主，水量随大气降水量变化而变化，围岩富水不均一，透水性较差。

（2）施工情况

平南隧道左线洞口暗挖面位置为ZK68+069，洞门结构为削竹式，长度18m，采用明挖法施工开挖临时边、仰坡及暗挖工作坡面；隧道暗洞采用Ⅴ级围岩洞口浅埋偏压段相对应的S5a型支护衬砌，二次衬砌采用500mm厚C25钢筋混凝土，隧道采用环形开挖预留核心土法施工。

(3)事故描述

根据现场调查发现，明洞段开挖完成，套拱施作完成并且大管棚已经打设到位，明洞临时边仰坡已进行喷锚防护。隧道洞顶山体地表距离仰坡开挖边界约5m处有一条宽10cm左右的裂缝，基本垂直于隧道洞身，从洞身侧面边坡可见裂缝与之对应，表层土体有向小桩号方向移动趋势；隧道仰坡喷射混凝土坡面有2处竖向裂纹，套拱有2处较大裂纹，裂缝宽度约1cm，套拱混凝土表面局部有掉皮现象，隧道已开挖的7m暗洞初期支护出现多处裂纹，土体有侧向蠕动趋势。裂缝开始发展较快，暂停暗洞开挖后趋于稳定。隧道洞身边坡处有施工便道(位于路线左侧)，施工单位对山体坡脚进行了清理。

(4)事故原因分析

隧道所处山体并不高大陡峻，却出现了裂缝及滑移迹象，并有发展趋势。经隧道地质与结构等相关专业人员勘察现场，初步判定为山体浅层蠕动。由于仰坡及山体坡脚开挖施工(路线左侧有施工便道)，形成新的临空面，在降雨作用、爆破振动和坡面地层重力作用下诱发坡体的相对滑移，使地表裂缝不断发展。

(5)处理措施

①在左线洞口处ZK68+062~ZK68+067段落设置5m长护拱，并及时夯填土以抵抗洞口向路线小桩号方向的位移变形。

②从隧道暗挖位置起，ZK68+070~ZK68+080段洞身边坡设置3组微型钢管桩，间距5m。每组6根热轧无缝钢花管，长度16m，打入地面下10m，露出地面部分现浇C30混凝土成为整体抵抗洞身边坡变形。

③对于大管棚段落受定位导向墙影响，采用在原有已施作大管棚的基础上增加单排超前小导管方式进行加固。

④暗洞开挖时，应严格按设计施工方案控制开挖进尺，使初期支护尽快封闭成环，二次衬砌及时跟进。

⑤加强对边、仰坡及隧道洞内变形监测，随时监测、检查山坡及隧道稳定情况。

(6)效果评价

增设护拱方案加强了支挡作用，控制了仰坡裂缝发展及山体的位移变形；微型钢管抗滑桩不仅对滑坡体具有抗滑作用，而且能够加固桩周和桩间土体。经上述措施处理之后，监控量测数据与现场观察表明，山体地表与仰坡裂缝扩张得到控制并稳定，洞内支护无明显开裂变形。

2)案例2：宝兰客运专线塔稍村隧道工程

(1)工程概况

隧道全长4926m(起讫里程DK650+422~DK655+348)，为双线隧道，最大埋深约360m。隧道进口位于西秦岭北麓中低山区，地处塔稍村左岸斜坡中下部，隧道进口自然坡面35°~45°，两侧发育坡面沟槽，相对高差100~200m，山坡多被植被覆盖。隧道进口岩体受地质构造影响严重，岩体破碎；表层岩体为全风化，多风化成土状或角砾状，局部原岩结构清晰，手捏即碎，全风化层厚12~16m，强风化层为黄褐色，厚9~12m，以下为弱风化层；主要节理面为沿隧道坡面的不利结构面，节理面多平直，光滑，微张型，无充填或局部泥质充填。隧道进口段地下水主要为基岩裂隙水，属弱富水区。

(2)施工情况

超前支护下采用三台阶法开挖进洞，钢架+网锚喷支护。2013年8月初隧道洞口左侧开设便道切坡刷方，8月中旬隧道洞口切坡及仰坡坡面刷方，9月初开始向墙施作，10月中旬完成洞门处所有管棚施工。

(3)事故描述

2013年11月底，隧道进口上台阶掌子面开挖至DK650+492、中台阶开挖至DK650+484、下台阶尚未开挖，初期支护未按设计要求及时封闭，此时在地表及洞内第一次发现裂缝，直至2014年7月初上台阶掌子面开挖至DK650+534、仰拱开挖至DK650+507.8、二次衬砌施工至DK650+462.9时，进口段山体、洞内仰拱及二次衬砌均出现裂纹。其中，截水沟处为地表横向裂缝；洞顶左侧地表裂缝距离隧道中线左侧41m，与线路方向大致平行，裂缝宽12~18cm，如图3-1所示。

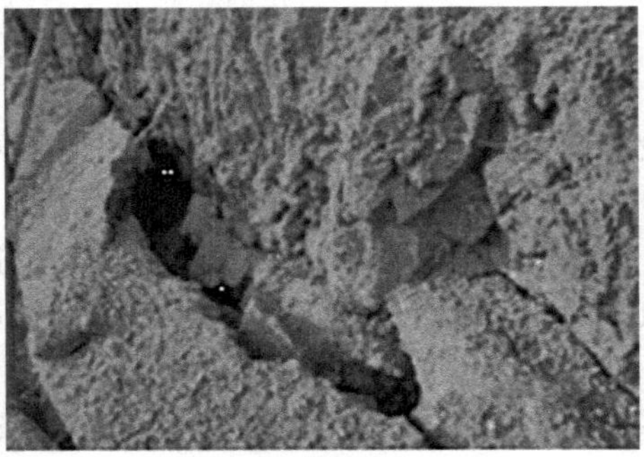

a)截水沟开裂

b)地表开裂

图3-1 洞顶截水沟开裂、洞顶左侧地表开裂

(4)事故原因分析

①隧道洞口段下元古界片岩夹大理岩，岩体受地质构造作用影响严重，节理裂隙发育，岩体破碎、风化严重，岩体风化后容易沿裂隙面开裂破坏。

②隧道洞口左侧开设便道切坡刷方、隧道洞口切坡及仰坡坡面刷方，形成高陡边坡，导致坡面形成卸荷临空面，引发坡面横向裂缝；再加上隧道洞口段埋深较浅，岩层风化严重，同时地表水沿节理裂隙面下渗，增大了上部坡体的重力，导致斜坡抗剪强度较低。

③纵向裂缝分布于隧道两侧(其中以左侧发育)20~50m处，经分析主要是由于基岩岩体破碎，隧道施工开挖后初期支护变形大，围岩形成较大松动圈，继而引发隧道两侧的纵向开裂。

(5)处理措施

①地表裂缝处理措施：沿地表裂缝开挖深度50cm、宽度50cm的沟槽，采用漏斗自重法对裂缝灌注1:1水泥砂浆，最后对沟槽采用三七灰土分层夯实，并高于原地面10cm。

②隧道结构变形处理措施：将掌子面前方20m范围内围岩等级由Ⅳ级调整为Ⅴ级，初期支护措施进行加强；初期支护变形侵限处理遵循“先加固、后拆换”的原则，严格按照“拆换一

段，支护一段”的工序要求进行施工，同时及早施作二次衬砌。

③边仰坡加固措施：地表采用格梁锚索对洞口及施工便道边坡进行加固，坡脚处设置 1 道 1.0m 高、0.4m 厚的 C30 混凝土护脚；隧道进口两侧设置预加固桩，左侧设置 3 根，右侧设置 2 根，桩顶下 1m、3m 处各设 1 孔锚索。

(6)效果评价

采用综合措施对地表、隧道内及洞口边坡均进行了加固，同时针对该边坡建立了系统的变形监测网和钻孔内位移测量工作，对裂缝、坡体及洞内变形进行系统监测，分析监测数据，确定采取地表及洞内加固措施以后，该坡面处于稳定状态。

3.3.2　支护结构开裂变形

3.3.2.1　风险产生的原因

隧道洞口段衬砌受力情况复杂，极易出现衬砌裂损等病害，进口段衬砌的裂损容易引起渗漏水、衬砌腐蚀及冻害等其他病害，衬砌裂损对其承载力有直接影响，同时降低了结构的美观，隧道洞口段支护结构开裂变形是由众多因素综合作用的结果，总的而言可以概况为支护结构难以支撑围岩。因此可以从两个角度进行考虑：一是从支护体系自身考虑，即衬砌设计厚度不足或者施工存在问题，使得支护体系难以形成对围岩的有效支护，从而导致支护结构开裂变形；二是从围岩角度考虑，也存在勘测设计阶段对围岩强度估计不足、渗漏水等原因导致围岩强度削弱、围岩自稳能力下降等。

3.3.2.2　风险控制措施

从上述分析可知，支护结构开裂变形的控制措施可以从两个角度进行考虑：一是支护强度，二是围岩强度。

从支护强度的角度出发，可采用喷锚加固法、混凝土套拱加固、拱架补强加固等方法对隧道支护结构进行加固。

从围岩强度的角度出发，可采用锚固注浆法对隧道围岩进行注浆加固，提高围岩自稳能力。

3.3.2.3　案例调研

1)案例 1：重庆市巫山县境内桃树垭隧道工程

(1)工程概况

桃树垭隧道位于重庆市巫山县境内，为双线分离式公路隧道。左右洞均长约 1.2km，洞口处属浅埋地段。大变形段围岩级别为Ⅳ级，主要为弱风化粉砂质泥岩夹泥质粉砂岩，紫红色、粉砂质、泥质结构，中厚层状，岩层产状为 160°∠60°。节理裂隙稍发育，多张开，部分裂隙充填方解石脉。洞身开挖拱部无支护易产生坍塌或掉块，有滴水渗水现象。

(2)施工情况

按照三台阶法进行开挖施工，钢架 + 网锚喷支护。其中 YK38 + 398 ~ YK38 + 410 采用 S3 复合衬砌，YK38 + 410 ~ YK38 + 460 采用 S4b 复合衬砌，具体支护参数见表 3-1。

S3、S4b 支护参数表 表 3-1

衬砌类型	围岩级别	初期支护参数				二次衬砌参数	辅助施工参数
		锚杆	钢筋网	喷射混凝土	钢拱架		
S3	Ⅲ	ϕ22mm 药卷锚杆，长度 2.5m，间距 120cm × 120cm，梅花形布置	ϕ6mm 钢筋网，间距 20cm × 20cm	混凝土强度等级 C20，厚 10cm	—	混凝土强度等级 C25，拱墙厚 30cm	—
S4b	Ⅳ	ϕ22mm 药卷锚杆，长度 3.0m，间距 120cm（纵）× 100cm（环），梅花形布置	ϕ8mm 钢筋网，间距 20cm × 20cm	混凝土强度等级 C20，厚 22cm	ϕ22mm 格栅钢架，间距 120cm	混凝土强度等级 C25，拱墙厚 40cm	ϕ25mm 超前锚杆，长度 3.5m，环距 40cm

（3）事故描述

2006 年 9 月 19 日，YK38 + 420 附近初期支护有开裂现象，9 月 20 日、21 日变形急剧发展，到 9 月 22 日开裂发展至 YK38 + 400 ~ YK38 + 440 范围，开裂基本上沿纵向，有喷射混凝土局部掉块、部分格栅钢架严重变形、喷射混凝土表面渗水加重且部分有滴水现象。在连续降雨几天后，该段隧道变形进一步加剧，YK38 + 398 ~ YK38 + 460 发生初期支护大变形，长度共 62m。监测结果表明，从 9 月 19 日至 9 月 30 日，YK38 + 430 处拱顶下沉最大值达到 63.41mm。

（4）事故原因分析

①破碎带松弛变形。该段隧道围岩结构面共有 3 组节理面且有 1 个宽度约 35cm 的破碎带，破碎带走向基本与路线走向一致，倾角约 80°，破碎带主要含碎石块夹黏土充填。

②周边出现塑性破坏区。现场开挖揭露显示，该段为弱风化泥质粉砂岩，节理裂隙发育，在非雨季期间潮湿、点滴状出水，软弱夹层丰富且遇水软化严重。

③膨胀性围岩作用。该段隧道裂隙发育，降雨后雨水沿裂隙渗入隧道上部围岩中，绿泥石等黏土矿物产生体积膨胀。

（5）处理措施

①对开裂段初期支护进行加强，在已施工的初期支护下方，直接布置 I18 工字钢，纵向间距 75cm，并重新喷射 C20 混凝土包裹 I18 工字钢。

②开裂段拱部 120°范围内采用 ϕ42mm 注浆小导管注浆加固，使拱圈上方围岩形成自稳能力。

③在加固完成后及时封闭成环，进行仰拱和二次复合衬砌施作。

④加固的 I18 工字钢侵占二次衬砌空间，考虑调整桃树垭隧道右线一段纵坡的坡率，避免拆除拱部范围内的 I18 工字钢。

（6）效果评价

经过 2006 年 9 月 11 日对 YK38 + 460 ~ YK38 + 490 保护段增加仰拱施作和施作 S4a 型二次衬砌，以及对 YK38 + 398 ~ YK38 + 460 加固段进行初期支护加固。监测数据表明，桃树垭隧道右洞 YK38 + 398 ~ YK38 + 465 加固后的初期支护变形速率逐步趋于稳定，处理效果良好。

2)案例 2:赣龙铁路大马肚隧道工程

(1)工程概况

赣龙铁路大马肚隧道为全长 1266m 的单线铁路隧道,起讫里程为 DK71 +560 ~ DK72 +826。出口段原设计地质为风化较严重的花岗岩,设计为Ⅳ级围岩。

(2)施工情况

出口段施工采用台阶法短进尺开挖,格栅钢架 + 网锚喷支护。

(3)事故描述

在施工过程中,上半断面开挖到 DK72 +685、下半断面开挖到 DK72 +710 时,DK72 +710 ~ 735 段初期支护出现大变形,部分失稳破坏,并从 DK72 +725 处进洞方向右侧拉裂内移,DK72 +710 ~ DK72 +725 范围拱部围岩坍塌,塌方体从 DK72 +725 初期支护拉裂处塌出,塌方量约 $200m^3$。初期支护最大变形量达 90cm,最大内移量达 200cm。

(4)事故原因分析

①变形段从 DK72 +740 开始已遇到碳质页岩。碳质页岩整体性差,开挖后变形量大,加上少量花岗岩层中的裂隙水顺岩层分界面渗出,使 DK72 +710 ~ DK72 +725 破坏段代表断面碳质页岩遇水迅速软化,增加了初期支护的压力。

②变形段设计按Ⅳ级围岩支护,在地质条件变差的情况下,围岩类别、初期支护参数未能及时作出相应的调整。

③施工时对碳质页岩岩性认识不足,未及时施作仰拱使初期支护形成闭合环。

④监控量测不到位:未能及时掌握初期支护的变形情况。

(5)处理措施

①初期支护加固措施:采用圆木作立柱、I16 号工字钢作纵横梁搭设排架对破坏、变形侵限的初期支护进行临时支撑加固。

②开挖措施:采用短开挖、强支护,人工配合风镐开挖。

③预注浆措施:采用 ϕ42mm 小导管注浆对围岩加固,前后相邻两环小导管搭接的水平投影长度为 1.5m。

④支护措施:为安全、快速完成初期支护,减少围岩暴露时间,采用 I16 工字钢拱架,配系统锚杆、钢筋网片、20cm 喷射混凝土支护。

⑤沉降量测措施:随时监控支护系统的变形,及时掌握支护结构的稳定性和安全性。

(6)效果评价

实践证明,采用上述方法处理效果明显,整个过程安全、顺利,尤其根据开挖过程中揭示的情况,更加验证了小导管与注浆固结体联合作用形成的加固圈及其他支护措施是保证顺利开挖、防止塌方及变形继续扩大的重要手段。

3.3.3　边仰坡失稳

3.3.3.1　风险产生的原因

1)隧道边仰坡破坏形式

由于岩质和土质隧道的边仰坡存在诸多不同,破坏形式也是多种多样。在隧道工程中,边坡的破坏形式主要有以下几种：边仰坡喷层剥落破坏、张拉破坏、剪切破坏、局部塌陷破坏、雨水冲刷破坏、洞口初期支护失稳破坏，比较常见的是剪切破坏和张拉破坏。

隧道边仰坡的破坏形式可以分为平面滑动破坏、楔形破坏、堆塌破坏等几种。

(1)平面滑动破坏形式

此类破坏是实际工程中发生最多的破坏，一般是由于边坡岩体结构面的存在以及开挖等施工因素的影响，破坏了原有的平衡，使得岩体沿着软弱结构面产生平面滑动破坏。

如果隧道边坡坡脚较大，则下部岩块重心的合力将在其支撑面以外穿过，产生的旋转力矩会使岩块沿一基面脱离，产生张拉裂缝，随着裂缝的进一步发展，滑坡后部的岩体常常沿张裂缝脱离，此裂缝在压碎性滑坡上经常具有较大的深度，边坡将形成张拉破坏。这种破坏在高边坡中比较常见。

隧道洞口的剪切破坏也是常见的破坏形式之一。在隧道工程中，经常遇到洞口偏压现象。随着隧道洞口的开挖，原有的平衡被破坏，使得偏压现象更加严重，围岩受到由高到低的剪切作用，边坡围岩形成沿剪切带移动的趋势。这种破坏主要发生在具有悬殊偏应力的偏压地段，而且当围岩中有软弱带时，软弱夹层可能作为剪切滑移带，使边坡发生剪切破坏。

(2)楔形破坏形式

若隧道围岩的完整性较好，基本上由一些完整的岩块组成，但是存在一些有限岩块的不连续面的结构，在隧道的开挖过程中，就有可能正好将支撑上部的关键块挖除，造成上部整体岩块的塌落，导致岩体的楔形破坏。此类破坏主要发生在洞口围岩较好的地段，发生破坏的规模一般不大，对隧道工程影响也不是很大。

(3)堆塌破坏形式

这种破坏主要发生在节理发育或软质、破碎、风化的岩质隧道中，或在土质隧道中，特别是在湿陷性土质隧道中比较常见。当隧道洞口附近地表层岩土体软弱破碎，由于隧道开挖的坡度较陡，在坡顶或边坡的外缘会产生张拉裂缝，并逐次向山侧发展而堆塌在坡脚，堆塌体多呈半锥体形，堆塌至稳定的安息角为止。

2)隧道边仰坡稳定的影响因素

影响边仰坡稳定性的因素是多种多样的，对于一个具体的隧道边坡，首先要从隧道所处地质的结构状况、力学特性出发，再结合具体的工程因素和自然因素等综合分析，确定各因素的影响特点和耦合关系。

(1)地质结构的影响

对于处于岩质地区的隧道，洞口岩体中结构面的存在是影响岩质边坡稳定性的重要因素之一。

结构面的表面性质有粗糙起伏程度、含泥质充填物程度，“岩桥”(锁固段)所占的比例、表面硬度等。结构面部位往往是物理力学变动和物理化学作用的强烈反应地带，结构面的存在降低了岩体的整体强度，增大了岩体的变形性能，加强了流变力学特性和其他的时间效应，以及加深了岩体的不均匀性、各向异性和非连续性等性质。而且不同级别的结构面对岩质边坡稳定性的影响和作用不同，不稳定岩体往往是沿着一个适宜的结构面或多个结构面的组合边界的剪切滑移、张拉破裂和错动变形等而造成岩体边坡的失稳。

(2)其他因素的影响

①大气降水及地下水的影响。

在工程施工中,隧道的开挖可能破坏原有的稳定控制界面,将原有的控制界面带间的水流系统破坏,形成渗流通道,使得界面上的黏性参数大幅降低,导致边坡的滑移破坏。大气降水是地下水的一种补给源,地下水相对比较稳定,可以传递静水压力并能在自重应力下移动,服从水力学定律。如果边坡上有黏土层,那么它是导致滑坡又是隔水层,边坡的稳定性将非常差。因此,除边坡的地质构造外,边坡的水文条件将是影响稳定性的重要因素。

②植被的影响。

在天然边坡上,植被几乎是产生滑坡的环境中必然存在的要素,在隧道的施工过程中,洞口部位原有植被的破坏,对于洞口边坡的稳定性将会产生一定的影响。

植被及其种植方法对边坡稳定性系数的影响是多方面的,而每一种因素的影响可以做定量的分析评价。树木的重量以及由它传递的风载,由于植被根系的加固作用使土体表层强度的提高,或者当植被根系嵌入致密岩石时其强度的降低;边坡湿度、含水状况及温度状况对边坡稳定性的种种影响等。总体来看,草皮对边坡稳定性的影响是有利的,而且植被对边坡稳定性系数的影响不仅有直接的作用,还有间接的作用,它影响侵蚀强度、风化特点等。

3.3.3.2　风险控制措施

边仰坡的设计与支护方案的拟订要综合考虑可能影响边坡稳定的所有方面(因素),但这些因素需有主次之分,边仰坡的设计和支护方案要根据所面临的特殊地质和施工条件,取主弃次,做到既经济又安全。

在隧道施工中,边坡将会随着施工的进程发生不同阶段的变形破坏,因此,可以根据边坡沉降的各个阶段,对其采取不同的处理措施。

1)初始沉降阶段发生破坏

(1)破坏原因

此类边坡破坏现象发生于隧道刚进洞后不久。此类破坏的发生大致可归纳为三种原因:

①边坡洞口为顺层开挖,由于隧道岩体的去除,使得结构面上的抗剪强度大幅度减小,岩层发生整体滑移破坏。

②洞口岩体为块状结构,隧道的开挖将关键块去除,岩体发生崩塌破坏。

③在洞口严重松散段,隧道的开挖使得松散岩体发生塌陷破坏。

(2)常用的处理措施

①使用预应力锚索,增大滑动面的垂直压力从而提高摩阻力和水平抗力,变被动受力为主动抗滑。

②使用钢筋混凝土支挡结构。

③对边坡岩体进行灌浆处理,提高岩体强度。

④进行超前支护处理,根据边坡滑移范围进行必要的管棚支护。

2)平稳发展阶段发生破坏

(1)破坏原因

此阶段破坏的发生一般是由于岩体蠕变和隧道施工对岩体的扰动影响。此类破坏发生时,围岩经过初始沉降,滑动面才开始缓慢形成,因此,该阶段破坏一般规模小,处理容易。

(2)常用的处理措施

①对已产生的裂缝进行必要的处理。

②使用土锚钉或普通砂浆锚杆加固。

③减小一次爆破强度,减少对隧道岩体的扰动。

3)过渡阶段发生破坏

(1)破坏原因

在平稳发展阶段的基础上,随着岩体位移的进一步加大,围岩内部裂缝缓慢扩展,滑动面的抗滑力进一步减小,达到一定程度时发生破坏。此类破坏发生时时间较短,监控量测上预警困难,容易对现场施工人员的生命财产构成一定的威胁。

(2)常用的处理措施

①根据特定的原因进行相应的削坡或反压回填。

②进行必要的锚杆或锚索加固。

③及时施作必要的抗滑桩或支撑体系。

3.3.3.3 案例调研

1)案例1:盘兴高速公路司家寨隧道工程

(1)工程概况

司家寨小净距双线隧道从斜坡中下部穿越山体,隧道穿越山体地属高原中山区。山体雄浑,地形坡度一般20°~45°,隧址出口附近冲沟最低,高程1748m;隧道左线全长490m,右线全长462m,洞顶埋深约3~85m。隧道进口处为斜坡中下部坡地,坡度一般在5°~7°之间,进口段分布较厚的第四系松散堆积层,其上为农田,洞身以灌木为主。隧道围岩主要为二叠系,三叠系长石石英砂岩、泥岩、泥质砂岩、页岩、砂质泥岩,围岩等级为Ⅴ级。隧道开挖时地下水大多以滴水、线状出水为主,土及碎石土覆盖。

(2)施工情况

考虑到隧道自稳性差,埋深浅,故在超前支护下采用CRD法施工进洞;采用钢拱架+网锚喷初期支护。

(3)事故描述

在隧道开挖过程中,进洞不足10m后即出现较大范围的仰坡开裂,沉降位移快速增加,而且洞内初期支护出现较大的变形。

(4)事故原因分析

①在小净距隧道的施工过程中,本身左右洞的开挖和中间岩体的相互影响就比较显著,且存在浅埋、断面大、扁平率低、围岩稳定性差等情况,使洞口边仰坡易发生失稳。

②隧道洞口位于斜坡中下坡缓坡处,表层为第四系残坡积堆积层,下伏玄武岩强风化层,由于节理裂隙发育,裂隙的组合切割形成不稳定块体,结构面组合为较不稳定状态;洞口段岩土体较为软弱且风化严重是导致失稳的主要因素。

③司家寨隧道进口端地表有冲沟,地表没有及时采取排水措施,地表水渗透困难。持续降雨导致土质松动圈扩大,同时降低了土地抗剪强度,增大了土体的重度,致使在水饱和情况下

隧道处于不稳定状态。

(5)处理措施

为防止支护位移进一步加大,确保施工安全,需尽快封闭围岩并采取相应支护措施:

①在塌方处喷射混凝土喷层,对塌腔进行封闭,形成封闭环。

②对软弱地基采用 ϕ42mm 小导管进行注浆加固处理,顶层采用 C15 混凝土进行换填。

③边坡开挖后应及时施作临时锚喷网防护,永久坡面采用三维网植草防护。

④洞口开挖防护应由上到下逐步进行,洞口临时防护应在开挖后及时施作完成。

⑤加强对仰坡位移监测以及地表裂缝观察,根据监测的情况进行反馈,进行动态施工。

(6)效果评价

隧道加固后的监测数据表明,监测点位移值最终趋于稳定状态,且总沉降量在可控范围之内,从而保证了洞口的快速稳定并可继续施工。

2)案例2:云桂铁路高祥1号隧道工程

(1)工程概况

隧道位于平果~田东北区间,双线隧道,设计为4.6‰的单面上坡,隧道进口里程 DK150+765,出口里程 DK150+900,全长135m,最大埋深30m,隧道进出口均采用斜切式洞门。上覆坡残积层或粉质黏土,其中含有以大量伊利石与蒙脱石为主要黏土矿物的中膨胀土;下伏基岩为页岩夹砂岩或泥质砂岩,粉砂质结构,页理极发育,节理裂隙发育。地表水不发育,地下水受大气降水及地表水补给,水量有限。

(2)施工情况

明洞段临时开挖坡面采用喷锚网防护,开挖从上而下分段进行,并分段计时防护;明暗分界处直立开挖掌子面同样采用喷锚网防护。现场施工方根据设计要求施作了边仰坡临时喷锚防护、天沟排水系统和暗洞大管棚,但没有接着施作明洞,而是先施工暗洞;待暗洞施工35~45m时,再接着施工明洞与洞门,然后回填明洞段;最后再施作边坡永久防护。由于施工顺序错误,造成了安全隐患。

(3)事故描述

2010年12月12日上午11:00,在明洞段线路右侧边坡出现水平裂缝;下午14:20出现垮塌,2010年12月13日上午在隧道洞身 DK150+858 线路右侧拱腰处出现环向裂缝,裂缝宽约2mm,长约3m;下午在隧道洞身 DK150+873 线路左侧下墙角出现梯形裂缝,明洞段垮塌处不断出现掉块现象。边坡滑塌显示为坡残积粉质黏土,滑塌范围为坡残积层及全风化层。经进一步察看由于边坡垮塌导致裂缝往洞身线路右侧山体发展,在截水天沟后约12m位置的山体边坡出现裂缝,裂缝宽度1cm。

(4)事故原因分析

造成边坡坍塌的原因有以下几点:

①边坡堆积体本身结构松散、裂隙较多,加上地区膨胀土较发育,岩土有遇水膨胀、湿热膨胀、反复胀缩的特性,在晴雨天交替情况下反复胀缩变形,降低了边坡的稳定性。

②连续阴雨,渗水压力增大,边仰坡产生裂缝时,其稳定性已处于溜塌的临界状态,虽然准备采取小导管注浆加固边坡措施,但应急反应速度较慢。雨水或地下水下渗,边坡岩土遇水产生膨胀变形,是边仰坡垮塌的主要诱因。

③明洞边仰坡过高,边坡设计结构形式不合理,没有设置带有碎落平台的多级边坡,不利于边坡在反复胀缩变形情况下的稳定性。

④明洞段没有严格按照设计顺序施工,明洞没有及时施作,而是先施工暗洞一段后再施工明洞。

(5)处理措施

①雨天采用干水泥对裂缝进行填充,尽可能密实,然后对已经开裂的整个边仰坡进行覆盖,防止雨水继续漫流;非雨水天气出现裂缝时用纯水泥浆或水泥砂浆进行封堵。

②沿裂缝采用钢花管注浆加固坡面,浆液采用纯水泥浆;有地下水渗出时采用水泥—水玻璃双液浆灌注。

③当钢花管注浆仍不能遏制边坡变形时,对边坡坡脚填土回填反压,暂时稳定边坡,然后对边坡采用钢管桩加固。

④对局部垮塌至坡脚部分重新刷坡处理,对坡面锚网喷加固防护,由于坡脚至垮塌面距离的影响,坡率加大已受限制,为防止刷坡后出现二次垮塌现象,需加强锚网喷措施。

⑤加强边坡变形情况的观察与监测。

(6)效果评价

按上述措施对隧道边仰坡进行处理后,观察边仰坡裂缝发展缓慢至稳定不再开裂,监测数据表明边仰坡位移趋于稳定,总体整治效果良好。

3.3.4 洞口段坍塌、冒顶

3.3.4.1 风险产生的原因

隧道洞口开挖时,导致塌方的原因有多种,概括起来可归结为:一是自然因素,即地质状态、受力状态、地下水变化等;二是人为因素,即不适当的设计或不适当的施工作业方法等。由于塌方和崩塌的后果的严重性,设计施工时应尽量注意排除会导致塌方的各种因素,尽可能避免可以避免的塌方或崩塌事故的发生。塌方或崩塌的原因主要是不良地质及水文地质条件、隧道设计考虑不周、施工方法或措施不当。

3.3.4.2 风险控制措施

1)围岩加固及辅助施工措施

根据隧道洞口段地质条件、施工方法、环境要求采取必要的预加固措施,如地表注浆或超前锚杆、超前小导管、短管棚、长管棚进洞等。

(1)大管棚超前的进洞方法

一般洞口段地质条件相对较差,常采用大管棚超前进洞的辅助施工措施。大管棚施工时,一般先在洞口开挖轮廓外施作导向结构(管棚导向混凝土墙或导向钢架),长度为 2 ~ 3m,并采用锚杆使其和洞口仰坡连成一体,导向结构为管棚施工起到导向和支架作用。然后施工大管棚,大管棚常采用直径 80 ~ 300mm 的钢管,长度 18 ~ 40m。大管棚施工完成后,在导向墙或导向钢架内立模,浇筑混凝土套拱,将导向墙或导向钢架与管棚尾端浇筑成整体结构,形成“假洞”,然后按照选定的工法进行隧道的开挖、支护。

(2)接长明洞的进洞方法

当洞口地质条件较差、边坡稳定困难时,常采用接长明洞的方法,明洞结构对仰坡起到支挡作用,可保持仰坡的稳定。

(3)小导坑反向扩大隧道的进洞方法

洞口采用大断面进洞困难时,可以采用小导坑先行进入隧道施工,在进入长度大于3~5倍隧道洞径后,反向开挖隧道洞口段。小导坑的大小要满足施工通道的基本要求,可以从隧道洞口面直接进行施工,也可以从其边上进行施工。

(4)加固地层(反压法)进洞方法

当洞口地层较差、地形不适宜进洞时,可以采用如下方法进洞:

①采用注浆加固地层,注浆方法可采用地表垂直注浆或从坡面水平注浆,浆液根据地层情况选择水泥浆、水泥—水玻璃双液浆、超细水泥浆或其他浆液,注浆时可以选用单孔注浆、旋喷注浆等;地层加固完成后再进行进洞施工。

②当地形出现偏压或者覆土较浅时,可采用接长明洞保持洞口稳定,但明洞开挖会引起边坡不稳定,此时可以采用填土反压,稳定坡脚,同时加大洞顶填土厚度,采用明洞暗做的方法进洞。或者采用盖挖法施工明洞,然后进入正洞施工。

2)地表水处理措施

(1)平整洞顶地表,排除地表积水,整理隧道周围流水沟渠。

(2)隧道洞口及明洞设置截水沟与排水沟,洞口边仰坡应采取防护措施,防止地表水下渗。

(3)为防止洞外的水流入隧道内,应在洞口外设置反向排水沟或采取截流措施。

(4)洞口施工应避开雨季和融雪期。

3)地下水处理措施

隧道洞口地下水处理原则一般是"以堵截为主,排引为辅"。

(1)堵截

对整个富水段进行注浆止水,加固松散岩体,使得隧道洞口围岩在原有的基础上整个综合指标得以改善,主要措施有深孔劈裂、挤压注浆;对富水地段沿隧道开挖轮廓线以外进行环形注浆,形成止水帷幕,防止或减少地下水进入开挖工作面,主要措施有浅孔注浆、管棚注浆、小导管注浆、中空锚杆注浆。

(2)排引

排水辅助措施有导坑、钻孔等方法,其目的是排水降压。

3.3.4.3　案例调研

1)案例1:杭新景高速公路东皇庙隧道工程

(1)工程概况

隧道采用双洞单向行车双车道形式,右洞里程范围为YK135+045~YK136+090,长度为1045m;左洞里程范围为ZK135+020~ZK136+089,长度为1069m。两平行隧洞中线相距27.68m。隧道净高5m,净宽10.75m。隧道地处山丘地貌,山坡植被发育,以灌木林为主。地貌沟谷发育伴随冲洪积相地形且陡峭。地质为上覆崩坡积体、围岩破碎影响带。崩坡积体成分主要为含碎石粉质黏土、含黏性土碎石和块石;下伏基岩为强~全风化泥质粉砂岩,节理裂隙发育,碎块状。地下水主要为崩坡积体空隙水和基岩风化裂隙水,储水量较多。

(2)施工情况

进洞段初期支护采用钢架+锚喷、超前小导管支护下三台阶法开挖进洞。

(3)事故描述

2014年7月11日晚上10:00左右,左洞进洞段ZK136+007处(掌子面处)发生右侧拱顶冒顶坍塌事故,塌落体约120m³,塌坑高12m(隧道顶部至山体表面的垂直高度)。坍塌造成施工台车及靠近掌子面的两榀初期支护工字钢损坏,无人员伤亡。

(4)事故原因分析

①该段开挖掌子面处于崩坡积体内,地层属多样性、地层构成主要为崩坍块体、泥、砂及根植、腐殖质,呈多次洪积而成。

②施工至该段时,时值多雨天且雨量较大,施工围岩呈松散结构丧失自身成拱能力,且正处在山体汇水排洪沟边,受雨水长时间渗透浸泡,降低了周围围岩强度。

③在该处前期地质勘探时,有一处取芯孔未及时封闭,造成雨水下渗,长期雨水降低了周围围岩强度。

④施工开挖掌子面时,围岩拱顶出现直径约2m大孤石,泥砂夹大块石且遇突发暴雨,洞内渗水严重,使洞内上台阶掌子面失稳(ZK136+007)引发小股泥石流,造成隧道右侧拱顶冒顶坍塌。

(5)处理措施

①待坍塌体相对稳定后,利用洞渣回填反压;坍塌体防护后的坡面设置仰斜式排水孔,以排除坍塌体内的积水;靠近掌子面处隧道初期支护进行临时加固并加强纵向连接。

②对塌坑周边5m进行放坡,同时采用网喷+锚杆形式加强边坡防护。

③洞内采用无工作室跟管钻进法打设1环钢花管进行注浆加固,布置在拱部120°范围内。

④待钢花管注浆加固完成且达到设计强度后,打设系统注浆小导管。

⑤改为隧道出洞段开挖(与原开挖方向相反),接近塌方段时采用超前预支护+双侧壁导坑开挖法短进尺开挖。

⑥加强该浅埋段洞内拱顶下沉、周边收敛等监控量测工作及初期支护开裂、掌子面等的观察。

(6)效果评价

通过以上措施,隧道冒顶事故得到较好处理,并且保障了隧道后期施工。

2)案例2:南山一号隧道工程

(1)工程概况

南山一号隧道里程范围为K694+400~K694+670,全长270m,为客运专线双线隧道。

进口为18m帽檐斜切式洞门和12m对称路堑式明洞,出口为18m帽檐斜切式洞门和160m单压式明洞,暗洞洞身为62mⅤ级围岩。隧址区为低山丘陵区,地形起伏较大,植被发育,呈狭长带状分布。围岩主要为黑云母花岗岩,全风化,砂土状,灰黄、浅灰白色,遇水极易软化。洞身段覆盖层最大厚度12m,设计全部为Ⅴ级围岩,受地表水下渗影响明显。

(2)施工情况

隧道施工采用新奥法原理,洞身段全部采用大管棚超前支护,双侧壁导坑法开挖施工,采用网喷 C30 混凝土、中空锚杆、HW175 型钢进行联合初期支护。

(3)事故描述

2011 年 5 月 5 日,出口 DK694 +475 处双侧壁导坑第一部(线路右侧)由于连续几天降雨,松散的围岩浸水软化,地表形成约 $49m^2$ 的冒顶,坑深约 4m,洞内型钢支撑挤压变形严重。

(4)事故原因分析

①该段围岩为Ⅴ级,地质岩性为全风化花岗岩,已全部风化成砂土状,颗粒细小,结构松散,结合力主要依靠土粒之间的摩擦力,整体稳定性极差。

②该段洞顶埋深浅,上部松散堆积层透水性强,洞身粉砂土支撑能力差。在开挖过程中洞外连续降雨,洞内渗滴水严重,造成围岩自稳时间缩短。甚至洞顶局部土体软化后已接近流态,通过型钢和长管棚的间隙直接流进隧道内,使洞顶覆盖土失去了支撑。

③现场施工人员重视不足,开挖后未及时进行初喷封闭,造成围岩暴露时间过长等。

④暗洞施工前,仅对边仰坡的设计位置进行了喷锚防护,未对整个洞顶松散土体进行全封闭,造成地表水下渗,增大了软弱土体的重度,导致洞身围岩失稳坍塌。

⑤长管棚注浆压力过小,注浆量不足,水泥浆液未扩散半径未达到设计宽度,导致粉砂土软化后直接流进洞内。

⑥雨季未能及时连续观测洞顶和洞内的沉降变形,导致未能及时发现地表下沉和洞内支护的剧烈变动。

(5)处理措施

由于该段围岩软弱,自稳性差,冒顶处渗水量大,为了减少对围岩的再次扰动,发生更大的坍塌,决定分三个阶段对冒顶段进行处理。

①对地表坑体和边仰坡进行喷射混凝土封闭,打设小导管注浆加固地表。

②暂不对变形的钢架进行更换,而且要在此基础上加密、加固钢支撑,同时采用 ϕ42mm 超前小导管对初期支护背后洞穴进行注浆加固。

③根据沉降观测结果,待围岩稳定后对变形钢支撑进行更换,进行下一步开挖。

(6)效果评价

冒顶段经过三个阶段的处理,后期的沉降监测显示该段最大变形 0.04cm,表明岩层已经稳定;目前该段二次衬砌已经施工完毕,未出现异常情况。

3.3.5　洞口山体整体滑移

3.3.5.1　风险产生的原因

(1)地质原因

①地质条件差:围岩软弱、破碎,节理裂隙发育。

②地表降水:地表降水软化破碎围岩,降低其自稳能力。

(2)设计勘察原因

①勘察资料不准:设计的地质勘察资料与实际的地质情况不符。

②设计变更不及时:当地质条件不符时,没有进行及时的变更。

(3)施工原因

①未严格按照设计进行施工。

②当发现实际地质与地质勘察资料不符时,没有及时提出变更。

③监控量测未按规范进行,未能及时反馈信息,指导施工。

④由于隧道的开挖,工程活动形成的二次应力场的叠加、干扰和调整问题,破坏了山体相对平衡的应力状态。

⑤隧道开挖时,爆破振动对山体产生干扰。

3.3.5.2 风险控制措施

边仰坡防护措施主要包括:

(1)优化边坡体形。

(2)施作抗滑桩、锚索桩等钢筋混凝土支挡结构。

(3)改变土体性质。

(4)优化内部排水、地面排水等工程。

(5)减载和压坡。

对围岩进行加固与洞口段坍塌、冒顶控制措施相似,可根据隧道洞口段地质条件、施工方法、环境要求采取必要的预加固措施,如地表注浆或超前锚杆、超前小导管、短管棚、长管棚进洞等。

3.3.5.3 案例调研

1)案例1:渝怀铁路大板溪三线隧道出口山体滑移处理

(1)工程概况

大板溪三线隧道位于渝(重庆)怀(怀化)铁路工程24标段内,施工里程为DK363+610~DK364+065,隧道全长455m。隧道地表覆盖坡残积砂黏土,下伏基岩为页岩及灰岩,灰岩为中厚层状,属Ⅳ级次坚石;地质构造呈单斜构造,地表出露岩层风化严重,属Ⅴ级软岩。受地形条件限制,全隧为长潭沟车站的一部分。位于直线上,隧道最大开挖宽度19.90m,最大开挖高度14.52m,高跨比为0.73。

(2)山体滑移过程

大板溪隧道出口50m段埋深小于50m,为陡坡偏压段。距出口17m设计为Ⅴ级明暗偏压衬砌段,明暗洞分界里程为DK364+048。隧道右基础设计为桩基托梁,钢筋混凝土边墙;托梁至左侧边坡架设拱部及边墙格栅钢架,拱顶设反压混凝土。

该隧道出口于2001年6月25日开始施工,侧壁导坑法支护及施工工序。首先对洞口边仰坡进行刷坡,按设计施作锚杆、挂网喷射混凝土;同时施作排水天沟,后施工洞口偏压整体衬砌段拱部支护及上部的反压混凝土;反压混凝土施工完成后,再进洞开始。隧道右上部开挖至DK364+044里程,隧道右下部开挖至DK364+059里程时,发现线路右侧反压混凝土下边墙出现一条1~3mm宽的水平裂缝,至现场量测时,水平裂缝已发展至6~8mm。鉴于这一情况,现场研究决定采取以下紧急措施:

①对刚开挖的DK364+044~DK364+045拱部按设计做好施工支护,并采用10cm厚C20喷射混凝土封闭掌子面。

②对DK364+049~DK364+063.5段左侧拱部及边墙采用I18工字钢钢架实施支撑,工字钢排距0.8m。

③布设监测点,进行监控量测,观察反压混凝土变形及山体位移情况。

④洞口线路右侧桩基托梁及反压混凝土边墙布设监测点，监测桩基托梁的沉降情况。

按照以上措施进行处理之后，隧道线右基础的桩基托梁没有发生沉降及位移；线左侧山体发生滑移，造成施工支护及其上的反压混凝土变形开裂，在线右拱部及边墙实施工字钢扇形支撑后，取得了一定的效果，山体趋于稳定。但由于随后连续几天的降雨，情况又出现了新的变化。洞口线右边墙的水平裂纹沿施工缝很快发展成通缝，宽达 25 ~ 30mm；水平裂缝以下出现两条竖向裂纹，其中一条很快通到现有地面。在隧道出口 DK364 + 063. 5 拱顶处反压混凝土也出现一条竖向裂纹，拱部反压混凝土中心线向线左移位达 20mm；同时，地表出现开裂，裂缝宽度达 5 ~ 10cm，洞顶边、仰坡及右侧边坡、天沟出现数条明显挤裂带，天沟边缘及边仰坡已开裂。

(3) 事故原因分析

①对洞口线左在明暗交界部位进行地质补勘，结果表明，地表埋深达 6 ~ 14m，岩体节理裂隙极其发育，风化严重，含水率高，为松散软弱岩层，其自稳性差，极易滑移坍塌。

②该隧道出口是偏压设计，跨度及净空较大，边仰坡坡度较大，对洞口极不稳定的边仰坡未采取必要的注浆加固措施，隧道洞口线左侧边仰坡底部开挖后，破坏了边仰坡山体本身的自稳性，施作的反压混凝土为素混凝土，难以抵抗边仰坡山体滑移坍塌。

③由于隧道洞室爆破开挖产生的震动及雨季施工时地表雨水的浸渗，对这次边仰坡山体滑移的影响也很大。

④隧道线左边墙部分已开挖 6m，未按设计要求及时施作整体衬砌。

(4) 处理措施

针对连续发生的这些情况，判定隧道洞口线左边仰坡山体已经发生滑移。根据分析得出的边仰坡山体发生滑移原因，立即有针对性地采取了以下措施：

①完善洞内外的防排水系统。在滑移界限以外 5m 开挖一条截水天沟，用 M5 砂浆封闭截水天沟底和两侧面；地表裂缝用黏土填充，水泥砂浆封闭，防雨布覆盖，同时用彩条布将滑移山体整体封闭，以免雨水的侵入，造成更严重的后果。

②为了稳定边仰坡山体，从反压混凝土顶面以上 4m 范围内对边仰坡采用 8 排 ϕ64mm 迈式锚杆注浆加固，迈式锚杆长 6 ~ 9m，梅花形布置，纵横间距 50cm，共计 349 根。

③洞内 DK364 + 044 ~ DK364 + 063 线左起拱线部位设 5 排 ϕ42mm 小导管注浆加固。小导管长 6m，梅花形布置，纵横向间距均为 50cm，共计 190 根。

④加强地表监控和洞内收敛量测，布设相应监测点，根据量测结果考虑是否采取进一步加强措施，如施作抗滑桩等。

⑤根据量测判断边仰坡山体趋稳后，尽快完成洞口部位偏压钢筋混凝土整体衬砌。

在完善洞内外防排水系统的同时，按设计施作小导管及迈式锚杆注浆，小导管前半部分布纵横间距均为 2cm 的 ϕ8mm 出浆孔，迈式锚杆自带钻头，可防止塌孔，超过 6. 0m 时，可焊接加长。

单液水泥浆的水灰比为 1:1 ~ 1:0. 8，可先稀后浓，并添加适量速凝剂。浆液配制应注意在搅拌桶内先放入定量清水及速凝剂进行搅拌，待速凝剂全部溶解后放入水泥，连续搅拌 3min 即可。注浆量过大时采用水泥—水玻璃双液浆，水泥浆水灰比为 1. 5:1 ~ 1:1，水泥—水玻璃浆液体积比为 1:1 ~ 1:0. 3；凝胶时间为 30 ~ 120s。水泥—水玻璃双液浆中水泥浆越浓，水泥浆与水玻璃浆的比值越大，则凝胶时间越短，一般在30s到数分钟；若要缩短或增长凝胶时间，可加入速凝剂或缓凝剂，可调范围为十几秒至几十分钟。

(5)效果评价

经过10d的监控量测表明，山体趋于稳定，裂纹已不再发展。为保证在继续施工时隧道洞口的稳定，决定先完成洞口部分的衬砌，然后再继续向前开挖。采取措施后，大板溪三线隧道顺利完工。已衬砌的出口部分没有出现任何的滑移迹象，洞身衬砌也无开裂、渗漏水等现象。

2)案例2：牛头山隧道进口山体滑移处理

(1)工程概况

牛头山隧道位于建德市新安江镇东郊，是一多功能城市旅游交通隧道。隧道长857m，南北接线长240m。隧道净宽12m，其中人行道1.5m，两侧布置，行车道宽9m。隧道净高5m，人行道直墙高2.5m。

隧道穿越围岩较差，设计Ⅱ类、Ⅲ类围岩长327.52m，占隧道总长的38.2%，其余地段为Ⅳ类围岩，支护形式根据围岩类别分别采用人防治理段加强支护、Ⅱ类加强支护、Ⅲ类加强支护及Ⅲ型支护。

隧道穿越的地层大都为骆家门组青灰色粉砂质泥岩，其中进口端(K0+065.319~K0+120)及出口端(K0+870~K0+917.84)隧道围岩属强风化和中风化的泥岩，节理发育，呈破碎状镶嵌结构或碎石状压碎结构，岩石相对破碎，完整性较差。其余地段为微风化的泥岩，岩体完整性较好，而第四系主要分布于两端接线道路中。隧道全线褶皱构造很发育，节理发育。

全线共有2个断层，其中隧道内1条，位于K0+80~K0+820之间，其走向为54°，倾角为75°，属正断层，压扭性构造，断层宽3~6m，岩石破碎较强烈，节理突出。

隧道区地下水贫乏，基岩裂隙水分布于隧道基岩区，主要富存于基岩风化裂隙和构造破碎带中。

(2)事故发展过程

2004年1月9日下午，现场施工人员发现隧道进洞口2m处左侧拱部大管棚套拱出现1条小裂缝，随即对其进行了复喷处理，于1月10日上午8:00发现，该裂缝又重新出现并有所发展，派人到坡顶进行观察，发现洞口仰坡坡顶外8m左右有1条2cm左右的贯通裂缝，随即派人对裂缝进行了夯实，并将已完成喷锚网支护的洞口仰坡用塑料膜覆盖，派专人对坡顶及坡面进行观察。

(3)事故原因分析

①从2003年10月底开工以来，天气一直干燥少雨，近期连续3天下大雨，而隧道上覆为残积土及粉砂质泥岩，微层节理发育，具千枚岩化，见丝绢光泽，具浅变质岩特性，岩性属软质岩，遇水易软化膨胀、崩解，加上岩体的风化层较厚，节理裂隙发育，岩体完整性极差。

②隧道位于山体的一侧，有偏压现象。

③管理房边坡与隧道仰坡连为一体，开挖面积较大，且管理房边坡较高，管理房边坡的临时及永久支护未及时实施辅助施工措施。

④2004年1月3日当地林业局烧山破坏了植被，使得雨水更易于渗入地下，坡体渗水使岩土层物理力学指标下降，加剧了边坡破坏的速度。

⑤坍方时隧道已经开挖150余米(已进洞近2个月)，考虑冬季混凝土施工质量控制有难

度以及其他因素，二次衬砌没有及时跟上。

⑥由于洞门端墙方案迟迟未定，致使洞门没有及时施工。

(4)处理方案及技术措施

坡面清理及防护时原则上按以不改变松散体目前的平衡状态进行，按照松散体封闭、松散体固结的顺序进行。

①首先进行洞口开裂面以上坡面清方，其次进行开裂位置以下的坡面清方。从开裂位置向上只将坡顶的裂缝位置的错台清掉，并向上按 1:1.5 刷坡，刷好后立即进行锚网喷支护，锚杆采用 ϕ25mm 砂浆锚杆，长 5m，间距 1.5m，梅花形布置，钢筋网采用 ϕ8mm 钢筋，间距 15cm × 15cm，喷射 C20 混凝土 12cm 厚；从开裂位置向下只清掉坡面大块的浮石，将坡面清至大致平顺即可，刷坡后用人工进行夯实，夯实后立即做该部分坡面的防护工作，坡面防护前期仍采用锚网喷支护，锚杆采用 ϕ22mm 砂浆锚杆，长 1m，间距 2.5m；钢筋网采用 ϕ8mm 钢筋，间距20cm × 20cm，喷射 C20 混凝土 8cm 厚。

在坡面喷锚网防护施作完工后进行坡面 ϕ42mm 小导管固结注浆，小导管注浆参数如下：

a. 浆液扩散半径 1.5m，孔间距 2.5m，梅花形布置。

b. 注浆加固范围隧道开挖轮廓线外 8 ~ 10m。

c. 注浆终止压力 0.5MPa。

d. 注浆方式钢花管全孔一次性注浆。

e. 浆液种类单液水泥浆，水灰比为 1:1 ~ 0.8:1，外加剂采用食盐，掺量为水泥重量的 5%。

f. 注入量 Q 为：

$$Q = \pi^2 4RHn\alpha\beta = Vn\alpha\beta \tag{3-1}$$

式中：H——钻孔深度；

R——浆液扩散半径；

V——加固体总体积；

n——地层孔隙率(取 40%)；

α——浆液注入系数，取 0.8 ~ 0.9；

β——浆液损失系数，取 1.1 ~ 1.2。

g. 注浆结束标准(单孔结束标准)：注浆压力达到设计终止压力(0.5MPa)或虽未达到设计终止压力，但注浆量达到设计注浆量的 80%。

h. 全段结束标准：设计的注浆孔均达到结束标准，并打检查孔检查浆液是否充填密实。

②隧道开挖方法。

坡面防护加固施工完毕后即可进行隧道开挖，开挖采用注浆小导管超前支护，留核心土环形分部开挖，其施工顺序为：超前注浆小导管→环形导坑开挖→架设钢支撑→核心土开挖→下部开挖→施作拱墙衬砌→仰拱开挖及施作仰拱初次衬砌。

超前小导管采用 ϕ42mm × 4mm、长 6m 的无缝钢管，环向间距 35cm，拱部共设 62 根。注浆加固土体范围为隧道开挖轮廓线外 1.5 ~ 1.8m。注浆采用 1:1 ~ 0.8:1 的水泥浆，掺加占水泥重量 5% 的食盐作为外加剂，注浆压力控制在 0.5MPa。

在小管棚的超前支护下，采用人工配丁字镐、风镐、铁铲等工具开挖，每开挖 80cm 后立即架设 I16 工字钢钢拱架支撑，拱架连接筋采用 ϕ22mm 钢筋、环向间距 1m，每 2 榀拱架间设置

ϕ8mm、间距20cm的钢筋网，并与纵向连接筋连成整体，然后喷射20cm厚C20钢纤维混凝土，喷射混凝土完成后在拱墙位置均打设长度1.5m的ϕ36mm随机排水孔，在渗水较多的地方适当加密排水孔，并用ϕ15mm塑料弹簧管引下来，接至后续施工的纵向或环向弹簧管。

采用上述施工方法依次循环作业，在上部挖至15m时停止开挖，将下部开挖12m(模板台车长10.5m)后立即施作钢筋混凝土衬砌，混凝土浇筑后暂不脱模，继续人工开挖上部，直至通过塌方段，通过塌方段后立即施作剩余塌方段的混凝土衬砌，及早发挥衬砌混凝土的永久支护作用。

分部开挖时，在边墙及拱部均设预埋件，进行周边收敛及拱顶下沉测量，在洞顶设地表沉降观测点，以监测围岩及初期支护受力变形情况。

(5)处理过程中遇到的问题及对策

①开挖过程中发现，实际情况比预计的要好，原预计塌方33m，实际塌方31m，破坏程度也较预计的轻，除个别原边墙钢支撑被拱部压垮的钢支撑拉掉外，其余边墙钢支撑及已喷混凝土均完好无损，故施工方法也及时从原设计采用的CD法开挖变换为留核心土环形法开挖，核心土保持长度5~8m，这样既加快了进度，又节省了投资，但洞口部数榀钢支撑仍按CD法加工，以保证复杂条件下的围岩应力变化时的支撑结构安全，为及时变换施工方法赢得时间。

②隧道拱部左侧部分开挖后基本为压实的黏土，人工开挖后成形较好，而右侧却大都为松散的岩体，因为其处于强风化带中，节理裂隙发育，注浆固结效果不理想，故开挖后成形较差，一般要超挖20cm左右，该部分均采用喷射混凝土回填。

③整个开挖过程中右侧掌子面上前方松散土体沿管棚间隙下溜不止的情况，共发生2次。造成这种现象的原因之一是小导管角度及间距没有达到技术要求，注浆固结范围及效果没有达到技术要求；另一方面原因是环形分部开挖面积过大。发生这种情况时，用反铲将土顶回掌子面，在2根小导管间又加设1根小导管，并加促凝剂进行注浆，然后重新人工开挖，并将右侧开挖范围缩小，即将原设计的右侧第3节拱部钢支撑分成两部分架立，并将钢支撑间距调成50cm。通过采取上述措施，阻止了上前方的围岩继续下塌，并顺利地通过了该危险地段。

3.3.6 洞口边仰坡落石伤人

3.3.6.1 风险产生的原因

1)内因

(1)地质构造作用

位于褶皱不同部位的岩层遭受破坏的程度各异，因此隧道洞口边仰坡发生崩塌落石的情况也不一样。

①强烈弯曲的背斜核部，脆性岩层在曲率最大处常常折断，由于岩层受张，常形成大量垂直层面的张节理，使岩层破碎。在多次构造作用和风化作用的影响下，破碎岩体往往产生一定的位移，从而成为潜在崩塌体(危岩体)。如果危岩体受到震动、水压力等外力作用，就可能产生各种类型的崩塌落石。向斜核部岩层受挤压，褶皱强烈时，向斜核部岩层也会折断，并产生一系列压张裂隙。

②褶皱轴向垂直于坡面方向时，一般多产生落石和小型崩塌。

③褶皱轴向与坡面平行时，由于应力场是继承地质史上的应力场，一般在水平面内，最大主应力的方向常垂直于构造线，也就是说高陡边坡就可能产生平行于坡面的贯通卸荷裂隙，从而发生规模较大的崩塌。

④在褶皱两翼，当岩层倾向与坡向相同时，易产生滑移式崩塌。滑移面常为岩层中的软弱夹层面、层间错动面或岩层面，当岩体两侧有构造节理切割时，更易于形成崩塌。

断层带岩石十分破碎，大小岩石块体均有，为崩塌落石提供了必要条件，同时，断层破碎带常是地下水渗流的通道，使岩层强度降低，从而引起各种规模不同的崩塌落石。

区域性断裂构造对崩塌的控制作用主要表现为：

①当陡峭的斜坡走向与区域性断裂平行时，沿该斜坡发生的崩塌较多。

②在几组断裂交汇的峡谷区，往往是大型崩塌的潜在发生地。

③断层密集分布区岩层较破碎，坡度较陡的斜坡常发生崩塌或落石。

(2)岩石力学性质及其组合配置对落石的影响

岩性对岩质边坡的崩塌具有明显控制作用。一般来讲，块状、厚层状的坚硬脆性岩石常形成较陡峻的边坡，若构造节理和(或)卸荷裂隙发育且存在临空面，则极易形成崩塌落石。相反，软弱岩石易遭受风化剥蚀，形成的斜坡坡度较缓，发生崩塌落石的机会小得多。沉积岩岩质边坡发生崩塌的概率与岩石的软硬程度密切相关。若软岩在下、硬岩在上，下部软岩风化剥蚀后，上部坚硬岩体常发生大规模的倾倒式崩塌。含有软弱结构面的厚层坚硬岩石组成的斜坡，软弱结构面的倾向与坡向相同，极易发生大规模的崩塌。页岩或泥岩组成的边坡不易发生崩塌。

岩浆岩一般较为坚硬，极少发生大规模的崩塌。但当垂直节理(如柱状节理)发育并存在顺坡向的节理或构造破裂面时，易产生大型崩塌；当岩浆岩中有晚期岩脉或岩墙穿插时，这些穿插接触面往往是岩体中的薄弱面，它们和各种节理一起为崩塌落石提供了有利条件。

沉积岩容易出现夹层情况，常发生崩塌。巨厚层的完整坚硬岩层如果夹有薄层页岩时，当岩层倾向路线时，高陡边坡，可能发生大规模的崩塌；软硬相间的岩石边坡，因差异风化，可能发生小型崩塌落石；页岩、泥岩等软质边坡，如果岩层褶曲发育，常发生小型崩塌落石；如果河谷陡坡由软硬不同岩层组成时，当软岩层在下，而且其分布高度与河水位线一致时，软岩易被河水冲蚀破坏，上部岩体易于发生大规模倾倒式崩塌；如果河谷陡坡下部由可溶性岩石(灰岩)组成，由于河流冲蚀和溶蚀作用，下部可溶性岩石将不断被掏空，因此易于形成岸边大崩塌。

变质岩中结构面较为发育，常把岩体切割成大小不等的岩块，所以经常发生规模不等的崩塌落石。片岩、板岩和千枚岩等变质岩组成的边坡常发育有褶曲构造，当岩层倾向与坡向相同时，多发生沿弧形结构面的滑移式崩塌。

(3)地形地貌对落石的影响

地质构造和外力共同塑造了地壳表面的地形地貌，并在继续进行着。大量关于天然斜坡和人工边坡崩塌落石的调查表明，陡峻的斜坡地形是形成崩塌落石必不可少的条件之一。发生崩塌落石的陡峻斜坡，通常是海、湖、河谷和冲沟的岸坡，陡峻山坡及人工陡边坡。其坡形可能是直线坡、凸形坡、凹形坡、阶梯形坡，只要其他条件具备，都可能发生崩塌落石。

2)外因

(1)重力作用

崩塌落石多发生在陡峭的斜坡上。一般高度大于 30m、坡度大于 60°的岩体突出部分，在风化作用影响下，岩石力学强度削弱，重力作用使岩体有吸引到地面的趋势，很可能给沿岩体内部某结构面一个向下的分力，这个分力又与另一结构面大致垂直时，沿后一个结构面最易被拉开，这样形成潜在危岩体，当裂隙发展到临界程度，整体平衡条件被破坏时，岩体就会突然发生崩塌。

(2)降雨和地下水

降雨和地下水对危岩发育的作用主要包括以下五个方面：

①充满裂隙中的水及其流动对岩体产生静水压力和动水压力。

②充满裂隙中的水对不稳定岩体产生向上的浮托力。

③岩体中裂隙水压力会导致软弱面上正应力减小，降低抗剪强度。如果岩体中裂隙水压力大于其法向应力时，则会使岩体破坏。

④充满不稳定岩体两侧裂隙中的水，使不稳定岩体与稳定岩体之间的侧向摩擦力减小。

⑤岩体内地下水的流动使岩体可溶物质溶解，结构面的细颗粒被带走，产生化学或机械管涌而使岩体失稳。

(3)风化作用

岩石长期裸露于地表，在温度变化、大气、水溶液、生物等因素作用下，使岩石在原地逐渐破碎疏松，以及化学成分、矿物成分均发生变化，称为风化。引起这些变化的作用，称为风化作用。风化营力主要包括阳光、气温、雨水等，在这些营力的作用下，岩体中的结构面将不断张开，由闭合→微张→张开→宽张发展。在雨水、冰劈、气温的长期作用下，结构面更易贯通，只有结构面相贯通时，危岩体才真正形成。

(4)植物劈裂

生长在岩石裂缝、节理和层面中的树木，由于它根部的不断延伸和变粗，使裂缝、节理层面不断张开，并使岩体进一步破坏，进而导致崩塌落石的形成。

(5)人为因素

在隧道洞口开挖工程中常使自然边坡的坡度变陡，并且由于开挖产生新的临空面，应力的释放可能产生卸荷裂隙，在高应力区甚至会产生岩爆现象；另外，隧道开挖过程中常采用爆破，爆破引起的震动也会诱发崩塌。

3.3.6.2 风险控制措施

(1)清除：对于危崖上的浮石、松动块体采用人工解体除去，或者在巨大浮石上用风枪凿眼、静态破碎剂解体，化整为零，逐步消除，条件具备时还可考虑采用爆破清除。

(2)支撑：对于高大的悬崖、倒坡状危崖采用浆砌条石或混凝土支撑，支撑的形式可以是柱、墙或墩。

(3)护坡护墙：采用浆砌或混凝土保护坡面，其适用于坡度不大、岩层破碎、节理发育但整体稳定性较好的边坡，可防落石，防止继续风化。

(4)插别与串联：用圆钢或钢轨支挡或串联整体性较好的危岩。

(5)锚固：对于裂隙较发育的柱状危岩体，可采用锚杆、锚钉、锚索将危岩锚固于稳定的岩体上，外锚头可采用梁、肋、格构等形式以加强整体性。

(6)拦截：危崖下有一定宽度的空地可供修筑拦石构筑物时，即可在危崖脚以下修筑一级或多级拦石构筑物，拦石构筑物有重力式拦石墙、拦石栅、板桩式拦石墙等。拦石墙要设置厚度不小于 1.5m 的缓冲层以及落石槽，拦石墙要有足够的拦挡净空高度。

(7)遮盖：主要是指用钢筋混凝土筑成的明洞、棚洞。

(8)封填：对于高度不大的岩腔采用浆砌片石或混凝土封填。

(9)灌浆：用水泥砂浆或其他材料封闭裂缝，抑制裂缝的扩展，防止地表水体进入危岩体。

(10)排水：在崩塌落石区内外设置畅通的截、排水系统。

3.3.6.3 案例调研：宜万铁路八字岭隧道洞口陡壁危岩整治

(1)工程概况。

八字岭隧道为宜万铁路重点工程，隧道出口位于河谷陡壁上，陡壁高度约 60m。隧道洞口岩体节理裂隙发育，以水平、竖直节理为主，将岩体切割为巨块状。由于常年裸露风化，部分岩石层面下方产生临空面，形成危岩落石，威胁运营安全。受地形及运输条件限制，常规的爆破刷坡无法实现，采用了搭设超高脚手架施工平台预应力锚索进行加固的施工方案。

(2)整治方案。

针对隧道洞口危岩特点，采取锚索加固处理。根据洞口地形及地质条件，加固范围为隧道洞口线路左侧 15m，右侧 4.63m。锚索锚孔孔径为 150mm，孔水平间距为 3m、垂直间距为 4m，共设置 13 排、72 孔。每孔锚索均采用 6 根 ϕ15.2mm 高强度低松弛钢绞线制作。自由段采用内径 46mm 波纹管隔离防护。锚固段长 8m，深入稳定坡脚线以内不小于 9.7m。全孔范围采用 M35 水泥砂浆灌注，注浆压力为 0.6 ~ 0.8MPa。单孔设计锚固力 860kN。锚墩采用 C30 钢筋混凝土制作。

(3)整治措施

①施工顺序。

锚索总体施工顺序为：搭设钢管脚手架，同时施作脚手架→固定锚杆并清除陡崖危石→进行岩腔支顶、岩缝灌浆→由上向下施工锚索→施作锚杆、挂网喷混凝土封闭。

②超高脚手架搭建。

a. 用料：脚手架杆件采用直径 48mm、壁厚 3.5mm 钢管，铸铁扣件；作业层采用木脚手板，其余采用竹笆脚手板。

b. 横向水平杆设置在立杆内侧，长 6m。主节点处设置一根横向水平杆，两个直角扣件中心距为 0.15m，靠岩壁一端的外伸长度为 0.5m。作业层上非主节点处横向水平杆，根据支承脚用板的需要等间距设置，最大间距不大于 0.75m。

c. 作业层脚手板应铺满、铺稳，离开岩面 0.15m。

d. 立杆间距为 1.5m × 1.5m，立杆用连墙件与岩壁锚杆可靠连接。

e. 脚手架设剪刀撑与横向斜撑。每道剪刀撑宽 6m，斜杆与地面的倾角宜在 45° ~ 60°。剪刀撑斜杆的接长采用搭接，旋转扣件中心线至主节点的距离为 0.2m。

f. 在脚手架一端搭设旋转梯道，梯道宽 1m，踏步杆间距 0.3m。梯道转向设置平台，梯道扶手高度为 1.2m，并在踏步杆以上 0.2m 设置挡脚杆。通道用安全网封闭。

③钻孔。

根据设计要求的里程、高程定出孔位，钻孔采用风动潜孔锤冲击钻进工艺。为确保岩层、裂隙间不充水造成层间移位，钻孔采用干钻。钻孔深度按下式计算：

$$L = L_S - L_Z + L_d \tag{3-2}$$

式中：L——钻孔深度(m)；

L_S——设计锚索长度(m)；

L_Z——预留张拉段长度(m)，取1.0～1.2m；

L_d——导向帽及预留沉渣段长度(m)，取1.0m。

钻孔结束后，用一根聚乙烯管复核孔深，并以高压风吹孔，吹出孔内粉尘，拔出聚乙烯管，塞好孔口。实际钻孔深度不应小于计算值。

钻孔过程中特殊情况的处理措施包括：

a.在钻孔过程中，若局部出现流水时，应采取注浆措施进行堵水；之后，继续钻进至计算深度。

b.当钻孔穿越强风化岩层或岩体破碎带时，易发生塌孔。此时，应立即停止钻进，拔出钻具，进行固壁注浆，注浆压力采用0.4MPa，浆液为水泥砂浆和水玻璃的混合液，24h后重新钻孔。

④预应力锚索安装。

钻孔结束后下锚时，重新核定锚索全长、锚固段长度、自由段长度及各部分焊接捆扎情况。确认核定各项均合格后将锚索抬至现场平顺摆放，待吹孔完毕，将锚索缓慢平直放入孔内，孔口预留1～1.2m张拉长度。

为了使锚墩上表面与锚索轴线垂直，预先将一根长1m、直径154mm的钢管和锚垫板正交焊牢，浇筑锚墩前将钢管的另一端插入钻孔即可。锚墩钢筋加工经监理检查合格后方可搬运至现场，准确定位，锚墩中心与锚索中心偏差不大于10mm。

⑤注浆。

下锚后，利用捆扎在钢绞线上的注浆塑料管高压风清孔。采用M35水泥砂浆，从孔底开始注浆，注浆压力不小于0.6MPa。首先将锚固段注满砂浆，对于下倾锚索注浆，采用砂浆位置指示器控制注浆位置。

补偿张拉后，立即进行封孔注浆。对于下倾锚索，注浆管从二次注浆孔插入，直至管口进到锚固段顶面约50cm，直至锚孔注满。

封孔注浆后，从锚具量起留50mm钢绞线，其余的部分截去，在其外部包覆厚度不小于50mm的水泥砂浆保护层。

⑥锚索张拉。

张拉前对张拉设备进行标定，在张拉过程中根据标定曲线找到与控制张拉力N值相对应的压力表读数P值，作为锚索张拉时的依据。

在锚孔砂浆达到设计强度的70%以上和锚墩混凝土抗压强度大于15MPa后进行张拉作业。张拉采用YCN25 200型穿心式千斤顶，DQM15-6型锚具。张拉时先取10%N_t(N_t为设计锚固力，本工点为单束钢绞线860kN)，即预张拉力为86kN，对锚索预张拉1～2次。使锚索各部分接触紧密，并使钢绞线平直，以免钢绞线因受力不均被拉断。同时减少加荷时初伸长值ε_0过大的影响因素。锚索张拉分级加载，每级荷载增量为10%N_t，即86kN。每次加载后观测一定的时间，并记录锚头位移量，绘制P-ε曲线，与标准P-ε曲线比较，验证实际伸长值是否大于理论伸长值的80%，小于自由段长度与1/2锚固段长度之和的理论伸长值。

施工前，先对钢绞线进行试验，测出其弹性模量和截面积，计算其理论伸长值。

按超张拉10%～15%计算，张拉终荷载为946～989kN。持荷观测时间15min，然后千斤顶回油，工作锚楔形夹片自动夹紧钢绞线，锚索轴向回缩，产生一定范围的应力松弛。

该工程单孔锚索设计为6根ϕ15.2mm钢绞线组成，张拉时为减小锚具、锚垫板受力不均，张拉顺序依次为单根对称张拉。

3.3.7　湿陷性黄土地层

3.3.7.1　风险产生的原因

隧道洞口开挖后，将山体原有的水脉切断，使得大量的地下水涌向洞身部位排出后，山体的固有平衡被破坏。随着地下水继续渗流排出，地应力会持续减小，地下水在黄土的空隙、裂隙中流动时形成空洞，随着地下水潜蚀作用不断地进行，土中空洞会由少变多，由小变大，引起饱和黄土地层的竖向压缩变形，直接导致了上部一般新黄土的原状大孔隙垂直节理结构被破坏，最终导致地表沉降变形甚至坍塌。

3.3.7.2　风险控制措施

做好地表坍穴防排水工作是处理塌方的首要步骤，如果在发生拱顶塌方后有一定量的雨水或溪流水进入地表坍穴，会造成塌方的进一步扩大，并对今后的处理工作造成不便。黄土隧道洞口段地表下沉以及坍塌处理方法如下：

(1)在塌陷区域四周6m处设置截水沟，把水引排至隧道影响范围外的自然沟谷，防治因雨水冲刷造成地面沉陷范围扩大。

(2)在地表沉陷处理过程中，为防止雨水直接冲刷沉陷坑体边坡，导致坑体边坡失稳而使地表沉陷范围扩大，特搭设遮雨棚。

(3)地表加固及回填处理。在地表陷坑裂缝以外5m范围内采用ϕ42mm钢花管对塌陷土体进行注浆加固，钢花管间距1.2m×1.2m。注浆完成后将地表陷坑回填密实，并高出地表50cm，回填表面采用三七灰土隔水层，以有效引排地表水，防止地表水下渗。

3.3.7.3　案例调研：西过境高速公路大有山隧道工程

(1)工程概况

大有山隧道进口位于大有山的东坡脚与北川河Ⅲ级阶地的过渡段。岩土成分上部为新近堆积黄土；下部为Ⅳ级(很严重)自重湿陷场地，围岩稳定性差。隧道出口段地处黄土塬梁区(D区)，崖沟深切西侧谷坡，地形陡峻，岩土成分为严重湿陷黄土，Ⅳ级(很严重)自重湿陷场地，围岩稳定性差，施工时易发生变形及坍塌。围岩较差，整条隧道围岩划分为Ⅴ级。施工过程中易出现较大变形和沉降，进口浅埋段埋深在7～23m之间，洞口黄土卯梁区分布有大小黄土陷穴。

(2)施工情况

采用预留核心土台阶法，人工配合机械短进尺开挖，配合超前支护。超前支护为：洞口ϕ89mm管棚，长度20m；洞内ϕ50mm超前注浆导管支护长度5m，环向内距35cm。采用钢拱架+网锚喷等初期支护。

(3)事故描述

在隧道进出口上台阶开挖及施作初期支护至20～30m时，发现隧道进、出口仰坡及套拱处有局部裂纹现象，洞顶地表出现裂缝，并随着洞内掌子面的开挖同步增加，裂缝变形发育快，根据地表位移量测发现仰坡有逐渐整体向洞口方向滑移的迹象，洞内初期支护也出现多处环向开裂，拱顶下沉没有减缓的趋势，前一个月累计达31cm，监控量测表明拱顶下沉大，收敛小。

(4)原因分析

①主要原因是Ⅳ级自重湿陷性黄土整体性差、无自稳能力、受力后极易变形。

②围岩松软，压缩系数大，天然土干密度在1.6～1.8g/cm^3之间，洞口的开挖破坏了仰坡的稳定，形成隐性滑动面。

③上台阶开挖初期支护钢拱架拱脚处地基承载力不足，在围岩压力下上半断面初期支护整体变形沉降，进而引起地表的裂缝发育。并随着隧道掌子面的开挖前移增加裂缝，洞顶土体向洞口方向滑移。

(5)处理措施

①对上台阶初期支护段增临时钢拱架和临时仰拱支撑，保证洞内已开挖段的稳定。

②由于湿陷性黄土地段的特殊性，采用挖除洞顶裂缝位移的土体方法以减小洞顶土体压力，避免松动土体压力过大造成洞口段滑坡及坍塌。

③地表加固利用钢筋锚桩和挂网浇筑混凝土，铺设灰土防水层的方法进行加固。

④待上导坑稳定后及时拆除临时支护，同时进行开挖支护仰拱及洞内二次衬砌的施作。

⑤加大对围岩和支护系统稳定状态监测的频率，及时进行数据分析，掌握围岩变形情况和加固效果。

(6)效果评价

通过上述措施，大有山湿陷性黄土隧道初期支护变形与地表裂缝发展得到了较好控制，保障了隧道安全施工进洞。

3.3.8 偏压隧道

3.3.8.1 风险产生的原因

洞口偏压是由于地形不对称或者地质岩层因素，造成隧道结构横向左右两侧荷载不对称；同时隧道在洞口段还存在一个纵向偏压，纵向偏压即随着隧道向洞身延伸，埋深不断加大，该偏压可导致结构在纵向受力随之变化。两个方向的偏压叠加将导致隧道洞口段的受力极为复杂。

影响围岩压力的因素可分为两大类：客观因素和人为因素。客观因素包括地形因素、地质因素。

1)地形因素

洞口段通常为浅埋，围岩主要为Ⅳ级和Ⅴ级，地层的构造应力常不易于积累，地应力主要考虑由重力引起的，因此，偏压常是地形因素引起的。如果洞口段山体横坡越大，隧道结构两侧所受的压力差就越大，即偏压越严重。

2)地质因素

地质因素引起的隧道偏压较为复杂，隧道偏压的程度受围岩的完整程度、岩体结构面组合性质和状态、岩层走向、岩石强度以及地下水等因素影响较大。目前规范对由地质原因引起的偏压尚无较为有效的计算公式。

(1)围岩完整性

围岩在地质构造中,节理和裂隙发育程度决定了围岩完整性。围岩受节理裂隙切割得越严重,岩块越小,岩体的内摩擦角 φ 越小,岩体的整体强度就越低,围岩的松动圈就越大。

(2)结构面的组合性质和状态

围岩的结构面是在不同时期的地质构造运动中形成的,结构面充填物的性质以及产状与隧道走向的关系亦能影响隧道偏压的程度。岩体受结构面的强烈切割、围岩节理裂隙发育、自稳能力差,在受到施工的影响时,结构面所处的平衡受到破坏,当结构面提供不了足够的抗力进行平衡,则岩层就会沿着结构面滑移或蠕动,对隧道结构产生不对称力造成偏压。对于存在软弱结构面的围岩,由于结构面的剪力由岩块之间的摩擦力、咬合力等提供,加之结构面往往由黏土质、岩屑充填等造成结构面抗剪强度降低,尤其当结构面同地面横坡的夹角较小,甚至平行,在受到施工扰动后,岩层极易沿结构面滑动,造成隧道偏压。围岩结构面朝向和地面横坡的位置关系对隧道偏压影响也巨大。当单一的结构面朝向与地面横坡相反时,即使地表横坡较大,地形对隧道结构的偏压影响也不大;相反,当朝向与地面横坡相同时,受结构面影响,地形对隧道结构的偏压影响就较大。除此之外,当结构面较多且几种结构面互相组合,分割岩块,造成岩块间沿假想滑动面阻力降低,这时即使与单一结构面所处地形相似,围岩对隧道的偏压会显著增强。由于山岭隧道洞口段的埋深不大,故在众多偏压隧道中以地形引起的偏压较为常见。

3)人为因素

人为因素引起的偏压即设计或施工不当引起的偏压,如:进洞前对存在偏压隧道采取削坡减载、支挡结构反压回填、围岩加固等未做考虑;不同的断面形式、开挖工法以及超欠挖程度等也会对隧道偏压现象也会产生影响;施工便道的选取是否有利于洞口段偏压边坡稳定性,亦是考虑的方面;隧道附近既有建筑物的存在对隧道结构的偏压作用也是不容忽视的问题。

偏压隧道洞口的开挖会改变地表形态,形成半路堑洞口边坡、仰坡,可能引起边、仰坡的坍塌或加剧偏压、诱发滑坡等地质病害。

3.3.8.2　风险控制措施

(1)削坡排水法

该方法是最为直接的治理方法之一,通过削弱偏压边坡以减小下滑力,从而降低边坡偏压对隧道稳定性的影响;但是该方法的治理效果与开挖范围密切相关。排水可以采用环形截水沟、树枝状排水系统、平整夯实自然山坡坡面等。

(2)减载与反压法

该方法是应用最为广泛的方法之一,即对边坡上部适当削坡以起到减载的作用,对边坡下部反压回填以起“压脚”作用;该方法能改变偏压的地形地貌,从一定程度上增加了隧道和边坡的稳定性;该方法在具备施作条件的情况下应首先推荐采用。

(3)地表注浆法

该方法也是较为常用的治理方法之一,当隧道浅埋且地层非常松散破碎、易发生大规模坍塌或失稳时,可考虑采用;这种方法方便、及时,投入的工作量相对较小;但是,注浆量估算和控制比较难以把握,实践表明这种方法的治理效果有限。

（4）支挡法

该方法是采用构造物工程措施来克服偏压对隧道结构的影响；根据偏压位置山坡体的具体情况，支挡措施可采用偏压抗滑挡墙抗滑桩、预应力锚索（杆）、钢管桩以及锚索桩、格构锚固等支挡构造物，以对坡体进行整治，克制偏压。

3.3.8.3 案例调研：渝怀铁路渔塘湾隧道工程（地质顺层偏压隧道）

（1）工程概况

渔塘湾隧道全长900m，进口里程为DK261＋800，出口里程为DK262＋700。隧道位于低山斜坡地貌山体，自然坡度为10°～40°，地表覆盖第四系坡残积砂黏土，下伏基岩为页岩夹炭质页岩、灰岩。该区段内地质构造复杂，主要构造为郁山正断层、F4正断层及其伴生断层。隧道开挖揭示，受构造影响使小褶曲发育，岩层产状紊乱，岩体节理发育，岩体破碎。特别是软质岩受构造影响较大，发育较多次生小断层，断层倾角一般为40°～60°，破碎带宽0.5～1.5m，为断层角砾，局部呈断层泥状。

（2）施工情况

隧道进洞施工前，首先按设计要求施作地表洞顶天沟，完善洞口段截排水系统及洞口挡护工程。隧道进口于2001年4月开始采用正台阶法进行施工，至5月17日，上台阶施工至里程DK261＋835，下台阶开挖面施工至里程DK261＋819，已开挖段初期支护按设计文件进行施作。在里程DK261＋800～DK261＋812段已施作完模筑混凝土衬砌。

（3）事故描述

2001年4月29日，进口段衬砌左侧拱腰部位出现多条横向裂缝，右侧也出现多条纵向裂缝，裂缝宽度达到8.7cm；至5月16日，开挖段拱部格栅支护严重变形，侵入衬砌净空，最大裂缝宽度达42cm，同时洞口边、仰坡出现裂缝，裂缝宽约3～10cm；2001年8月3日，模注混凝土衬砌右侧拱顶及拱肩处出现两道斜向裂缝，隧道洞顶地面的天沟也出现不同程度的变形和开裂。隧道进口段路堑于2001年4月开始施工，7月30日暴雨之后右侧堑坡发生塌滑。

（4）事故原因分析

①隧道进口段位于郁山正断层上盘碳质页岩破碎带中，多为断层角砾岩，地下水发育。开挖面岩层结构层理明显发育。隧道开挖后，地下水活动加剧，断层角砾岩被软化，同时也使层面之间的抗滑性能急剧降低，导致岩体沿顺层面发生滑移。

②进口段按Ⅴ级围岩整体式混凝土进行衬砌设计，未考虑偏压作用。开挖使隧道周边围岩的松动范围不断扩大，支护和衬砌上的荷载逐渐增大，最后导致支护变形侵限，模筑混凝土衬砌开裂。

③隧道洞口段右侧地形偏压，并且隧道右侧岩层产状和断层产状大角度倾向线路，围岩易沿软硬岩接触带的层面发生滑动，形成地层偏压，造成衬砌承受的荷载不均。

（5）处理措施

①在隧道进口DK261＋800～DK261＋835已开挖段采用洞外地表设钢管桩注浆加固。

②为确保在衬砌已变形和发生挤压开裂地段衬砌拆除时围岩的稳定与安全，在DK261＋800～DK261＋835段采取洞内长管棚加固措施。

③为防止隧道未开挖地段围岩发生顺层滑移和开挖面岩体的坍塌，在隧道拱部采用外插角分别为45°和10°的ϕ42mm双层注浆小导管超前预支护。

④隧道衬砌按Ⅴ级偏压钢筋混凝土衬砌施作。

⑤隧道未开挖段由上下台阶法改用预留核心土的正台阶分部开挖方案。

(6)效果评价

通过监测,隧道进口地质顺层偏压地段在衬砌混凝土浇筑完毕后,其围岩变形在40d以后趋于稳定,且变化的数值较小,这表明隧道采取的超前支护和钢管抗滑桩等措施是成功可行的。该隧道已投入正常运营,使用情况良好,无衬砌开裂等不良现象发生。

3.5 洞口段隧道施工实例风险评估

3.5.1 半明半暗条件大跨偏压隧道零仰坡进洞施工风险分析

3.5.1.1 工程概况

1)工程地质条件

长湘高速公路狮子垄隧道位于湖南省长沙市岳麓区莲花镇,为分离式双向六车道隧道,隧道开挖跨度18.03m,设计时速为120km,全长1107m。隧道进口位于圆曲线上,出口位于直线上,洞口为粉质黏土、粉砂质泥岩、变质砂岩,岩体破碎。出口端隧道中线与等高线近似平行,偏压明显。狮子垄隧道为剥蚀丘陵地貌,隧道上方山体形态不一样,地面高程在94~225m之间,高差为50~130m。

隧道进口段(长沙端)存在冲沟,隧道等高线与轴线相交角度大,地形条件较好,山坡自然坡度约40°,该隧道口围岩主要为变质砂岩和砂质板岩,其产状340°∠62°。出口端(湘潭端)处在山坡坡脚之下,隧道等高线和隧道轴线相交角为60°左右,湘潭端左侧山体偏压比较明显,其自然坡度为30°与35°之间,该隧道口围岩主要为泥盆系砂岩夹泥岩,岩体产状为349°∠21°。隧道区长沙端为板溪群五强溪组砂质板岩、变质砂岩,岩层产状342°∠63°,湘潭端为泥盆系上统锡矿山组砂岩夹泥岩,岩层产状349°∠21°。

隧道区节理裂隙较发育,进口段主要有115°∠63°、235°∠87°、280°∠77°三组,以第一组最发育。出口端主要有54°∠79°、146°∠47°两组,其中最发育组为146°∠47°,主要为闭合状和微张开状。隧道区未见明显的断裂构造。

狮子垄隧道现场揭示围岩长沙端为板溪群五强溪组砂质板岩、变质砂岩,主要为黄色、黄褐色、灰白色,为软岩,含泥量较多,岩体大多呈强风化,松散、薄层状结构,围岩破碎,多呈小块状,用手易剥落,节理裂隙发育,节理间充填软弱泥质夹层,围岩整体性一般,稳定性差,地下水较发育,岩体遇水易产生软化,易形成塌方、掉块。围岩等级判定为Ⅴ级。

湘潭端为泥盆系上统锡矿山组砂岩夹泥岩,中全风化,泥岩岩质软,用手可捏成团,黏结性差,遇水易形成软化,砂岩节理裂隙发育,岩体大多呈镶嵌碎裂结构,碎屑状,围岩整体稳定性差,极易形成坍塌、掉块,围岩富水性较差,砂岩为弱透水,泥岩富水性较好。隧道区存在断层,隧道区围岩节理裂隙较发育,结构面主要为层面和裂隙面,不利结构面对隧道区围岩岩体影响比较大,地下水主要以基岩裂隙水形式存在,岩体透水性较弱,岩体有点滴状水渗出,局部有线状水流出。总体而言,隧道区域围岩的稳定性较差,因此在实际施工过程中,对揭露的围岩状况进行了较为详细的描述。

洞口段掌子面揭露的围岩主要为粉质黏土、全风化变质砂岩、粉砂质泥岩，硬塑状，岩性软，遇水易软化，围岩整体性差。

2)设计参数

狮子垄隧道将衬砌设计成复合式衬砌，复合式衬砌主要由初期支护与二次模筑混凝土组合而成，初期支护主要由锚杆、喷射混凝土、钢筋网和钢拱架四部分构成。洞口端设计围岩为Ⅴ级，衬砌参数见表3-2。

狮子垄隧道衬砌参数表 表3-2

衬砌类型	喷射混凝土厚度（cm）	锚杆间距（纵向×环向，cm）	钢筋网	钢架	预留变形量（cm）	混凝土拱墙厚度（cm）	混凝土仰拱厚度（cm）
S1	—	—	—	—	—	70（配筋）	70（配筋）
S3a	22	120×120	单层 ϕ8mm	ϕ22mm 格栅钢架，纵向间距120cm	8	45	45
S3b	22	120×120	单层 ϕ8mm	ϕ22mm 格栅钢架，纵向间距120cm	5	45	—
S4a	24	100×100	单层 ϕ8mm	I18 工字钢，纵向间距75cm	12	50（配筋）	50
S4b	24	100×100	单层 ϕ8mm	I18 工字钢，纵向间距100cm	10	50（配筋）	50
S5a	28	75×100	双层 ϕ8mm	I22a 工字钢，纵向间距75cm	15	60（配筋）	60（配筋）
S5b	26	75×100	双层 ϕ8mm	I22b 工字钢，纵向间距75cm	13	60（配筋）	60（配筋）

注：1. 衬砌类型S1适用于洞口明洞。
2. 衬砌类型S3a适用于围岩洞身节理裂隙发育段、洞身局部含水软岩段。
3. 衬砌类型S3b适用于围岩洞身节理裂隙发育一般段、洞身贫水硬岩段。
4. 衬砌类型S4a适用于Ⅳ级围岩洞口浅埋段、节理裂隙发育密集地带、洞身富水性较强软岩段。
5. 衬砌类型S4b适用于Ⅳ级围岩洞身深埋段、节理裂隙发育一般地带、洞身含水较少软岩段。
6. 衬砌类型S5a适用于进出口浅埋Ⅴ级围岩、洞身局部富水性较强的构造破碎带、地表横坡缓于1:2的偏压段。
7. 衬砌类型S5b适用于进出口浅埋Ⅴ级围岩、洞身局部富水性较强的构造破碎带、地表横坡缓于1:2的偏压段。

3)施工方案

(1)隧道进洞施工方案

长湘高速公路狮子垄隧道为分离式双向六车道隧道，隧道开挖跨度18.03m。出口端隧道中线与等高线近似平行，偏压明显。洞口为粉质黏土、粉砂质泥岩、变质砂岩，岩体破碎。洞口段围岩设计级别为Ⅴ级。

根据洞口地形地质条件，使用传统的暗挖方案。为确保进洞安全，洞口须有一定的覆土层厚度，隧道明暗分界里程需在ZK151+120断面。此方案工法成熟，但左侧刷坡过多过长，需接长明洞或是作永久边坡支护，且严重破坏洞口环境。

因此，采用套拱加长方案，ZK151+120作为明暗分界里程，ZK151+120~ZK151+122段施作全断面套拱，ZK151+120~ZK151+122段无覆土层，侧半幅套拱加长，同时外侧施作C25片石混凝土挡墙。以 ϕ108mm 管棚超前支护，半明半暗零仰坡开挖进洞。此工法在大断面隧道中施工的先例不多，在湖南省内尚属首次。方案施工面临较大风险，但能减少边、仰坡开挖高度以及开挖面积,最大限度保护自然生态环境,因而得到了采纳。狮子垄隧道出口左洞套拱加长方案衬砌结构如图 3-2 所示。

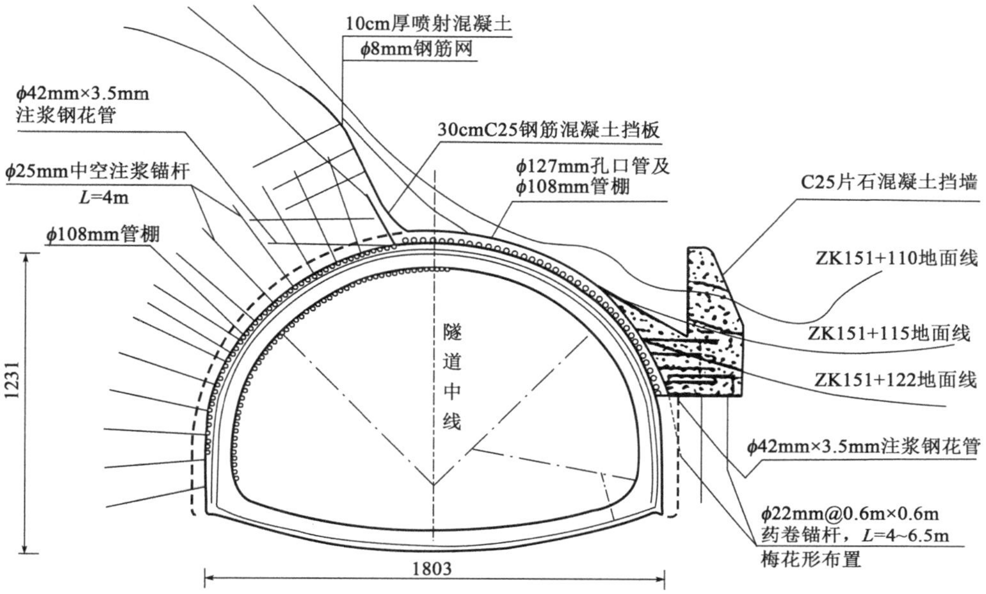

图 3-2　套拱及加长段衬砌结构图(尺寸单位:cm)

套拱加长方案中,挡墙底部竖向钻设 3 排 ϕ22mm 药卷锚杆,同时水平方向利用 ϕ16mm 接茬筋与拱圈连接,斜向每榀钢架焊接 2 根 6m 长 ϕ42mm 注浆钢花管,以增强抗剪及抗倾覆能力。套拱加长段横向通过每榀工字钢和 ϕ42mm 长 6m 的注浆花管焊接,并在端头浇筑挡板与山体搭接,使整体受力。为减小边坡开挖,最大限度保护植被,按 1:0.5 设小段边坡,锚喷支护。套拱及其加长段混凝土厚 47cm,由里及表依次为 ϕ18mm 钢筋网(20cm × 20cm 单层)、I20a 工字钢拱架(纵距 60cm)、纵向连接钢筋及 ϕ127mm 管棚孔口管。洞内按Ⅴ级围岩复合式衬砌支护,C25 喷射混凝土厚 28cm,全断面封闭成环,内设 I22a 工字钢(纵距 75cm),仰拱及二次衬砌厚度为 60cm。

(2)隧道浅埋段施工方案

狮子垄进出口左右洞洞口端浅埋段设计围岩级别为Ⅴ级,根据狮子垄隧道的围岩地形地质条件和施工水平,狮子垄隧道洞口左右洞采用 ϕ108mm 长管棚超前预支护后,进出口左、右洞均采用三台阶工法开挖,确保进洞安全。三台阶法施工分部与三台阶施工现场如图 3-3 所示。

图 3-3 所示的三台阶七步开挖法具体施工步骤如下:

①采用 ϕ108mm 长管棚超前预支护后,开挖支护 1 部台阶,每次进尺 0.75m。

②开挖支护上台阶 1 部,初喷 4cm 厚混凝土,架立钢架。

③钻设系统锚杆,复喷混凝土至设计厚度 28cm,底部拱脚处喷射 10cm 厚混凝土封闭。

④根据现场围岩情况,上台阶 1 部台阶开挖至适当距离后,再进行中台阶左侧 2 部台阶开挖与支护,接长钢架,施作洞身初期支护。

⑤开挖支护中台阶右侧 3 部,其开挖与支护过程同中台阶左侧 2 部。

⑥开挖中台阶核心土部,不需要支护。

⑦开挖支护下台阶,开挖与支护顺序为先下台阶左侧 5 部,然后下台阶右侧 6 部,最后中台阶中间部分 7 部,开挖支护过程同中台阶。

⑧封闭初期支护,施作仰拱。

⑨待距离掌子面适当距离后,利用衬砌模板台车一次性浇筑二次衬砌。

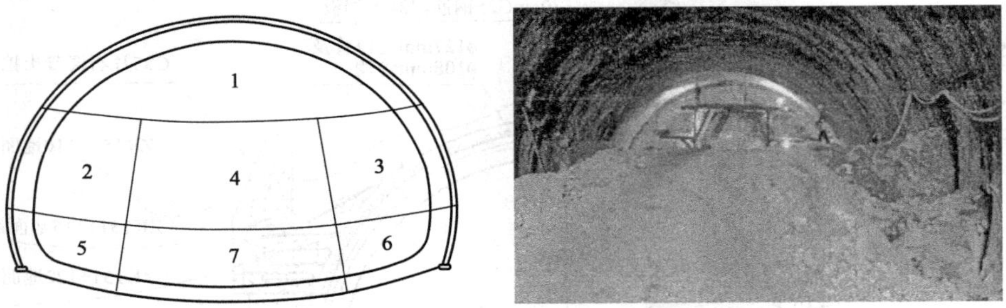

a)开挖分部示意图　　b)上三台阶法施工现场

图 3-3　三台阶七步开挖法

注:1 ~ 7-开挖分部编号

狮子垄隧道开挖大部分Ⅴ级围岩段采用三台阶法施工,局部地段上台阶结合了双侧壁导坑法或单侧壁导坑法工艺。Ⅲ级、Ⅳ级围岩段大部分采用两台阶法开挖,局部地段采用了三台阶法开挖。狮子垄隧道湘潭端(出口)右洞于 2009 年 12 月 1 日进洞开挖,长沙端(进口)右洞于 2010 年 3 月 29 日进洞开挖,于 2012 年 3 月 31 日贯通上台阶,于 2012 年 4 月 12 日贯通下台阶,于 2012 年 6 月 10 日完成二次衬砌施作。湘潭端左洞于 2010 年 1 月 4 日进洞开挖,长沙端左洞于 2010 年 3 月 11 日进洞开挖,隧道于 2011 年 9 月 11 日贯通上台阶,于 2011 年 10 月 8 日贯通下台阶,于 2011 年 12 月 28 日完成二次衬砌施作。左、右洞掌子面和左、右洞下台阶平均每月进尺分别为 52.3m、46.1m。

3.5.1.2　风险源识别

根据《公路桥隧建设隧道安全风险评估管理办法》,结合国内外隧道施工经验,分析得出狮子垄隧道洞口边仰坡失稳风险源,如图 3-4 所示。

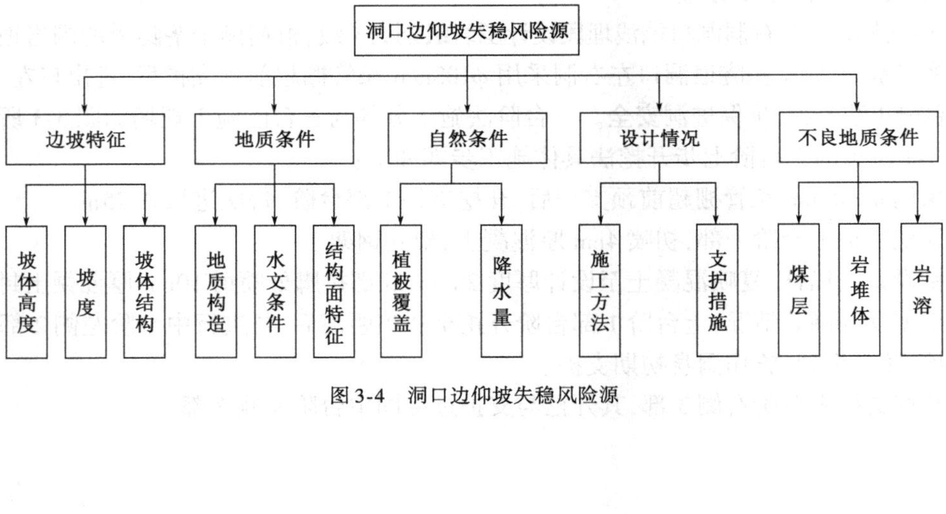

图 3-4　洞口边仰坡失稳风险源

3.5.1.3　风险评估

1)洞口边仰坡安全风险源重要度排序

基于层次分析方法理论,构造洞口边仰坡安全风险源重要度排序判断矩阵见表 3-3。

洞口边仰坡失稳风险判断矩阵　　表 3-3

风　险　源	边仰坡特征	地质条件	自然条件	设计情况	不良地质条件
边仰坡特征	1	2	5	3	2
地质条件	1/2	1	4	2	2
自然条件	1/5	1/4	1	1/4	1/4
设计情况	1/3	1/2	4	1	1/2
不良地质条件	1/2	1/2	4	2	1

由表 3-3 计算得到该矩阵的最大特征值 $\lambda_{max}=5.153$,求得特征值对应归一化后的特征向量为:

$$W_A = [0.335 \quad 0.245 \quad 0.050 \quad 0.163 \quad 0.207]^T$$

代入一致性指标公式得:

$$CI = \frac{\lambda_{max} - n}{n - 1} \tag{3-3}$$

$$CI = \frac{5.153 - 5}{5 - 1} = 0.038$$

$$CR = \frac{CI}{RI} \tag{3-4}$$

$$CR = \frac{0.038}{1.12} = 0.034 < 0.1$$

所以,上述矩阵符合一致性判断条件。

综上可知,洞口失稳风险源排序为:边仰坡特征 > 地质条件 > 不良地质条件 > 设计情况 > 自然条件。

2)狮子垄隧道洞口边仰坡失稳初始风险模糊综合评价

(1)狮子垄隧道边仰坡失稳初始风险评价指标

①进口段边仰坡失稳初始风险相关模糊综合评价指标见表 3-4。

狮子垄隧道进口段边仰坡失稳风险评价指标　　表 3-4

评价指标		左　洞			右　洞		
一级指标	二级指标	右边坡	左边坡	仰坡	右边坡	左边坡	仰坡
边坡特征(0.335)	坡体高度(0.402)	12m	11m	1.5m	11m	12m	1.5m
	坡度(0.263)	1:0.75			1:0.75		
	坡体结构(0.335)	临时			临时		
地质条件(0.245)	地层岩性(0.304)	含碎石的粉质黏土,强风化~全风化砂质板岩					
	地质构造(0.108)	无					
	水文条件(0.425)	地下水、地表水较发育					
	结构面(0.163)	无					

续上表

评价指标		左洞			右洞		
一级指标	二级指标	右边坡	左边坡	仰坡	右边坡	左边坡	仰坡
自然条件（0.050）	植被覆盖（0.350）	较发育					
	降雨强度（0.650）	年降雨量 1358mm，最大年降雨量 1954.2mm					
设计情况（0.163）	支护措施（0.500）	菱形骨架护坡					
	施工方法（0.500）	放坡					
不良地质条件（0.207）	类型（0.300）	无					

注：表中括号内数值为相应评价指标的权重系数，可以进行两两比较，并通过乘积指标法获取其量值大小。

②出口段边仰坡失稳初始风险相关模糊综合评价指标见表 3-5。

狮子垄隧道出口段边仰坡失稳风险评价指标 表 3-5

评价指标		左洞			右洞		
一级指标	二级指标	右边坡	左边坡	仰坡	右边坡	左边坡	仰坡
边坡特征（0.335）	坡体高度（0.446）	17m	9m	1.5m	13m	9m	1.5m
	坡度（0.263）	1:0.75			1:0.75		
	坡体结构（0.291）	临时			临时		
地质条件（0.245）	地层岩性（0.304）	含碎石的粉质黏土，强风化～全风化砂质板岩					
	地质构造（0.108）	无					
	水文条件（0.425）	地下水、地表水较发育					
	结构面（0.163）	无					
自然条件（0.050）	植被覆盖（0.430）	发育					
	降雨强度（0.570）	年降雨量 1358mm，最大年降雨量 1954.2mm					
设计情况（0.163）	支护措施（0.500）	菱形骨架护坡					
	施工方法（0.500）	放坡					
不良地质条件（0.207）	类型（0.300）	无					

注：说明同表 3-4。

(2)狮子垄隧道边仰坡失稳初始风险模糊综合评价

下面以出口左洞边仰坡失稳初始风险模糊综合评价为例进行介绍。

①一级评价。

利用一级评价模型，单因素评价结果如下。

a. 边坡特征 A。

$$A = [0.446 \quad 0.263 \quad 0.291] \times \begin{bmatrix} 0 & 0 & 0 & 1 \\ 0 & 0 & 1 & 0 \\ 0 & 1 & 0 & 0 \end{bmatrix}$$

$$= [00.291 \quad 0.263 \quad 0.446]$$

b. 地质条件 B。

$$B = [0.304 \quad 0.108 \quad 0.425 \quad 0.163] \times \begin{bmatrix} 0 & 0 & 0 & 1 \\ 1 & 0 & 0 & 0 \\ 0 & 1 & 0 & 0 \\ 1 & 0 & 0 & 0 \end{bmatrix}$$

$$= [0.271 \quad 0.425 \quad 0.304 \quad 0]$$

c. 自然条件 C。

$$C = [0.43 \quad 0.57] \times \begin{bmatrix} 0 & 0 & 1 & 0 \\ 0 & 0.5 & 0.5 & 0 \end{bmatrix} = [0 \quad 0.285 \quad 0.715 \quad 0]$$

d. 设计情况 D。

$$D = [0.5 \quad 0.5] \times \begin{bmatrix} 0 & 1 & 0 & 0 \\ 0 & 0 & 0 & 1 \end{bmatrix}$$

$$= [0 \quad 0.5 \quad 0 \quad 0.5]$$

e. 不良地质条件 E。

$$E = 1 \times [0 \quad 0 \quad 0 \quad 1] = [0 \quad 0 \quad 0 \quad 1]$$

②二级评价。

二级评价矩阵 R 由一级评价结果构建而成，故狮子垄隧道湘潭端出口左洞的边仰坡失稳风险总体二级评价判断矩阵为：

$$R = \begin{bmatrix} A \\ B \\ C \\ D \\ E \end{bmatrix} \times \begin{bmatrix} 0 & 0.291 & 0.263 & 0.446 \\ 0.271 & 0.425 & 0.304 & 0 \\ 0 & 0.285 & 0.715 & 0 \\ 0 & 0.5 & 0 & 0.500 \\ 0 & 0 & 0 & 1 \end{bmatrix}$$

综合评价：$F = [0.335 \quad 0.245 \quad 0.500 \quad 0.163 \quad 0.207][R] = [0.066 \quad 0.297 \quad 0.198 \quad 0.439]$。

③评价结果分析。

F 总体评价值：$F = 10.066 + 20.297 + 30.198 + 40.439 = 3.01$。由表 3-6 可知，狮子垄隧道出口左洞边仰坡失稳初始风险等级为高度。

隧道风险评价等级表　　表 3-6

总体评价等级	低度	中度	高度	极高
评价值	$1 \leqslant F < 1.5$	$1.5 \leqslant F < 2.5$	$2.5 \leqslant F < 3.5$	$3.5 \leqslant F < 4$

用类似的方法计算得到：除狮子垄隧道出口左洞右边坡失稳初始风险等级为极高外，狮子垄出口右洞边仰坡、进口左右洞边仰坡失稳初始风险等级均为高度。

(3) 狮子垄隧道洞口边仰坡失稳初始风险评估

根据上述计算，结合已有的工程实例及专家经验，对狮子垄隧道洞口发生边仰坡失稳风险进行了评估，评估结果见表 3-7。

狮子垄隧道洞口边仰坡失稳初始风险等级

表 3-7

洞口			风险概率	风险损失	风险等级
进口（长沙端）	左洞	仰坡	2	3	高度
		右边坡	3	3	高度
		左边坡	2	3	高度
	右洞	仰坡	2	3	高度
		右边坡	3	3	高度
		左边坡	3	3	高度
出口（湘潭端）	左洞	仰坡	3	3	高度
		右边坡	4	3	极高
		左边坡	3	3	高度
	右洞	仰坡	2	3	高度
		右边坡	2	3	高度
		左边坡	3	3	高度

(4)狮子垄隧道洞口段施工安全风险控制措施

隧道进、出口段边坡刷坡角度较大，上覆围岩主要以含碎石的粉质黏土及全～强风化的砂质板岩为主，岩土体结构松散，岩性较差，其风险等级为高度，针对高度风险，建议采取以下风险控制措施。

①洞口进、出口段采取合理的开挖方式。可选择零仰坡进洞，以减小刷坡高度或不刷坡，并及时施作锚喷支护；要避免爆破振动对坡体的影响。

②对洞门附近的上覆松散岩土体进行加固处理。针对设计中采用注浆钢管的措施，施工中应保证注浆质量，这是保证隧道洞口段受力稳定的关键。

③及时施作明洞并回填。针对出口左洞存在的偏压情况，可采取反压回填以保证隧道结构施工安全。

④隧道洞口在洞门施工前按设计要求先做好边仰坡截水天沟等排水系统，后清理洞顶可能滑塌的表土、灌木及危石，确保进洞安全。

⑤洞门基础必须置于稳固地基上。杂物、泥化软层和积水应及时清除干净。

⑥施工过程中，加强对边仰坡的监测；加强系统支护监控量测，特别是隧道出口左洞偏压边坡的监控。

⑦洞口施工应避开雨季。

(5)狮子垄隧道洞口边仰坡失稳残留风险模糊综合评价

通过对隧道初始风险等级评定，对安全风险等级为“高度”“极高”的风险事件必须采取有效的控制措施，使风险降低到可以接受的范围。针对狮子垄隧道洞口边仰坡初始风险，应采取相应的控制措施，并制订相应的应急预案；对洞口边仰坡失稳残留风险进行模糊综合评估，评估指标见表 3-8（以出口左洞边仰坡为例）。

狮子垄隧道出口左洞边仰坡失稳残留风险评价指标　　表 3-8

评价指标		狮子垄隧道
一级指标	二级指标	出口左洞边仰坡
施工准备(0.186)	气象调查法(0.235)	全面、细致
	与施工有关法令调查(0.075)	全面、细致
	设计文件的核对情况(0.142)	全面、细致
	实施性施工组织设计(0.446)	完成
	施工地质勘察资料收集情况(0.102)	较齐全
施工情况(0.337)	开挖方法(0.248)	挖掘机开挖必要时弱爆破和人工配合机械刷坡
	地下水及地表水处理(0.306)	防、排、截、堵相结合
	施工作业循序(0.232)	横向分层、纵向分段
	雨季施工措施(0.178)	避免雨季施工
边坡防护情况(0.245)	防护情况(1.000)	砂浆锚杆 + 喷射混凝土 + 钢筋网
监控量测(0.138)	量测器材及布置(0.206)	经过鉴定合格
	量测频率(0.241)	规范要求
	监测项目(0.142)	边仰坡变形
	监控量测制度(0.186)	纳入正常工序
	信息反馈(0.225)	发现问题及时反馈
施工管理(0.094)	培训情况(0.084)	岗前培训 + 定期培训
	应急预案情况(0.181)	无
	人员管理情况(0.021)	规范的人员管理制度
	施工队伍状况(0.169)	良好
	机械装备程度(0.088)	大型机械配置完备
	施工质量(0.151)	建立施工质量保证措施
	施工辅助工法的掌握与应用(0.262)	保证具有类似工程经验
	监理情况(0.043)	未知

注:说明同表 3-4。

针对洞口失稳初始采取相应的措施后,经过模糊综合计算得到狮子垄隧道出口左洞边仰坡失稳残留风险总体评价值 $F=2.213$,可知该段风险等级为中度。

用类似的方法计算得到狮子垄隧道进口右洞、进口左洞及出口右洞边仰坡失稳残留风险均为中度。

(6)狮子垄隧道洞口边仰坡失稳残留风险评估

结合相应的风险控制措施,对狮子垄隧道洞口边仰坡失稳残留风险进行相应评估,评估结果见表 3-9。

狮子垄隧道洞口边仰坡失稳残留风险等级 表3-9

洞口			风险概率	风险损失	风险等级
进口(长沙端)	左洞	仰坡	1	2	中度
		右边坡	2	2	中度
		左边坡	1	2	中度
	右洞	仰坡	1	2	中度
		右边坡	2	2	中度
		左边坡	2	2	中度
出口(湘潭端)	左洞	仰坡	2	2	中度
		右边坡	3	1	中度
		左边坡	2	1	中度
	右洞	仰坡	1	2	中度
		右边坡	1	2	中度
		左边坡	2	2	中度

3.5.1.4 结论及建议

针对狮子垄隧道零仰坡开挖进洞方案,通过对狮子垄隧道勘察设计资料进行详细分析,并采用模糊综合评价法及 $R=P\times C$ 定级法对狮子垄隧道洞口段进行了施工阶段的安全风险评估。主要结论及建议如下:

(1)通过勘察、设计资料分析及现场调研等工作,获得狮子垄隧道零仰坡开挖条件下洞口段施工安全、塌方及大变形等主要安全风险事件,认为突出风险包括塌方和大变形风险。

(2)风险评估结果表明,狮子垄隧道洞口段地质条件复杂,围岩性质差,狮子垄隧道左洞出口浅埋,且存在明显偏压,受隧道施工扰动后,发生边坡失稳的风险极高。

(3)通过对狮子垄隧道初始风险等级进行统计可知,隧道初始风险中极高风险占18%,高度风险占78%,中度风险占4%;隧道残留风险中度风险占71%,低度风险占29%。综合分析,狮子垄隧道初始风险等级为极高,需采取相应的控制措施才能将残余风险等级降低为中度。

(4)风险管理的动态性是由客观因素的多变以及对地质因素了解的局限所决定的,建议在施工过程中根据实际揭露围岩情况对风险再次进行分析与评估,对风险事件造成的不良工程后果进行妥善处理,从而保证工程安全。

(5)地质环境中大量的不确定因素为山岭隧道工程带来高风险;通过风险管理和控制措施可降低风险,同时应加强现场监控及做好风险处置预案。

3.5.2 河源洞隧道洞口施工风险评估

3.5.2.1 工程概况

1)工程地质条件

河源洞隧道位于厦门至成都国家高速公路湖南省汝城至郴州第4合同段,为双向四车道软弱围岩小净距偏压高速公路隧道,设计时速80km。里程范围为左洞 ZK15+470~ZK16+

305，洞长 835m；右洞 YK15 +465 ~ YK16 +315，洞长 850m。该隧道进口开挖轮廓线左右线隧道最小距离 13.3m，出口开挖轮廓线左右线隧道最小距离 9.6m，属于小净距隧道。隧道进出口均存在较大的偏压，覆盖层厚度为 0.5 ~24m。

该隧道进口端洞门处边坡坡角 35° ~42°，隧道左洞轴线与等高线右交角 76°，洞口轴线与地形的关系属坡面斜交型，左侧有轻微偏压；隧道右洞轴线与等高线右交角 49°，洞口轴线与地形的关系属坡面斜交型，右侧偏压较严重。

该隧道出口端洞门处边坡坡角 28° ~33°，隧道左洞轴线与等高线右交角 53°，洞口轴线与地形的关系属坡面斜交型，左侧有严重偏压；隧道右洞轴线与等高线右交角 55°，洞口轴线与地形的关系属坡面斜交型。由于左线暗洞起始桩号为 ZK16 +295，对应右洞桩号为 YK16 +288.562，右线暗洞起始桩号为 YK16 +310，因此左洞洞口开挖以后，右洞左侧会出现约 24m 长的临空面（其中 10m 为左洞明洞），形成了严重的偏压。图 3-5 为出口端地质平面图，洞口段顶板、两侧为亚黏土、全风化石英闪长岩，底板为全风化石英闪长岩，开挖时隧道顶板、两侧易产生坍塌或掉块，围岩稳定性差，属于Ⅴ级浅埋软弱围岩。

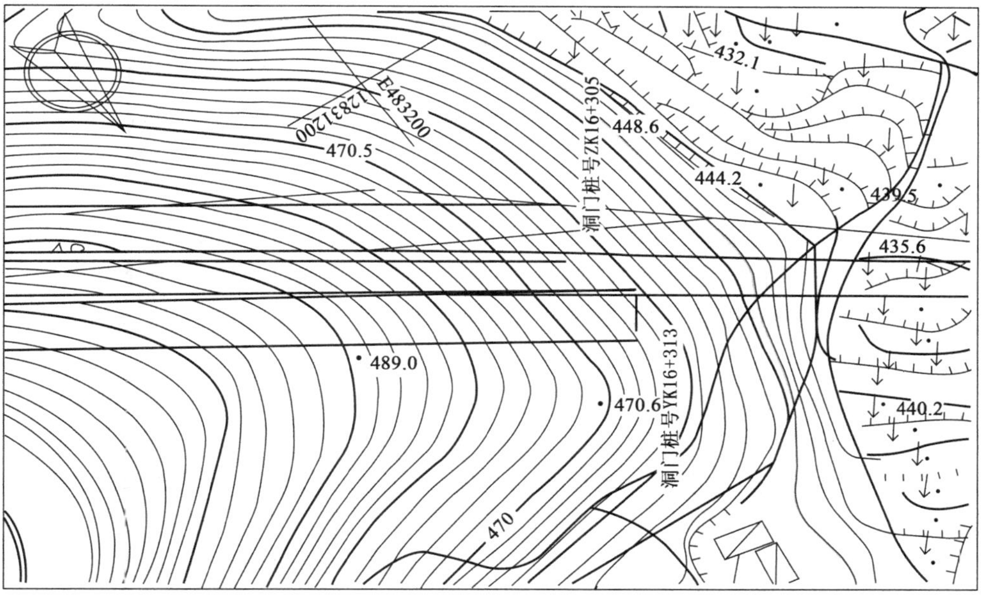

图 3-5　出口端地质平面图

2）隧道进洞技术措施

小净距隧道先建隧道和后建隧道之间会相互影响，但先开挖深埋侧的隧道，还是先开挖浅埋侧的隧道，需要进行力学分析。

当先开挖深埋侧隧道时，在两隧道相对应位置处的岩体屈服接近度和变形位移相对较大。因此，从围岩屈服接近度和变形位移因素考虑，先开挖浅埋侧隧道优于先开挖深埋侧隧道。

明洞开挖前，首先施工洞口上边仰坡外的截水天沟及周围排水沟，以避免水流冲刷边坡产生落石、边坡失稳、坍塌等现象。明洞采用明挖法施工，严格按设计坡率开挖，明洞临时边坡、仰坡采用“锚、网、喷”支护，确保隧道施工过程中边仰坡的稳定。

明洞开挖及边仰坡喷锚完成后，即开始施作长管棚，以确保安全进洞。隧道进口端左右洞口段均设置了30m长管棚，出口端左洞设置30m长管棚，右洞设置24m长管棚。长管棚采用ϕ108mm×6mm热轧无缝钢管，节长为3m、6m两种，环向间距50cm，螺纹连接。钢管设置于衬砌拱部，管心与衬砌设计外轮廓线间距大于30cm，平行路面中线布置。要求钢管偏离设计位置的施工误差不大于20cm，沿隧道纵向同一横断面内接头数不大于50%，相邻钢管接头至少要错开1m。为增强钢管的刚度，管内填充M30水泥砂浆。考虑钻进中的下垂，钻孔方向应较钢管设计方向上偏1°。钻孔位置、方向均应用测量仪器测定。在钻进过程中必须用测斜仪测定钢管偏斜度，若发现偏斜有可能超限，应及时纠正，以免影响开挖和支护。长管棚施作完成后才允许进洞开挖。

该隧道出口端左洞洞口开挖以后，右洞左侧出现约24m长的临空面（其中10m为左洞明洞），形成了严重的偏压，因此该隧道出口端右洞进洞前必须先施作洞外挡墙，挡墙设计长度7m，实际施工中将其延长了7m，使得右洞左侧的临空面全部得到防护，确保了右洞进洞施工安全。

3）洞身开挖与支护

如上分析，由于该小净距隧道洞口段存在偏压，首先安排该隧道浅埋侧开挖进洞。由于洞口段隧道埋深浅、围岩软弱稳定性差、施工条件复杂，要确保施工的安全与质量，洞身开挖方法和施工工序的选择非常关键。该隧道洞口段采用短台阶机械配合人工开挖，开挖循环进尺控制在0.8～1.0m。

该隧道开挖工序为：

（1）施作先行洞超前支护，开挖先行洞上半断面，上半断面超前下半断面10～15m。

（2）边挖边施作先行洞上半断面初期支护及超前支护，交错开挖先行洞下半断面两侧。

（3）施作先行洞两侧边墙、仰拱初期支护；开挖先行洞核心土体及仰拱，施作先行洞仰拱初期支护。

（4）施作先行洞仰拱二次衬砌，铺设防水层以及施作拱墙二次衬砌（二次衬砌保持在下半断面开挖掌子面之后20～25m）。

（5）先施作后行洞超前支护，开挖后行洞内侧导坑上半断面，上半断面超前下半断面3～5m；施作后行洞内侧导坑初期支护。

（6）开挖后行洞内侧导坑下半断面；施作后行洞内侧导坑下半断面初期支护（含仰拱初期支护）。

（7）开挖后行洞外侧导坑上半断面，上半断面超前下半断面3～5m；施作后行洞外侧导坑上半断面初期支护。

（8）开挖后行洞外侧导坑下半断面；施作后行洞外侧导坑下半断面初期支护（含仰拱初期支护）。

（9）拆除中间钢支撑，施作仰拱二次衬砌，铺设防水层并施作拱墙二次衬砌（二次衬砌保持在内侧导坑开挖掌子面之后20～25m）。

该隧道洞身衬砌结构采用由系统锚杆、喷射混凝土、钢筋网、钢架等组成的初期支护与二次模筑混凝土相结合的复合式衬砌形式。根据新奥法原理，在一般围岩地段，当初期变形稳定后，即可安排二次衬砌施工。

3.5.2.2　风险源识别

根据河源洞隧道所处的地质情况及工程特征，通过专家现场调研讨论及工程类比分析，得出该隧道洞口施工主要存在以下 8 项风险。

(1)地表下沉、开裂变形。

(2)洞口段坍塌、冒顶。

(3)边仰坡失稳。

(4)洞口山体整体滑移。

(5)初期支护开裂变形。

(6)落石伤人危及施工安全。

(7)弃渣对环境影响。

(8)水系破坏。

各风险之间的层次关系如图 3-6 所示。

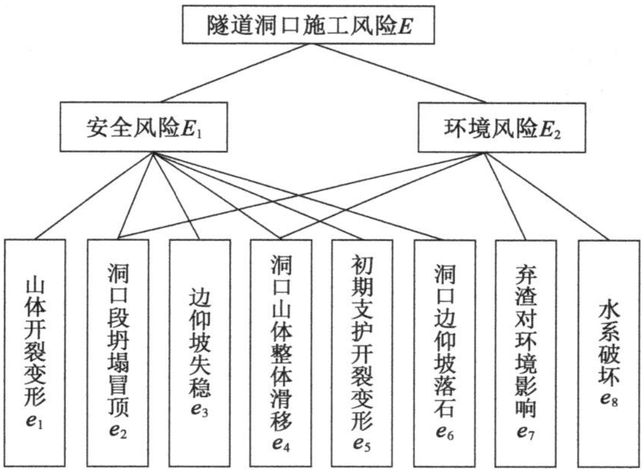

图 3-6　河源洞隧道洞口施工风险层次结构

3.5.2.3　风险评估

1)风险发生概率的确定

首先构建施工风险因素集 $e=(e_1,e_2,\cdots,e_n)$，然后采用专家调查法估计洞口施工风险发生的概率。专家根据经验和现场工程情况判断风险因素的概率区间，并填写相应的概率取值。统计分析有效的调查表份数 m。由于每个专家的学识和经验不一，每个专家对事物的看法也有差异，因此根据专家现场经验情况将专家分为 4 类(分别有 a、b、c、d 人)，赋予每类专家权威指数值 K_j(分别取 $4/n$、$3/n$、$2/n$、$1/n$，$n=4^a+3^b+2^c+d$)，所有专家的权威性指数之和等于 1，得专家权威性指数向量为 $K=(K_1,K_2,\cdots,K_j)$，$j=1,\cdots,m$；$m=a+b+c+d$。每位专家按照很不可能、不可能、偶然、可能、很可能分别对应 A ~ E 5 个概率等级对施工风险因素进行评分，第 j 位专家的评分结果向量为 $P_j=(P_{1j},P_{2j},\cdots,P_{nj})$，组合概率评价结果矩阵 $P=(P_1,P_2,\cdots,P_m)^{\mathrm{T}}$。再按下式计算风险因素的概率向量：

$$P_{\mathrm{c}}=K\times P=(P_{\mathrm{e1}},P_{\mathrm{e2}},\cdots,P_{\mathrm{e}n})^{\mathrm{T}} \tag{3-5}$$

本次针对隧道洞口施工风险分析评估，共向科研单位与施工单位发放调查问卷 15 份，有效回收12份。经统计计算得出河源洞隧道洞口施工风险因素概率向量为：P_e = (0.01667, 0.00217, 0.00583, 0.00083, 0.01375, 0.02917, 0.52333, 0.00125)，据此把隧道洞口施工风险因素纳入风险概率等级表，见表3-10。

隧道施工风险因素概率等级表 表3-10

项　　目	评价值区间	风险因素
很不可能	0 ~ 0.0003	—
不可能	0.0003 ~ 0.003	e_2, e_4
偶然	0.003 ~ 0.03	e_2, e_4
可能	0.03 ~ 0.3	e_5, e_6
很可能	0.3 ~ 1	e_7

2）风险后果定级

风险后果的确定方法为：采用层次分析方法确定单一准则下各风险因素的权重向量，再考虑多准则下风险递阶层次的结构依存性，根据上层风险因素对下层风险因素支配的个数来修正权重结构信息，进行权重合成，最后根据模糊综合评判结果确定风险后果等级。

（1）各隧道洞口施工风险因素权重的确定

隧道洞口施工风险因素的递阶层次结构如图3-7所示，采用1～9标度方法构造两两比较判断矩阵C、C_1、C_2，然后采用特征根法计算单一准则下各个风险因素的相对权重，并进行一致性检验，可分别得到各层次权重向量为：$W_1 = (0.833, 0.167)^T$，$W_{11} = (0.081, 0.261, 0.424, 0.143, 0.051, 0.040)^T$，$W_{12} = (0.089, 0.126, 0.523, 0.262)^T$。

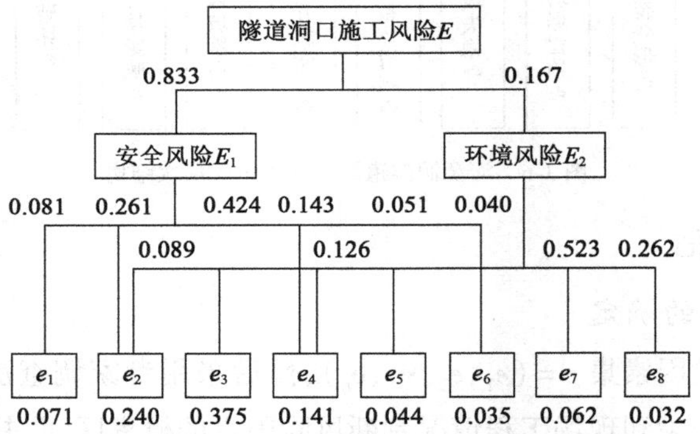

图3-7　隧道洞口施工风险因素权重值系统图

由此可得二级权重矩阵为A，层次结构信息矩阵为S_1，则：

$$W' = AS_1W_1 = \begin{bmatrix} 0.081 & 0 \\ 0.261 & 0.089 \\ 0.424 & 0 \\ 0.143 & 0 \\ 0.051 & 0 \\ 0.040 & 0 \\ 0 & 0.523 \\ 0 & 0.262 \end{bmatrix} \begin{bmatrix} 0.6 & 0.6 \\ 0 & 0.4 \end{bmatrix} \begin{bmatrix} 0.833 \\ 0.167 \end{bmatrix} = \begin{bmatrix} 0.040 \\ 0.136 \\ 0.212 \\ 0.080 \\ 0.025 \\ 0.020 \\ 0.035 \\ 0.018 \end{bmatrix}$$

归一化可得修正后隧道洞口施工风险因素权重向量为：

$$W = (0.071, 0.240, 0.375, 0.141, 0.044, 0.035, 0.062, 0.032)$$

隧道洞口施工风险因素权重值系统图如图 3-7 所示，图中所示数值为各层次权重向量 W_1、W_{11}和 W_{12}。

（2）模糊综合评判确定风险后果等级

首先建立风险评价等级集合 $V=(V_1, V_2, V_3, V_4, V_5)$，分别对应轻微的、较大的、严重的、很严重的、灾难性的五个评价等级。然后建立隧道洞口施工风险因素评价指标集合 $C=(C_1, C_2, C_3, C_4, C_5, C_6, C_7, C_8)$，采用专家调查法对每一个指标进行评审打分，确定各个指标对评价等级集合 V 的隶属度，使主观估计更趋客观化。C_i 对于评价等级集合 V 的隶属度向量为：

$$R_i = (r_{i1}, r_{i2}, r_{i3}, r_{i4}, r_{i5}), i = 1, 2, \cdots, 8 \tag{3-6}$$

其中，R_i 的元素是各专家评分的统计结果，设计指标 C_j 有 V_{ij}个评价，$j=1,2,3,4,5$，则 $r_{ij}=V_{ij}/m$。每个评价指标对于评价等级集合的隶属度向量为行组成单因素评判矩阵 $R=(R_1, R_2, R_3, R_4, R_5, R_6, R_7, R_8)^T$。本次调查与前面概率调查同时进行，得出：

$$R = \begin{bmatrix} 0.667 & 0.25 & 0.083 & 0 & 0 \\ 0 & 0.083 & 0.167 & 0.5 & 0.25 \\ 0 & 0.083 & 0.25 & 0.5 & 0.167 \\ 0 & 0 & 0.25 & 0.586 & 0.167 \\ 0.417 & 0.333 & 0.167 & 0.083 & 0 \\ 0.167 & 0.333 & 0.5 & 0 & 0 \\ 0.167 & 0.083 & 0.167 & 0.167 & 0 \\ 0.083 & 0.167 & 0.667 & 0 & 0.083 \end{bmatrix}$$

把风险因素权重向量 W 与单因素评判向量 R 合成，得到隧道洞口施工风险因素对评价集 V 的隶属向量 R_e：

$$R_e = W \cdot R \tag{3-7}$$

代入数据，得 $R_e=(0.085, 0.131, 0.232, 0.404, 0.149)$

由 R_e 与 R 可得隧道洞口施工风险因素综合评价结果向量为：

$$C_f = R_e \cdot R^T = (0.109, 0.289, 0.296, 0.318, 0.151, 0.174, 0.186, 0.196)^T \tag{3-8}$$

按下式：

$$C'_{ft} = \frac{c_{fi} - c_{fmin}}{c_{fmax} - c_{fmin}} \tag{3-9}$$

归一化可得：

$$C'_f = (0, 0.86, 0.89, 1, 0.2, 0.1, 0.37, 0.42)^T \tag{3-10}$$

根据上述综合评价值，按得分区间把隧道施工风险因素纳入后果评价集的五个级别，见表 3-11。

隧道施工风险因素后果等级表　　表 3-11

后果等级	评价值区间	风险因素
轻微的	0～0.3	e_1，e_5
较大的	0.3～0.6	e_6，e_7，e_8
严重的	0.6～0.8	
很严重的	0.8～0.9	e_2，e_3
灾难性的	0.9～1	e_4

3）风险定级

根据目前各个工程领域普遍采用的风险 $P \times C$ 矩阵来评价风险等级，将前述计算所得的隧道洞口施工风险因素概率等级和后果等级组合，可得出隧道洞口施工风险事件的等级，见表 3-12。

隧道洞口施工风险 $P \times C$ 组合分级表　　表 3-12

风险等级	P、C 矩阵组合	风险因素
低度	A_1，A_4，B_1	—
中度	A_3，A_4，B_3，B_2，C_1，C_1，D_1	e_1，e_5，e_8
高度	A_3，A_4，B_3，B_2，C_2，C_1，D_1	e_2，e_3，e_4，e_6，e_7
极高	C_5，D_5，D_4，E_5，E_4，E_3	—

由表 3-12 可看出，在河源洞隧道洞口施工过程中，边仰坡失稳和坍塌冒顶、洞口山体整体滑移风险等级为高度，风险发生后引起的后果很严重，应采取有效措施进行规避并加强监测；洞口边仰坡落石和弃渣对环境影响发生概率很高，也属于高度风险，应引起足够重视。

4）隧道洞口施工风险跟踪与处理

风险分析评估的目的是制订风险应对措施，避免或降低风险带来的损失。河源洞隧道在进洞过程中风险跟踪处理如下：

（1）河源洞隧道进口洞口段开挖后，洞顶地表和边仰坡多处出现了裂缝，右洞边坡临空面出现裂缝及小规模坍塌，洞口段山体有向线路右侧滑动的趋势，洞顶出现了坍塌，初期支护有多处裂缝。通过风险分析与评估，经建设单位同意，施工单位采取了以下措施确保施工安全。

①在洞口段对围岩进行注浆加固，增加超前注浆小导管加固前方围岩，用彩条布覆盖洞口段洞顶地表，挂网喷浆封闭裂缝。

②对隧道进口右侧山体临空面先进行回填反压，并施作抗滑桩挡土墙，对墙体与山体间空隙回填注浆，确保山体滑移力有效传递至抗滑桩。

③修筑偏压明洞。

（2）河源洞隧道出口洞口段开挖后，洞顶地表沿截水沟出现了延伸至整座隧道横断面的裂缝，初期支护开裂外扩严重，地表沉降及水平位移均较大，洞口段山体有向线路左前方滑移的趋势，在连续降雨时段右洞临空面出现崩塌。通过风险分析与评估，施工单位采取了以下措施并取得了良好效果。

①对洞口山体进行挂网喷浆，防止雨水渗入软化岩体。

②增加注浆小导管进行超前支护，对已支护段进行注浆加固围岩，在钢拱架连接处及墙角各增加 2 根锁脚锚杆，增设临时仰拱。

③在左右线之间自地表垂直向下布设 4 排注浆钢管桩，深度达到仰拱底以下 3m，加固该处岩柱体，提高山体的整体性，防止山体进一步滑移。

④在右洞左侧临空面打设钢管进行挂网喷浆，同时增设挡土墙并与右洞明洞耳墙相连。

3.5.2.4　结论

（1）公路隧道洞口段一般围岩条件差，埋深浅，施工期易发生多种风险事故，既直接造成风险损失，也影响隧道洞身的施工。因此有必要对隧道洞口施工风险进行详细的分析，依据风险评估结果确定风险处理措施。

（2）隧道洞口施工受工程地质、开挖等诸多因素的影响，洞口施工风险是在各个影响因素的相互作用下产生，在进行风险分析评估与风险监控反馈时应考虑全面风险因素及其相互间的依存关系，更加客观地评价各因素的权重。

（3）通过对河源洞隧道洞口施工风险进行评估，找出施工过程中的高度风险项，并采取应对措施：一是加强边仰坡失稳和坍塌冒顶、山体整体滑移风险的监控，及时采取有效措施进行规避；二是洞口落石与弃渣对环境影响由于发生概率高，应引起足够重视。

总之，风险评估分析是个动态的过程，在隧道洞口施工过程中应根据监控反馈结果和现场情况，不断更新风险因素进行分析评估，以便决策者做出正确的判断和采取有效的风险应对措施。

3.5.3　张河隧道洞口段施工风险评估

3.5.3.1　工程概况

济阳（济源—阳城）高速公路 JYTJ-1 标起点位于晋豫两省交界处，总体呈南—北走向，线路全长 12.555km，属于典型的山岭隧道群施工，是目前河南省在建项目中地质条件最复杂、建设难度最大的高速公路项目之一。主要工程量为大桥 820m/（3 座）和隧道 21775.5 延米（7 座，按单洞计）。该工程地形复杂，桥隧比高达 93.4%，隧道占路线总长度的 86.7%。总体线位较高，起终点高差 314m。全线 20 个隧道掘进面，其中 16 个位于陡峻半坡、峭壁位置，半坡进洞技术难度大，洞口距地面最大高差 52m，接近洞口的便道展线困难，部分洞口地质条件复杂，隧道进洞难度大。隧道地质条件复杂多变，全线存在多个地质单元，浅埋、围岩风化、软弱破碎、富水、岩溶发育，塌方、溶洞时有发生。

济阳高速公路济源段张河隧道位于太行山南麓，总体呈南—北走向，左右线间距平均为 38m。张河隧道进口右洞原设计边坡为 3 级，仰坡 2 级。临时边仰坡防护形式为喷锚防护；永久边仰坡防护形式为混凝土格栅 + 锚杆。通过原地面复测，发现实际原地面与设计不符，边仰坡伸入右后侧山体的实际开口线与原设计存在偏差，按台阶高 10m 分级，实际边坡为 5 级，仰坡为 4 级。在对边仰坡开挖过程中发现洞顶残坡积土覆盖层较厚，平均在 6 ~ 10m 之间，以碎石土为主,含岩石碎块,结构极为松散;中下部均为全风化变质石英砂岩,层状构造,裂隙节理极为发育,夹厚层片岩、石英岩,岩体松散,稳定性差,滑坡可能性大。图 3-8 为张河隧道进洞口段围岩状况。

a)

b)

c)

图 3-8　张河隧道进洞口段围岩状况

3.5.3.2　风险源识别

1)左洞进口

(1)掌子面描述

利用地质雷达对张河隧道进行地质探测,洞口掌子面围岩较破碎,节理裂隙发育完全,围岩主要是层状构造的全~强风化变质石英砂岩,如图 3-9 所示。

(2)探测结果

在距离掌子面 0~3m 范围内,与洞口处掌子面围岩情况一致;在 3~12m 范围内岩性恶化;在 12~30m 范围内,与前段围岩相比,岩性稍微变好,但岩性总体较差,存在裂隙水。

2)右洞进口

(1)掌子面描述

围岩破碎,节理裂隙较发育,围岩主要是层状构造的全~强风化变质石英砂岩,完整性较差,如图 3-10 所示。

图 3-9 张河隧道左洞进口掌子面

图 3-10 张河隧道右洞进口掌子面

(2)探测结果

在距离洞口掌子面进洞 28m 内,围岩情况与当前掌子面围岩情况基本一致;在 10 ~ 20m 范围内,可能有大块状孤石存在。

综合以上地质雷达探测结果,并结合技术与管理因素 C_1、工程地质因素 C_2、自然因素 C_3,建立张河隧道进洞口段评价指标体系,如图 3-11 所示。

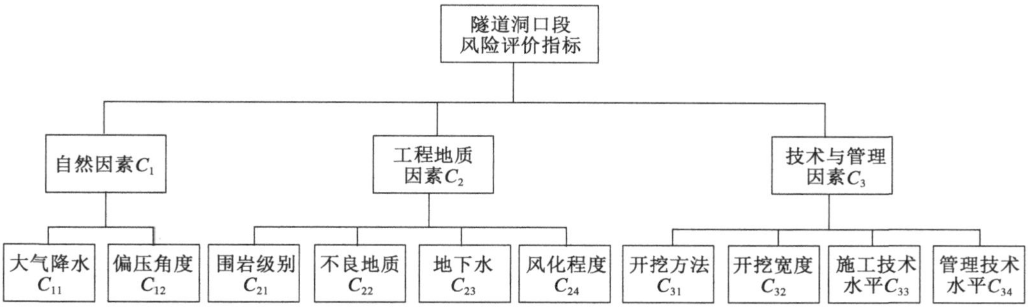

图 3-11 张河隧道进洞口段风险评价指标

3.5.3.3 张河隧道进口洞口风险评估

1)确定评价等级

参考现行相关规范及《公路桥梁和隧道工程施工安全风险评估指南(试行)》,隧道洞口段风险等级分为极高、高度、中度、低度。

2)构建风险评估模型

通过指标体系要素的指标量化,将隧道洞口段风险度表达为数值,简明地描述隧道洞口段风险程度。

可拓模型中三个基础物元体为:待评价体 N 是隧道洞口段风险,特征 C 是指标体系中各项指标,量值 U 是各评价指标的量化值。

(1)确定经典域和节域物元

根据可拓理论,经典域的物元矩阵为:

$$R_{mn} = (N_{mn}, C_{mt}, U_{mnt}) = \begin{pmatrix} N_{mn} & c_{m1} & U_{mn1} \\ & c_{m2} & U_{mn2} \\ & \cdots & \cdots \\ & c_{mi} & c_{mni} \end{pmatrix} = \begin{pmatrix} N_{mn} & c_{m1} & [a_{mn1}, b_{mn1}] \\ & c_{m2} & [a_{mn2}, b_{mn2}] \\ & \cdots & \cdots \\ & c_{mi} & [a_{mni}, b_{mni}] \end{pmatrix} \tag{3-11}$$

式(3-11)中，N_{mn}表示第 m 个一级指标第 n 等级，$c_{mt}(t=1,2\cdots,i)$表示第 m 个一级指标下的第 t 个二级指标，U_{mnt}为二级指标的特定经典域$[a_{mnt}, b_{mnt}]$。

节域物元矩阵的确定方法类似于经典域：

$$R_{m} = (P_{m}, C_{mt}, U_{mt}) = \begin{pmatrix} P_{m} & c_{m1} & U_{m1} \\ & c_{m2} & U_{m2} \\ & \cdots & \cdots \\ & c_{mt} & U_{mt} \end{pmatrix} = \begin{pmatrix} P_{m} & c_{m1} & [a_{m1}, b_{m1}] \\ & c_{m2} & [a_{m2}, b_{m2}] \\ & \cdots & \cdots \\ & c_{mt} & [a_{mt}, b_{mt}] \end{pmatrix} \tag{3-12}$$

式(3-13)中，节域$[a_{mt}, b_{mt}]$为二级指标 c_{mt}的取值范围。

(2)确定待评物元

$$R_{mk} = (P_{mk}, C_{mt}, U_{mt}) = \begin{pmatrix} p_{mk} & c_{m1} & u_{m1} \\ & c_{m2} & u_{m2} \\ & \cdots & \cdots \\ & c_{mi} & u_{mi} \end{pmatrix} \tag{3-13}$$

(3)确定评估对象的关联度

评估对象各项指标在各评价等级的隶属程度通常利用关联函数来表示。$K_n(U_{mt})$为第 m 个一级评价指标中的第 t 个二级评价指标属于第 n 评价等级的关联度，$\rho(u_{mt}, U_{mnt})$为点 u_{mt}到区间 $U_{mnt}=[a_{mnt}, b_{mnt}]$的距离，$\rho(u_{mt}, U_{mpt})$为点 u_{mt}到区间 $U_{mpt}=[a_{mpt}, b_{mpt}]$的距离，则：

$$K_n(U_{mt}) = \begin{cases} -\dfrac{\rho(u_{mt}, U_{mnt})}{|U_{mn}|}, u_{mt} \in U_{mni} \\ \dfrac{\rho(u_{mt}, U_{mnt})}{\rho(u_{mt}, U_{mpt}) - \rho(u_{mt}, U_{mnt})}, u_{mt} \notin U_{mni} \end{cases} \tag{3-14}$$

$$\rho(u_{mt}, U_{mnt}) = \left| u_{mt} - \frac{1}{2}(a_{mnt} + b_{mnt}) \right| - \frac{1}{2}(b_{mnt} - a_{mnt}) \tag{3-15}$$

$$\rho(u_{mt}, U_{mpt}) = \left| u_{mt} - \frac{1}{2}(a_{mpt} + b_{mpt}) \right| - \frac{1}{2}(b_{mpt} - a_{mpt}) \tag{3-16}$$

(4)采用层次分析法确定关联度

综合关联度求法为指标关联度乘上对应权重，即：

$$K_n(R_m) = \sum_{t=1}^{i} \omega_{mt} K_n(U_{mt}) \tag{3-17}$$

(5)确定评价等级

一级指标的综合关联度 $K_n(R_m)$乘上权重值 ω_m，计算出综合关联度：

$$K_n(R) = \sum_{m=1}^{j} \omega_m K_n(R_m) \tag{3-18}$$

3)量化评价指标

表3-13列出评价体系中的各个指标的量化范围。例如开挖方法一行,若采用环形预留核心土法开挖,则该指标的量化范围则为[3.5,4.5)。在张河隧道进口洞口段具体评估时,建立了专家、项目部管理人员、设计人员的样本库。对样本库中人员职称、专业、主观想法进行数理统计分析,得出大气降水、偏压角度、围岩级别、不良地质、地下水、风化程度、开挖方法、开挖宽度、施工技术水平以及管理技术水平等各个指标分数,结果见表3-14。

张河隧道进口洞口段各指标量化范围 表3-13

风险等级	低度	中度	高度	极高
大气降水 C_{11}	[0,400)	[400,800)	[800,1600)	[1600,10000]
偏压角度 C_{12}	[0,10)	[10,20)	[20,30)	[30,90]
围岩级别 C_{21}	Ⅰ、Ⅱ[0.5,2.5)	Ⅲ[2.5,3.5)	Ⅳ[3.5,4.5)	Ⅴ、Ⅵ[4.5,6.5]
不良地质 C_{22}	无[90,100]	微弱[80,90)	较强[70,80)	强烈[60,70)
地下水 C_{23}	无[90,100]	仅有裂隙水[80,90)	较丰富[70,80)	丰富[60,70)
风化程度 C_{24}	微风化[90,100]	中等风化[80,90)	强风化[70,80)	全风化[60,70)
开挖方法 C_{31}	环形预留核心土法 [3.5,4.5)	三台阶法 [2.5,3.5)	上下台阶法 [1.5,2.5)	全断面一次开挖法 [0.5,1.5)
开挖宽度 C_{32}(m)	[0,7]	(7,10]	(10,13]	(13,30]
施工技术水平 C_{33}	强[90,100]	较强[80,90)	一般[70,80)	弱[60,70)
管理技术水平 C_{34}	很好[90,100]	好[80,90)	一般[70,80)	差[60,70)

风险指标分数 表3-14

风险指标	分数	风险指标	分数
大气降水 C_{11}	236	风化程度 C_{24}	74
偏压角度 C_{12}	8	开挖方法 C_{31}	4
围岩级别 C_{21}	5	开挖宽度 C_{32}	14.5
不良地质 C_{22}	78	施工技术水平 C_{33}	87
地下水 C_{23}	92	管理技术水平 C_{34}	86

根据式(3-11)和式(3-12)可得出张河隧道进口洞口段风险评价指标的经典域和节域矩阵。

根据式(3-12)得出张河隧道进口洞口段风险评价待评物元矩阵为:

$$R_1 = \begin{pmatrix} N_1 & C_{11} & 236 \\ & C_{12} & 8 \end{pmatrix} \tag{3-19}$$

$$R_2 = \begin{pmatrix} N_2 & C_{21} & 5 \\ & C_{22} & 78 \\ & C_{23} & 92 \\ & C_{24} & 74 \end{pmatrix} \tag{3-20}$$

$$R_3 = \begin{pmatrix} N_3 & C_{31} & 4 \\ & C_{32} & 14.5 \\ & C_{33} & 87 \\ & C_{34} & 86 \end{pmatrix} \tag{3-21}$$

4)确定关联度

由式(3-14)~式(3-16)计算得到各风险指标的关联度,见表3-15。

各风险指标的关联度 表3-15

风险指标	关联度			
	K_1	K_2	K_3	K_4
C_{11}	2.278	-0.410	-0.705	-0.853
C_{12}	-0.375	-0.167	0.500	-0.167
C_{21}	-0.625	-1.491	-0.250	0.500
C_{22}	-0.400	-0.200	0.125	-0.308
C_{23}	0.333	-0.200	-1.200	-0.733
C_{24}	-0.533	-0.600	0.400	-0.192
C_{31}	-1.500	-0.250	0.500	-0.500
C_{32}	-0.341	-1.400	-0.094	0.115
C_{33}	-0.191	0.274	-0.350	-0.610
C_{34}	-0.271	0.398	-0.286	-0.500

5)确定综合关联度

利用层次分析方法计算权重指标,构造判断矩阵如下:

$$A_1 = \begin{pmatrix} 1 & \frac{1}{2} \\ 2 & 1 \end{pmatrix}$$

$$A_2 = \begin{pmatrix} 1 & \frac{1}{2} & 2 & 2 \\ 2 & 1 & 3 & 3 \\ \frac{1}{2} & \frac{1}{3} & 1 & 1 \\ \frac{1}{2} & \frac{1}{3} & 1 & 1 \end{pmatrix}$$

$$A_3 = \begin{pmatrix} 1 & 1 & 3 & 2 \\ 1 & 1 & 3 & 2 \\ \frac{1}{3} & \frac{1}{3} & 1 & 1 \\ \frac{1}{2} & \frac{1}{2} & 1 & 1 \end{pmatrix}$$

每层指标权重的计算值为：

$$\omega_{1t} = (0.333, 0.667)$$

$$\omega_{2t} = (0.263, 0.455, 0.141, 0.141)$$

$$\omega_{3t} = (0.355, 0.355, 0.131, 0.160)$$

$$\omega_{m} = (0.163, 0.540, 0.297)$$

一级风险指标综合关联度见表 3-16。

一级风险指标综合关联度　　表 3-16

一级风险指标	关联度			
	K_1	K_2	K_3	K_4
C_1	0.832	-0.248	0.099	-0.396
C_2	-0.374	-0.608	-0.122	-0.144
C_3	-0.813	-0.517	0.150	-0.296

6）确定风险评估等级

张河隧道进洞口段的风险评价结果见表 3-17。

张河隧道进洞口段风险评价结果　　表 3-17

风险等级	低度	中度	高度	极高
风险评价结果	-0.279	-0.517	-0.035	-0.230

7）评估结果分析

在可拓学理论中，偏离绝对值越趋近于 0，即 $|K_n(R_m)|$ 越小，该风险等级发生的概率越高。因此，由表 3-17 可知，张河隧道进洞口段风险评估等级为高度。

8）现场监测结果分析

隧道施工过程中，在洞口段布置地表沉降监测点，监测点布置如图 3-12 所示，监测点累积变形曲线如图 3-13所示，周边收敛累计变形曲线如图 3-14 所示。

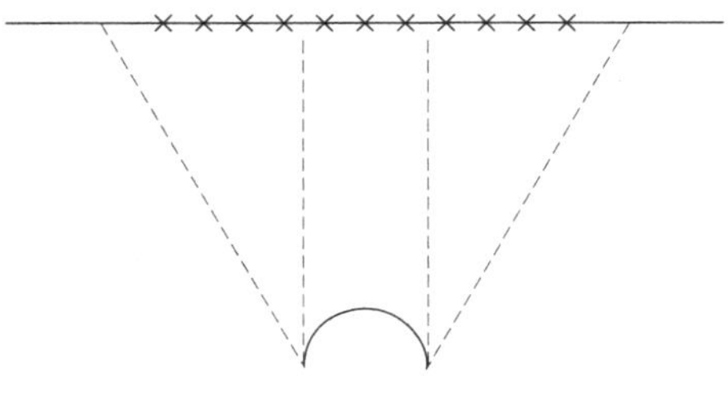

图 3-12　洞口沉降监测点布置示意图

监控量测数据表明：洞口地表不均匀沉降明显，洞内收敛变化速率持续加大，隧道变形持续增加。

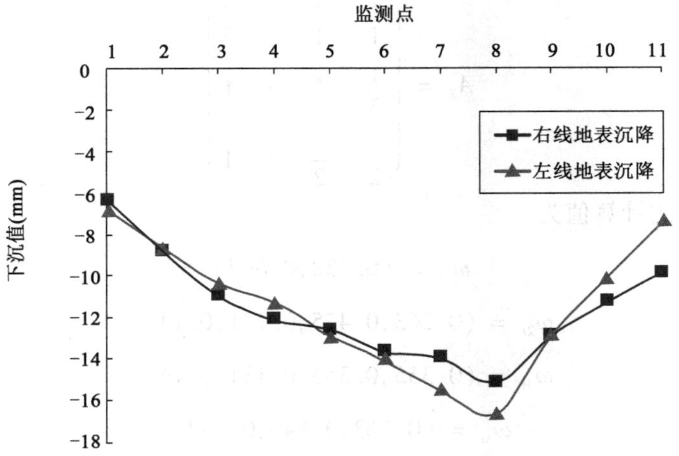

图 3-13　张河隧道进口累计沉降曲线

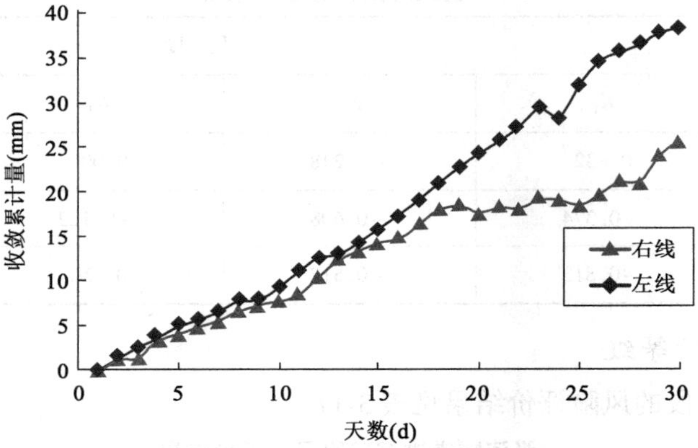

图 3-14　张河隧道洞内收敛累计变形曲线

9)风险控制措施

(1)项目部用超前小导管支护配合长管棚注浆对隧道右线仰坡进行加固。

(2)采用环形开挖预留核心土法进尺施工,严格满足设计要求。

(3)为保证隧道整体均匀受力,加大填充层和仰拱施工频率,做到短、勤、精。

(4)提高监测频率,现场专人值班。

3.5.3.4　结论

(1)运用地质探测和权重调查相结合方式,识别出张河隧道洞口段的风险源,针对性地构建了评价体系。

(2)运用可拓学中关联函数的方法,对隧道洞口段风险进行评价。将物元的基本性质与隧道洞口段风险相结合,计算出张河隧道洞口段的施工风险评价等级。

(3)通过评估确定了张河隧道洞口段的风险等级,并根据现场监测结果采取了风险控制措施。

3.6　本章小结

本章主要对山岭隧道进出洞施工的典型安全风险、常用施工方案及预加固措施、事故案例进行分析,案例中对洞口段坍塌、冒顶以及在特殊地质地形条件下发生的风险事故的处理方法与措施,是具有一定的工程参考价值的。面对实际工程问题时,应着重分析问题产生的原因,再结合现场施工情况,灵活地采取支护和加固措施进行处理,做到对洞内围岩、洞外边仰坡以及支护系统稳定状态的实时监测,并及时进行数据分析以反馈指导施工。

第4章 零开挖进出洞施工技术

以往隧道进出洞设计和施工常采用大开挖刷坡进洞，易引发山体失稳和严重环境破坏。合理确定洞口位置和进洞方案，选用适合现场实际的施工技术、方法和步骤，并借助一些辅助施工措施提前进洞，是有效解决隧道洞口安全隐患和保护洞口自然环境的重要举措，也是隧道施工的发展趋势。“零开挖”进洞工法是基于隧道洞口段边坡稳定与洞口环境保护而提出的，其核心作用在于控制隧道洞口段边坡及围岩变形，最大程度降低对隧道洞口段植被以及环境的破坏。

本章以零开挖进出洞施工技术作为研究主线，以丫口寨隧道、上坡地隧道、大厂荫隧道为工程案例，对零开挖进洞施工技术的特点和适用性进行研究、分析总结，以期为类似工程提供借鉴。

4.1 零开挖施工技术体系

零开挖施工技术的主要核心在于尽可能减少对隧道边仰坡的开挖，最大限度缩小隧道洞口施工的破坏范围，达到保护隧道口森林植被的目的，符合“绿色环保低碳”公路建设理念。

4.1.1 零开挖技术原理

对于不同的地质地形条件，一般需要采用不同的施工技术实现零开挖施工，但其核心点仍是提高围岩的稳定性，避免对隧道边仰坡的大开大挖，从而减少对隧道洞口段自然环境的破坏。

对不良地质、不利地形条件，可考虑地表预加固、超前预加固、反压回填与挡护。对于不良地质、不利地形条件，隧道洞口段的围岩自稳性较差，难以形成有效的承载拱，通过地表预加固、超前预加固等技术可增强围岩的自稳性，从而避免隧道边仰坡的大开大挖。对于一些偏压隧道也可以采用反压回填与挡护技术，原因在于通过反压回填的方法可以有效减小偏压对隧道稳定性的影响。

当轴线与等高线斜交、地质条件允许时，可采取顺应地形的斜交进洞方式；对于一些特殊的地层若采用正交进洞，则会形成高边坡，从而导致只能对隧道洞口段进行大规模的削坡。

目前隧道的零仰坡进洞施工仍是隧道施工的难点，主要原因在于以下三点：一是隧道洞口埋深浅，覆盖层薄，洞口岩体松散，难以发挥岩体的自承作用，施工容易发生坍塌事故；二是隧道山体岩层与隧道轴线有较大的斜交角度，隧道洞口存在偏压现象；三是隧道零仰坡法进洞需要穿过山体的表层，而一般情况下，这些岩石风化非常严重，强度很低，稳定性不好，产生滑坡这一工程病害的概率很大。

零开挖进洞工法是以工程地质条件研究为基础，选择适宜的辅助施工措施、施工方法及施工顺序，以“早进洞、晚出洞”的设计理念进行进洞开挖，在施工过程中充分发挥监控量测与地质预报的作用，根据其分析结果及时修正设计，保证隧道进洞过程的顺利进行。零开挖进洞与传统进洞方法最大的不同在于不能破坏边仰坡，即对地表边仰坡不进行加固或减载的情况下施工，其施工内容如下：

(1)在认真研究勘测资料和地质调查成果的基础上，首先明确洞口段的坡体结构特征，尤其是坡体中发育的对洞口段坡体稳定性有控制影响的长大结构面，及其结构面与坡面的组合关系。以此为基础，分析研究洞口段边坡的变形破坏模式及变形破坏的影响边界。

(2)在坡体结构特征及变形破坏模式分析研究的基础上，进行隧道进洞前的预设计方案，主要包括断面形式及几何尺寸拟定、衬砌类型及参数的选择、预留变形量、辅助施工措施设计、选择施工方法与施工顺序、现场监控量测设计、防排水设计。其中，选择合理辅助施工措施，并根据实际情况将各种支护手段进行科学合理的组合，发挥少量围岩与支护的共同作用，使隧道具备成洞条件，即将隧道暗洞加长，提前进洞，最大限度缩小隧道洞口施工的破坏范围，以达到保持隧道洞口段边坡稳定及保护原始自然环境的目的。

(3)在隧道进洞前应充分研究洞口段坡体岩体的物理力学参数，为辅助施工措施设计、施工方法及施工顺序的选择提供必要的依据，且应及时进行监控量测并分析监测数据，以此为依据进行必要的设计变量和指导“零开挖”进洞施工，确保隧道进洞过程围岩与洞口段边坡的稳定。

4.1.2　零开挖施工工序

针对不同的隧道洞口段坡体结构，其采用的辅助施工措施及开挖方案存在一定的差别，本节以隧道洞口常见的浅埋、破碎的松散破碎体坡体结构为例，对零开挖进洞工法的施工顺序及工艺进行分析说明。基于超前加固措施的零开挖进洞工法工序示意图如图 4-1 所示，其主要的施工工序如下：

(1)施作排水系统。由于松散破碎体结构岩体受水的影响较为强烈，在水的作用下易于产生滑塌、滑坡等变形破坏现象，因此，首先应砌筑洞顶及周边截排水沟，形成排水系统。

(2)清除表土，开挖上部施工槽，边仰坡防护(挂网支护，喷混凝土)。

(3)施作管棚套拱。

(4)超前管棚支护。超前管棚支护作为浅埋暗挖隧道的一种辅助工法，在防止隧道塌方、控制地层位移方面具有极好的作用。

(5)隧道暗洞段施工，开挖前应根据隧道围岩具体情况进行适当的超前支护，如超前支护小导管、超前锚杆等。

(6)根据工程地质条件及隧道跨度等因素，选择适宜的开挖方法进行开挖，如预留核心土开挖法、侧导洞法等。

(7)施作初期支护并及时将仰拱封闭成环。

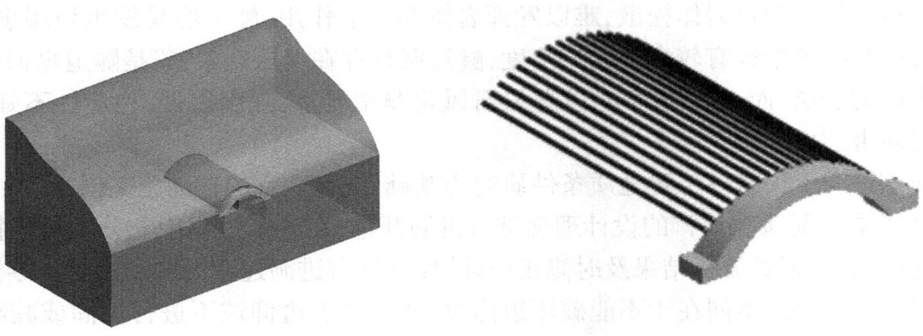

a)超前管棚支护

b)隧道进洞开挖

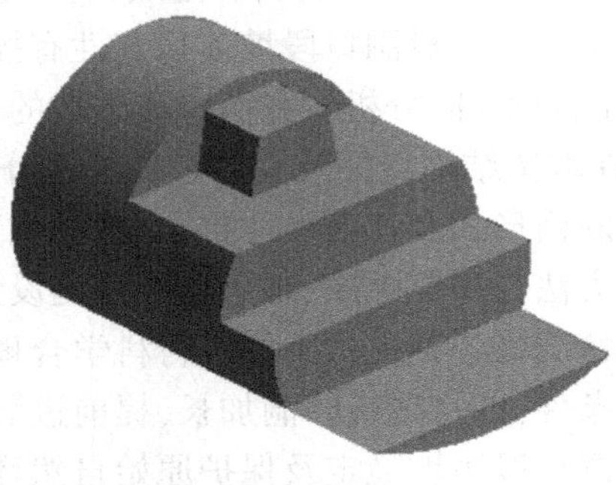

c)三台阶预留核心土开挖

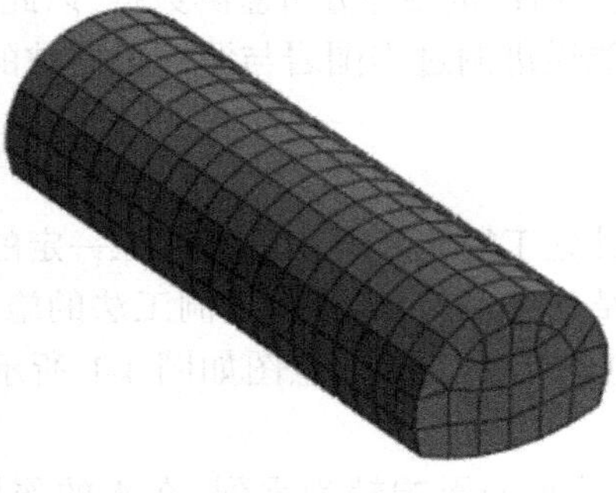

d)开挖体

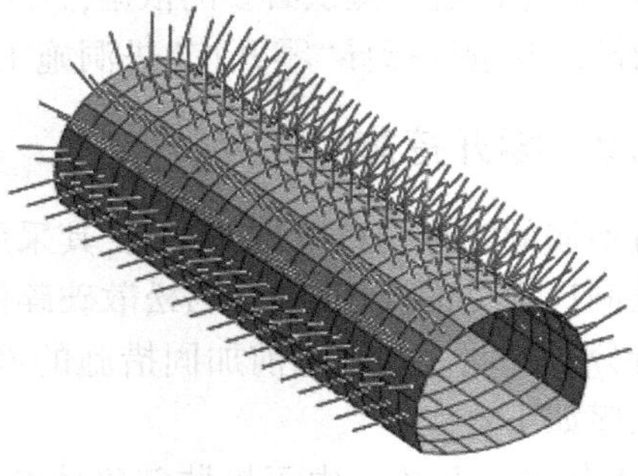

e)隧道初期支护

图 4-1　零开挖进洞工法工序示意图

4.2　丫口寨隧道零开挖进洞施工技术

4.2.1　工程概况

丫口寨隧道位于盘州市丫口村山体中部，设计桩号为左线起点 Z6K44 +076，洞底设计高程 1748.689m；左线终点桩号 Z6K44 +635，洞底设计高程 1741.835m；全长 559m。右线起点 K44 +047，洞底高程 1749.178m；右线终点桩号 K44 +656，洞底设计高程 1741.590m，全长 609m。建筑限界净空尺寸为 9.0m×5.0m(宽×高)，隧道纵坡 -2.71%(单向坡)。隧道为弧线形，隧道进口轴线方向 137°，出口轴线方向 155°，最大埋深 94.40m，属浅埋长隧道。进口接新建路基段，出口接新建路基段。

丫口寨隧道从洋姜地斜坡中部穿越山体，出口位于丫口村发尔木坡，隧道穿越山体地属中低山区。山体较雄浑，地形相对较陡，一般 20° ~ 50°。隧道进口段斜坡坡度 46°，其左侧 80m、斜坡上部以及山顶均见基岩出露，斜坡中下部地表分布较薄的第四系松散崩坡积堆积层，其上植被发育较好，以乔木松树、柏树为主，间夹灌丛；出口段地形坡度 33°，表土覆盖较薄第四系松散崩坡积层，其右侧局部为基岩出露，岩体较破碎，植被较为发育，以烤烟种植为主。隧道出口大里程方向为丫口村，地貌为较陡雨水冲刷沟谷，其地表冲洪积覆盖层较厚。

根据区域地质资料、野外地质调查并结合钻探、物探成果，隧址区地层从上至下为第四系全新统残坡积层（Q_4^{el+dl}）、第四系全新统崩坡积层（Q_4^{c+dl}）、第四系全新统坡洪积层（Q_4^{pl+dl}）、三叠系下统飞仙关组（T_1^f）。现分述如下。

（1）第四系全新统残坡积层（Q_4^{el+dl}）：以角砾土为主，由粉砂岩角砾充填粉质黏土夹碎石组成，褐黄色，间夹褐红色，结构松散，角砾含量 60%，根据厚 0 ~ 2m，主要分布于区内缓坡段及山脊平台。

（2）第四系全新统崩坡积层（Q_4^{c+dl}）：以碎石土为主，由粉砂岩碎石夹粉质黏土组成，夹角砾，褐黄色，结构松散，碎石含量 55%，根据物探测试成果，其厚度一般 2 ~ 4m，主要分布于区内斜坡中下部及沟谷岸坡坡脚。

（3）第四系全新统坡洪积层（Q_4^{pl+dl}）：以碎石土为主，由粉砂岩碎石夹砂、角砾组成，粉黏粒充填，褐黄色，结构松散，碎石含量 50%，厚 3 ~ 8m，主要分布于区内冲沟沟内。

（4）三叠系下统飞仙关组（T_1^f）：岩性为褐黄色、黄绿色粉砂质泥岩间夹薄层岩屑粉砂岩，薄 ~ 中厚层状。

隧址区山高坡较陡，沟谷切割较深，该区又是粉砂质泥岩出露区，受表层粉黏土覆盖影响，大气降水不易渗入地下，极易迅速转为地表径流。因此，隧址区沟谷多见溪沟流水，其中隧洞进口下方雷家沟调查期间溪沟水流量 3 ~ 5L/s，汛期水位 0.8 ~ 1.0m，冬季水不断流，流量 1 ~ 2L/s。隧址区地表水丰水期在 6—10 月份，其流量占全年径流量的 75%；而 11 月份至次年 5 月份七个月的径流量仅占全年径流量的 25%。最大丰水月为 7 月份，最枯月为 3—4 月份，地表河流属雨源型河流，其枯、洪流量变幅显示了山区河流暴涨暴落的特点，雨季河水猛涨、枯季水位剧降，甚至近于干涸。

隧址区地下水受岩性、构造和地形地貌等因素控制，地下水的补给又与降雨等密切相关。按地下水的赋存条件可分为松散堆积层孔隙水、碎屑粉砂岩质泥岩风化裂隙水两大类。地下水富水性较差。

4.2.2 重难点分析

（1）丫口寨隧道左洞出口隧道轴线与山体等高线斜交，隧道轴线与等高线夹角约为 50°，洞口地形坡角约为 33°，为层状同向缓倾岩石边坡。洞口段覆盖层较薄，围岩相对破碎，属于Ⅳ级围岩。图 4-2 为丫口寨隧道左洞出口全貌图。

（2）层状同向缓倾岩石边坡是指由坚硬层状岩石组成的边坡，岩层的倾向与边坡的倾向一致，但倾角小于边坡坡角，坡面切断了岩层层面。由于坡面切断了岩层层面，坡脚以上岩层

图 4-2 丫口寨隧道左洞出口全貌图

有路面方向活动的空间，因此当层面间抗剪强度较低时，可能沿层面产生滑动。

(3)影响边坡稳定的主要因素是岩层的倾角大小、层面的抗剪强度及边坡岩体被节理裂隙切割状况。层状同向缓倾边坡较为常见，由于施工开挖人为改变边坡坡角使边坡由缓变陡，使层面被切断，当边坡岩层被坡面切断后，最常见的变形是顺层滑动，特别是沿软弱夹层产生滑动。当节理裂隙的切割有利于割离坡体、下伏有软弱夹层时，雨后更易滑动。

4.2.3 进洞方式选择

针对斜坡隧道进洞方式有很多种，如正交进洞法、斜交进洞法、半明半暗进洞法、回填暗挖进洞法等，各种斜交隧道进洞方式对比见表 4-1。

隧道进洞方式对比　　表 4-1

项　目	正交进洞法	斜交进洞法	半明半暗进洞法	反压回填法
开挖量	大	小	小	小
施工工序	简单	较简单	复杂	复杂
造价	低	低	高	高

(1)正交进洞法

这种进洞方法就是不考虑地形偏压对隧道施工的影响，对洞口段边仰坡直接进行处理使得隧道轴线与隧道明暗交界面垂直。对于偏压隧道，采用正交进洞法进洞容易出现隧道内侧的洞口边仰坡高度远大于隧道外侧，对隧道洞口段的安全性具有较大的影响。此种进洞方式的优点是设计施工相对简单；缺点是需要大规模开挖洞口段边仰坡，对于隧道洞口段环境破坏较大。

(2)斜交进洞法

这种进洞方式就是顺应地形进洞，减少对边仰坡进行开挖。斜交进洞法的优点是边仰坡开挖量小，设计和施工相对简单。斜交进洞法的缺点：斜交角度对洞口稳定性及洞口段衬砌受力影响较大，斜交角度不宜太小，在地质条件较差的偏压地段适用性较差。同时洞口段钢拱架形状不规则，设计和施工相对复杂，精度要求高。

(3)半明半暗进洞法

该方法适用于地质条件相对较好、洞口与地面线斜交的洞门，其施工工序为：先施工低侧挡墙，然后施作低侧出露部分护拱，护拱施作好后进行碎石土回填，并在回填碎石土上部铺设隔水黏土层。采用暗挖法施工，开挖方式为短进尺掏槽，喷射混凝土，打设锚杆，逐榀架设钢拱架。

此种进洞方式的优点是避免了边仰坡的开挖；缺点是施工工序复杂，而且这种进洞方式还受洞口段地质条件和偏压段的长度的限制。如果洞口段地质条件较差，不具备设置护拱的条件，则此方法不能采用；如果洞口偏压段很长，则护拱里设置的长管棚可能失效，则此方法也不能采用。

(4)反压回填进洞法

这种方法常用于冲沟或者偏压地段。对于偏压地段,先施作挡墙,后对回填部位进行清表处理,并采用注浆锚杆等对偏压地段进行一定的加固,然后采用碎石土进行回填,最后采用同暗挖隧道一样的施工方法进行隧道开挖。

此种进洞方式的优点是避免了边仰坡的开挖;缺点是施工工序复杂,而且由于要对反压回填段的地表进行清理、喷锚及挂网,造价较高。

由表4-1可看出,斜交进洞方式开挖量小,施工工序较简单,造价较低,具有明显优势,最终采用斜交进洞方式。

4.2.4　进洞施工方案

根据丫口寨隧道左洞出口斜交洞口的实际地形情况及地质条件,结合以往施工经验,确定了贴壁套拱斜交进洞方式的施工方案。该进洞方式适用于隧道与山体大角度斜交,且路线走向地表坡度较陡的情况,一般进洞段为风化破碎石质围岩,覆盖层较薄。有利于降低边、仰坡的开挖高度。

(1)贴壁套拱施工

首先进行洞口仰坡开挖喷锚处理,保留套拱范围内核心土,然后掏槽开挖套拱基础基坑,立模浇筑混凝土基础,将套拱钢拱架预埋至基础内,随后进行套拱施工。待套拱强度达到设计强度的75%后,沿套拱轮廓线钻设管棚导管,带压注浆后形成棚架。贴壁套拱施工现场如图4-3所示。

图4-3　贴壁套拱图

(2)异形钢拱架施工

洞内斜交转正交过渡段施工相对复杂,初期支护钢拱架设计主要有两种形式,如图4-4、图4-5所示。

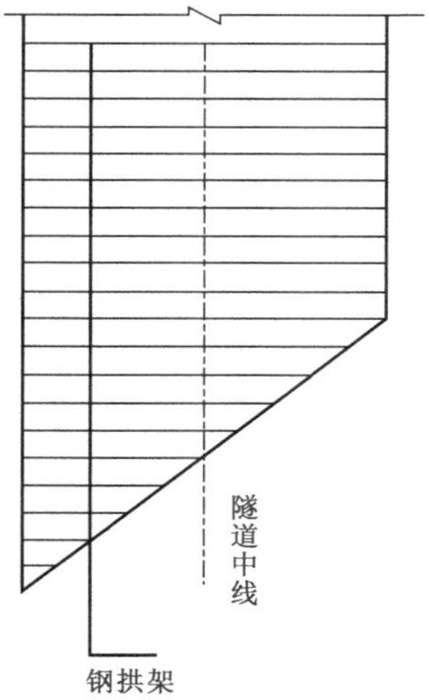

图4-4　斜交进洞钢拱架设计形式Ⅰ

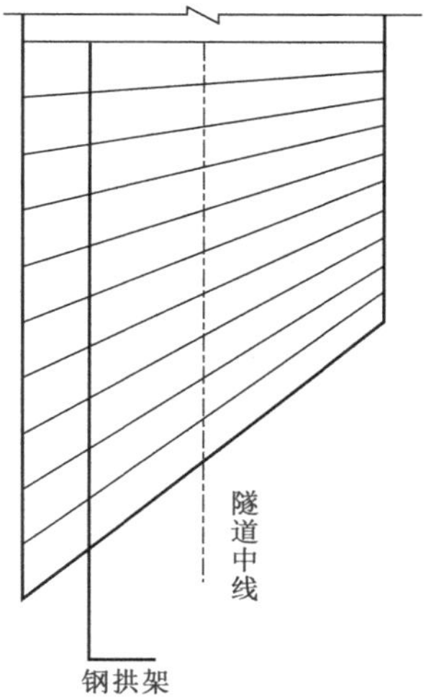

图4-5　斜交进洞钢拱架设计形式Ⅱ

①形式Ⅰ(图4-4):采用和正交进洞相同的布置方法,随着隧道的开挖,根据钢拱架的设置间距逐榀架设。这种架设钢拱架的优点是设计简单,缺点是钢拱架在洞口段不闭合,钢拱架稳定性差,承载能力低。

②形式Ⅱ(图4-5):采用斜交断面向正交断面过渡的布置方法,同样是随着隧道的开挖,根据钢拱架的设置间距逐榀架设。这种钢拱架的优点是钢拱架在洞口段和洞内均闭合,钢架稳定性较好,承载能力较高;缺点是钢架在由斜交断面向正交断面过渡的过程中,钢架的形状不规则,椭圆形钢架受力较复杂。

通过对两者进行分析对比,认为钢拱架按形式Ⅱ设计更加合理。

4.2.5 效果分析

(1)拱顶沉降和周边收敛分析

斜交进洞洞口断面里程为Z6K44+635,监测断面里程为Z6K44+625、Z6K44+620、Z6K44+615、Z6K44+610、Z6K44+600。监测项目为拱顶点沉降以及拱腰点收敛,隧道断面监测点位置如图4-6所示。

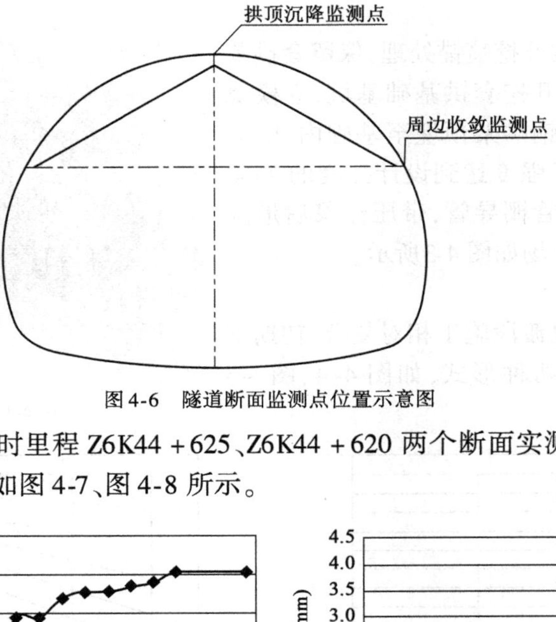

图4-6 隧道断面监测点位置示意图

隧道开挖进洞45m时里程Z6K44+625、Z6K44+620两个断面实测水平收敛—时间曲线和拱顶沉降—时间曲线如图4-7、图4-8所示。

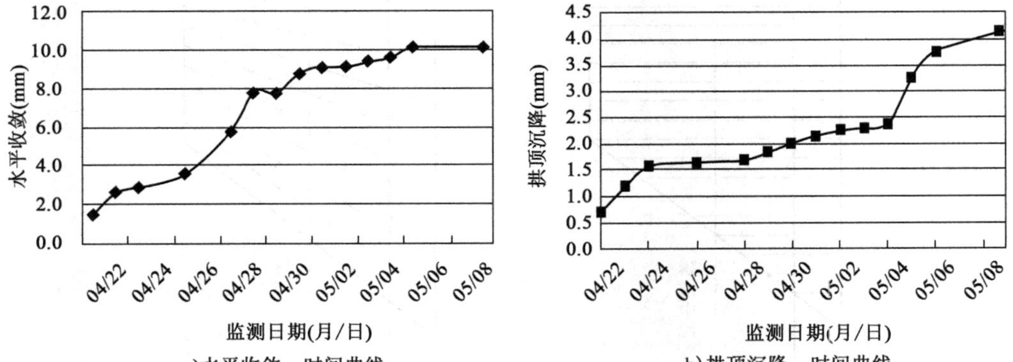

a)水平收敛—时间曲线　　b)拱顶沉降—时间曲线

图4-7 丫口寨隧道左洞Z6K44+625断面变形曲线(2015年)

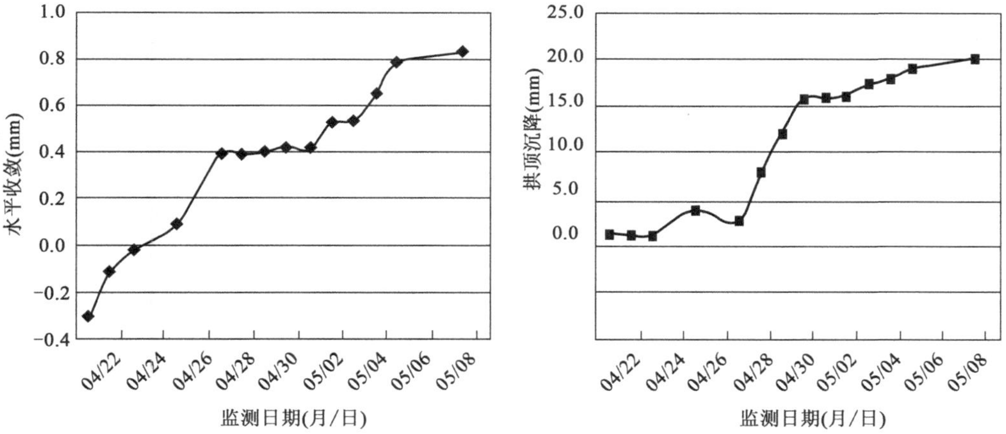

a)水平收敛—时间曲线　　b)拱顶沉降—时间曲线

图 4-8　丫口寨隧道左洞 Z6K44 + 620 断面变形曲线(2015 年)

由图 4-7、图 4-8 可知,隧道进洞开挖至 45m 时,拱顶最大沉降约为 8mm,位于 Z6K44 + 620 里程断面,沉降值沿隧道轴线方向呈中间大两端小分部。洞内水平收敛最大值约为 10mm,位于 Z6K44 + 625 里程断面,沿隧道轴线方向离掌子面越近,水平收敛值越小。

(2)地表沉降分析

地表沉降监测点布置如图 4-9 所示。

图 4-9　地表沉降监测点布置

选取监测点 DB-13 所在断面,对比了丫口寨隧道左洞出口地表最终沉降实测值与计算值,如图 4-10 所示。

由图 4-10 可知,隧道开挖进洞 45m 时,地表沉降最大值约为 3.8mm,断面沉降呈沉降槽分布。总体来说测点越靠近隧道中线,沉降值越大。

(3)仰坡位移分析

沿图 4-11 所示直线选择 10 个监测点,监测其纵向位移以及竖向位移。

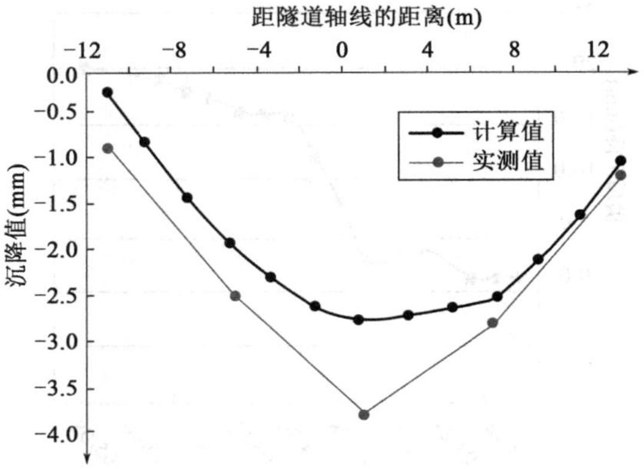

图 4-10 隧道出口典型断面地表沉降实测值与计算值对比图

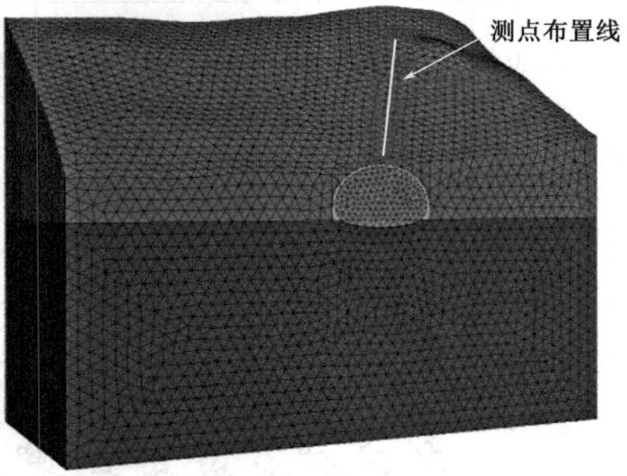

图 4-11 仰坡监测点位置图

图 4-12 和图 4-13 分别为仰坡测线上各测点竖向位移和纵向位移变化曲线。

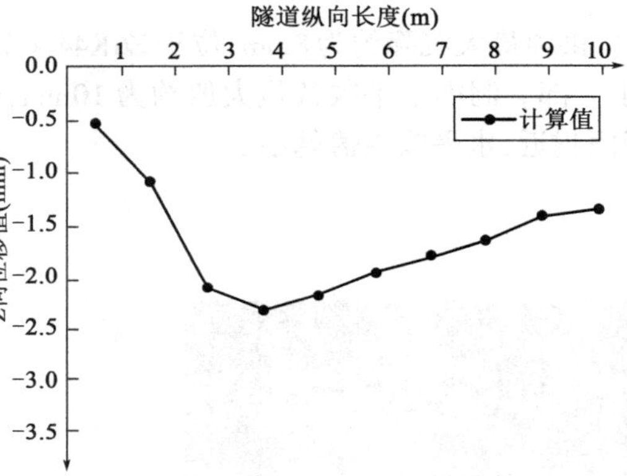

图 4-12 沿测线方向测点竖向位移曲线

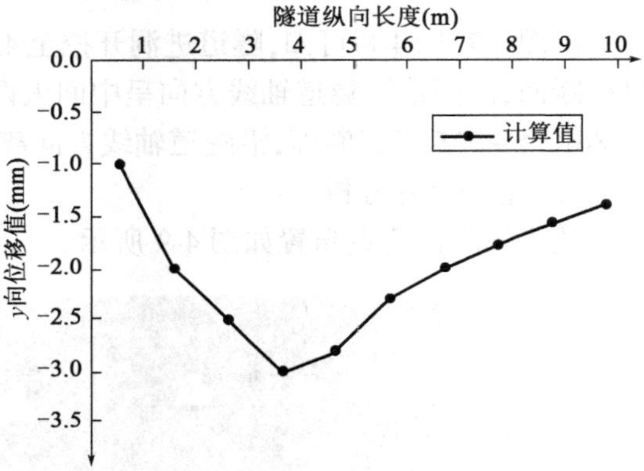

图 4-13 沿测线方向测点纵向位移曲线

进洞开挖施工对坡体表面变形影响很小,仰坡位移趋于平稳,由于进洞开挖进尺小且及时施作初期支护,因此进洞开挖对仰坡影响较小。

综上所述,在洞口地质条件较好的情况下,斜交进洞法"零开挖"进洞能够有效保证围岩的稳定性,表明该进洞工法合理可行,可为类似工程提供借鉴。

4.3 上坡地隧道单向零开挖出洞技术

4.3.1 工程概况

新建上坡地隧道位于盘州市上坡地村山体中上部,最大埋深 46m,属浅埋短隧道。左线起止桩号 Z1K7 + 120 ~ Z1K7 + 350,全长 230m;右线起止桩号 K7 + 128 ~ K7 + 351,全长 223m。隧道左右线均为进洞口高,出洞口低,隧道左线进洞口洞底设计高程 1789. 92m,出洞口洞底设计高程 1788. 00m;右线进洞口洞底设计高程 1794. 00m,出洞口洞底设计高程 1791. 30m。隧道进口段斜坡坡度 33°,出口段地形坡度 26°,植被较发育。隧道从斜坡上部穿越山体,属中低山区,地形坡度相对较陡。出口位于上坡地村附近,其后缘斜坡高陡,基岩裸露,可见表生溶蚀现象较发育，溶蚀裂隙及溶沟多发育，岩体较破碎。隧道围岩主要为二叠系茅口组灰岩，围岩稳定性较差。隧道Ⅳ级围岩占隧道总长度 68.1%，隧道Ⅴ级围岩占隧道总长度 31.9%。

4.3.2　上坡地隧道单向出洞方案

单向出洞方案的提出主要依据隧道洞口段特点、隧道施工方法以及周围的环境情况，通过进行以下几个方面分析最终确定单向出洞方案可行。

1）洞口段特点

（1）地质条件

出口处整体处于岩质边坡，出口处斜坡坡向与隧道走向一致，隧道挂口条件较好，对隧道洞口开挖有利。出口处整体处于岩质边坡，隧道出口处岩层倾向坡内，为逆向坡，整体性良好，属有利边坡稳定的组合关系；可以通过控制爆破达到确保单向出洞安全与稳定的效果。

（2）地形特征

地势陡峭，洞口斜坡上陡下缓，上部坡度 40°，下部 25°～30°。洞口段分布较薄的松散覆盖层，出洞没有较大的安全隐患。

（3）洞口设计

在出口设计了超前小导管注浆预支护辅助施工措施，超前小导管可以反向施工，增加了单向出洞的安全性与可操作性。

2）施工方法

综合对比了各种开挖方法，Ⅳ级围岩采用台阶法施工，Ⅴ级围岩采用弧形导坑留核心土开挖，施工时做好超前支护，开挖后及时支护，两隧道开挖掌子面之间的距离保持在 30m 以上，既能确保掌子面与边仰坡的整体稳定，又能及时封闭拱架确保安全。

3）周围环境

本隧道为小净距隧道，更适合采用单向出洞方案。隧道施工前出口段道路只完成路基部分，车辆无法通行，机器、水电等运送困难。出口段临近村庄，施工对居民扰动较大，采用单向出洞可以把扰动降到最低。

综合上述分析，采用单向零开挖出洞施工方案是可行的。

4.3.3　单向出洞施工要点

1）超前支护措施

（1）左线

衬砌类型 V_c 段采用 ϕ42mm 小导管，间距为 35cm×300cm（环×纵），长度 4.5m；衬砌类型 IV_c 段采用 ϕ25mm 超前锚杆，间距为 40cm×300cm（环×纵），长度 4.5m。

（2）右线

衬砌类型 V_c 段采用 ϕ42mm 小导管，间距为 35cm×300cm（环×纵），长度 4.5m，衬砌类型 IV_c 段采用 ϕ25mm 超前锚杆，间距为 40cm×300cm（环×纵），长度 4.5m。

2）出口段开挖工法

上坡地隧道采用双层超前小导管出洞，采用保留核心土三台阶单向开挖方法，在洞口增设钢拱架并进行初步支护,零开挖单向出洞流程如图4-14所示。

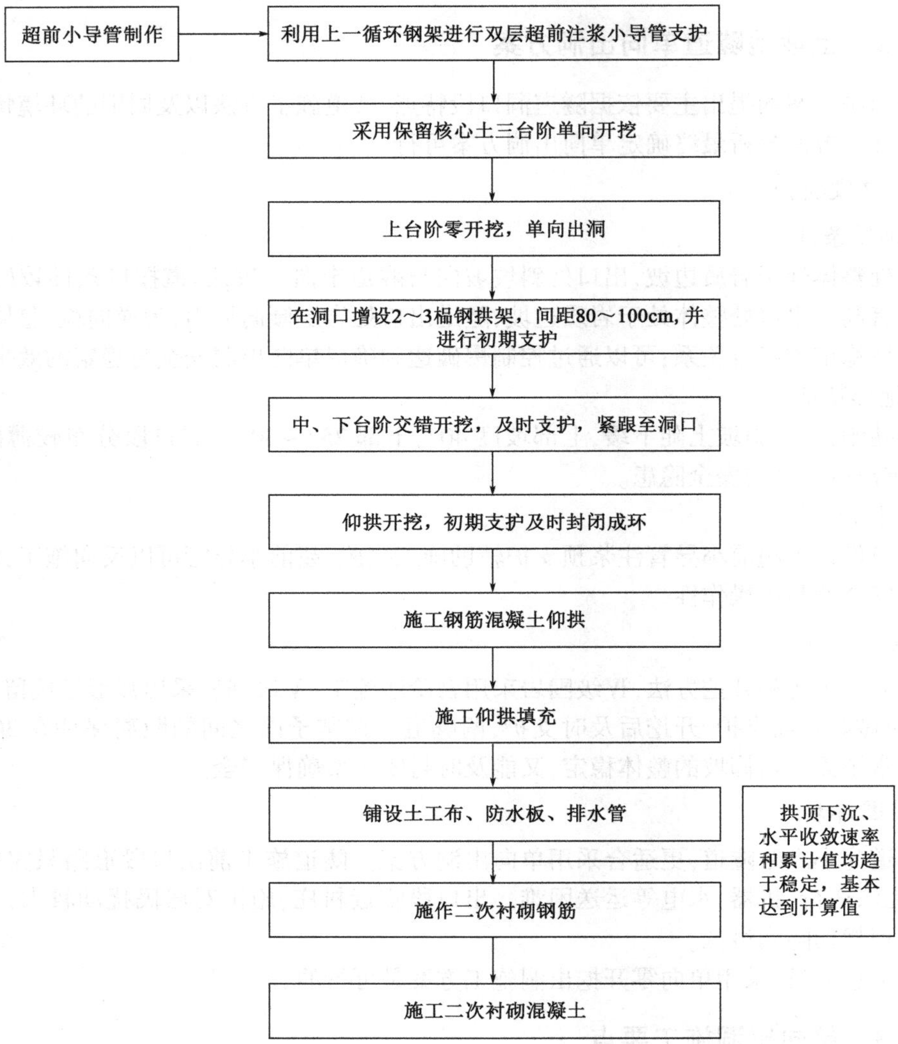

图4-14　零开挖单向出洞流程图

双层超前小导管出洞方法施工工艺简单、施工作业空间要求较小、施工方案可以随时调整,具有显著的经济效益并能有效加固地层。超前小导管为直径42mm、壁厚4mm、长度4.5m的热轧无缝钢管,支护施工如图4-15所示,双层小导管设置在拱部140°范围内。

(1)保证超前支护小导管的数量

按照Ⅴ级围岩浅埋段支护参数规定的数量安装超前小导管,在设计长管棚段落施工双层超前支护小导管,即每2榀拱架打设一环。

(2)施打

双层超前小导管施打角度为:第一环15°、第二环30°、第三环15°、第四环30°交替布置。施打完成后,将超前支护小导管末端与钢拱架焊接成一体。

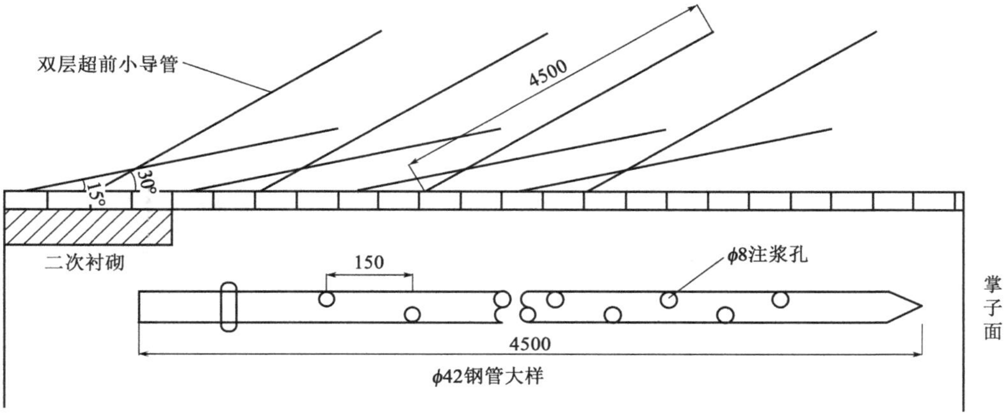

图 4-15　超前小导管设计图(尺寸单位:mm)

(3)注浆

超前支护小导管确保压注配合比为 1:1 的水泥浆。压浆完成后,在超前注浆小导管末端进行有效封堵。压注水泥浆的注浆泵、注浆管与小导管采取可靠的连接。现场需准备 2 套注浆泵,配套量程为 1.5MPa 左右的压力表。

4.3.4　效果分析

对隧道从进口到出口选取一些截面进行监控量测,监测项目主要有隧道上方地表沉降、隧道拱顶沉降以及隧道周边收敛,测点布置如图 4-6 和图 4-16 所示。

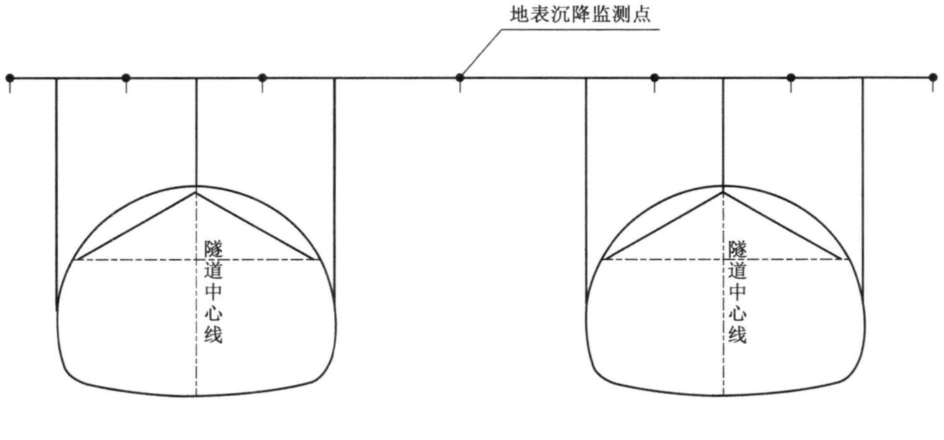

图 4-16　地表沉降监测点布置示意图

选取出口段典型桩号 Z1K7 +313 断面 5 个测点 10 月 17 日—11 月 10 日的地表沉降—时间曲线,其他桩号地表沉降趋势与图 4-17 相似。从图 4-17 中可以看出,5 个测点曲线基本重合,隧道开挖初始阶段沉降增长较快,后期趋于稳定,最终沉降在 2cm 左右。

选取出口段里程 Z1K7 +313、Z1K7 +330 典型断面 4 个测点 10 月 17 日—11 月 10 日的拱顶沉降—时间、周边收敛—时间曲线，其他桩号测点拱顶沉降、周边收敛趋势与图 4-18 和图 4-19相似。由图 4-18 和图 4-19 可以看出，无论是隧道拱顶还是隧道两侧，其变形趋势均是隧道开挖初始阶段隧道变形速率较大，最终趋于平衡，最终变形均不超过 2cm。

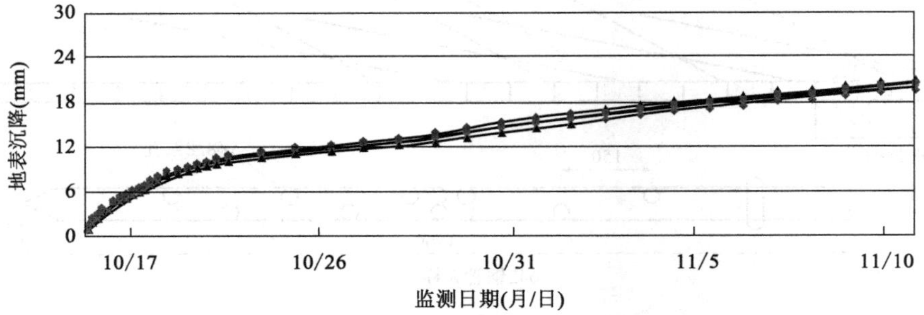

图 4-17　上坡地隧道进口 Z1K7 +313 地表沉降—时间曲线

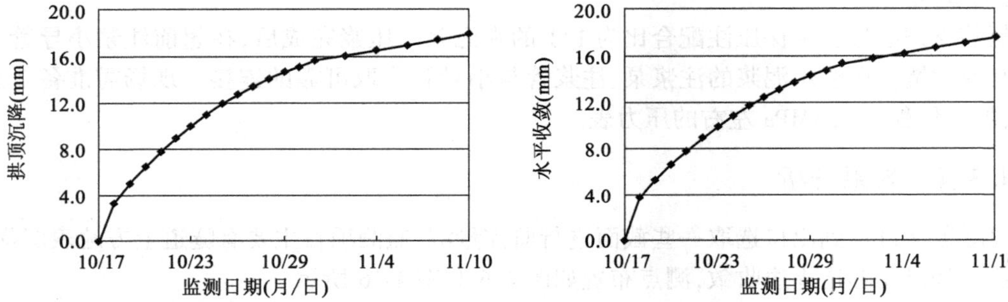

a)拱顶沉降—时间曲线　　b)水平收敛—时间曲线

图 4-18　上坡地隧道进口 Z1K7 +313 变形曲线

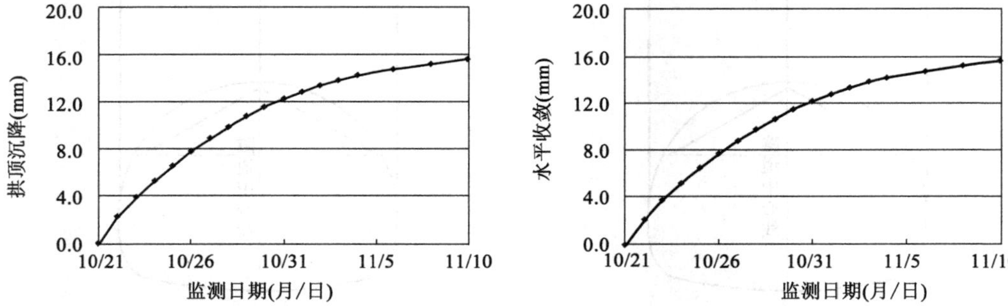

a)拱顶沉降—时间曲线　　b)水平收敛—时间曲线

图 4-19　上坡地隧道进口 Z1K7 +330 变形曲线

综上所述，无论是地表沉降还是隧道变形，均是初始增长速率较大，然后趋于稳定，最终变形均不超过 2cm，说明该出洞施工方法是合理的，可为类似工程提供借鉴。上坡地隧道单向出洞效果如图 4-20 所示。

图 4-20　上坡地隧道单向出洞效果图

4.4　大厂荫隧道单向零开挖出洞技术

4.4.1　工程概况

大厂荫隧道位于盘州市民主镇大厂荫村山体下部，最大埋深 103m，属于短距离隧道，左线起止桩号 Z4K28 +543 ~ Z4K29 +010，全长 467m；右线起止桩号 K28 +546 ~ K29 +002，全长 496m。隧道左线进洞口洞底设计高程 1882.750m，出洞口洞底设计高程 1895.928m；右线进洞口洞底设计高程 1885.057m，出洞口洞底设计高程 1896.042m。隧道纵坡 2.609%（单向坡）。隧道为近似直线型，隧道进口轴线方向 125°，出口轴线方向 134°，隧道穿越山体地属中山区。山体雄浑，地形坡度进口段相对较陡，一般 25° ~ 45°，局部地段近似直立；出口段隧道地形坡度左隧道在 25° ~ 40°之间，右隧道坡度较陡，近似直立，出露地层岩性为灰岩，洞身以灌木为主。隧道全长均为Ⅳ级围岩，类型以灰岩为主，围岩稳定性较差。

4.4.2　大厂荫隧道单向出洞方案

通过分析洞口段的特点、施工方法等多种因素，最终确定大厂荫隧道采用单向出洞方案。

1）洞口段特点

（1）地质条件

隧道进口段坡度相对较陡，坡度一般在 25° ~ 45°，局部地段近似直立，出露地层岩性为灰岩，地质条件较好。洞口施工极易受地理环境影响，隧道出口段地形较陡，施工人员和设备安全风险较大，另外出口段围岩稳定较好，为单向出洞方案实施提供了较好的先行条件。

（2）洞口设计

在隧道出口段，采用双层注浆小导管超前支护，拱顶设置小导洞先行贯通，提高隧道出口段的稳定性，保障隧道单向出洞安全可行。

2)施工方法

隧道采用单向掘进施工方案,由一个方向贯通隧道。在隧道出口段,采用双层注浆小导管超前支护,拱顶设置小导洞先行贯通,贯通后进行洞外边仰坡防护,再由洞内向洞外采用预留核心土环形台阶法开挖,边开挖边支护,最终达到隧道整体贯通。

3)其他因素

(1)本隧道为短距离隧道,隧道单向出洞对工期影响不大,比较适合隧道单向出洞方案。

(2)单线出洞方案可以大大降低出口段的刷坡率,减少水土流失量,加强了对环境的保护。

综合上述分析认为,大厂荫隧道单向零开挖出洞施工方案是可行的。

4.4.3 单向出洞施工要点

1)超前支护措施

洞口段采用对应Ⅳb、Ⅴa、Ⅴb级衬砌类型的超前支护措施,如下所述:

(1)Ⅳb级衬砌类型超前支护为:ϕ25mm超前中空锚杆,间距40cm×300cm(环×纵),长度4.5m。

(2)Ⅴa级衬砌类型超前支护为:ϕ42mm注浆小导管,40cm×300cm(环×纵),长度4.5m。

(3)Ⅴb级衬砌类型超前支护为:ϕ42mm注浆小导管,35cm×300cm(环×纵),长度4.5m。

2)出口段开挖工法

上坡地隧道采用双层超前小导管出洞,双层超前小导管出洞方法施工工艺简单、施工作业空间要求较小、施工方案可以随时调整具有显著的经济效益并能有效的于加固地层等。超前小导管为直径42mm、壁厚4mm、长4.5m的热轧无缝钢管,双层小导管设置在拱部140°范围内。施打角度为第一环8°、第二环15°、第三环8°、第四环15°交替布置,如图4-21所示。施打完成后超前支护小导管末端与钢拱架焊接起来。

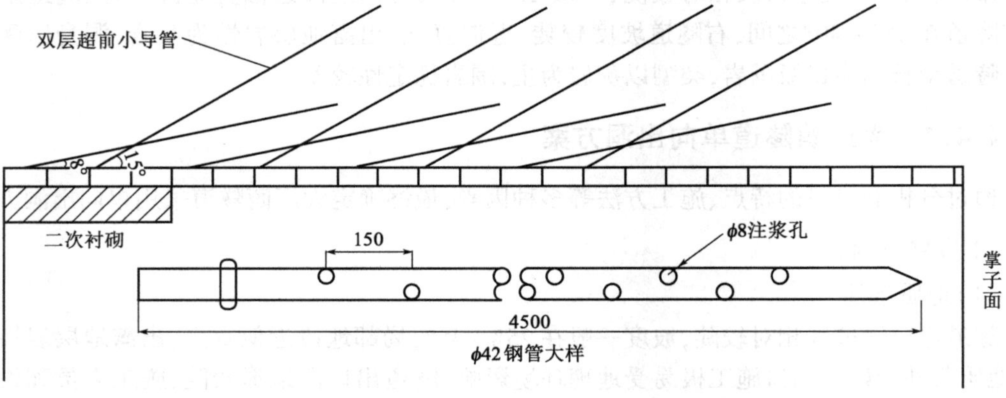

图4-21 超前小导管设计图(尺寸单位:mm)

4.4.4 效果分析

对隧道从进口到出口选取一些截面进行监控量测,监测项目主要有隧道拱顶沉降以及隧道周边收敛，测点布置同图 4-6。

大厂荫隧道单向出洞方向为兴义—盘山方向，从靠近进口段由远至近选取两个典型桩号 K28 + 575、K28 + 535 断面的拱顶沉降、两侧收敛曲线进行分析，曲线纵坐标为拱顶沉降或两侧收敛的数值，横坐标为监测时间，如图 4-22 和图 4-23 所示。从图中可以看出，无论是隧道拱顶还是隧道两侧，其变形趋势均是隧道开挖初始阶段隧道变形速率较大，最终趋于平衡，拱顶下沉最终形变量最大值约为 1.4cm，两侧收敛最大值在 1.2cm 左右。

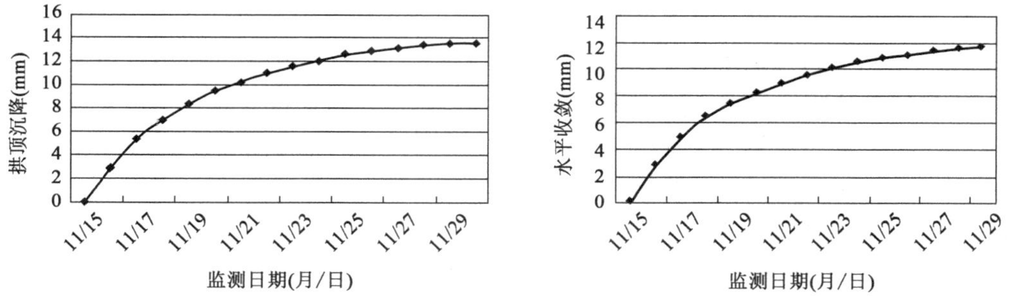

a)拱顶沉降—时间曲线　　b)水平收敛—时间曲线

图 4-22　大厂荫隧道进口 K28 + 575 断面监测变形曲线

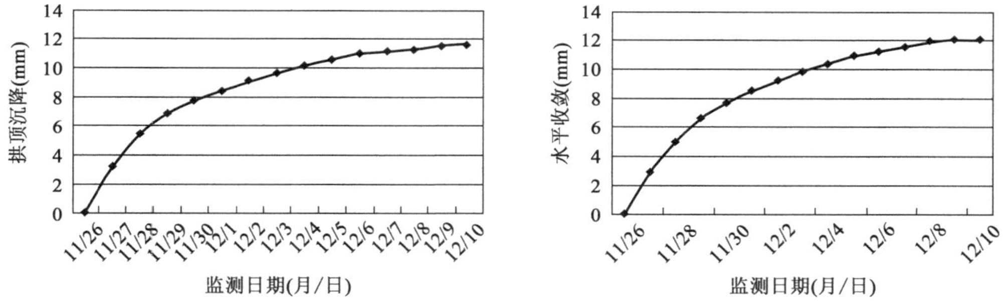

a)拱顶沉降—时间曲线　　b)水平收敛—时间曲线

图 4-23　大厂荫隧道进口 K28 + 535 断面监测变形曲线

综上所述，隧道变形初始增长速率较大然后趋于稳定，最终变形均不超过 2cm，说明该出洞工法是合理的，可为类似工程提供借鉴。大厂荫隧道单向出洞效果如图 4-24 所示。

图 4-24　大厂荫隧道单向出洞施工图

4.5 本章小结

本章针对隧道零开挖进出洞施工技术进行了研究，对于不同的地质地形条件，一般需要采用不同的施工技术来实现零开挖施工，但其核心点仍是提高围岩的稳定性，避免对隧道边仰坡的大开大挖，从而减少对隧道洞口段自然环境的破坏。本章分别分析了丫口寨隧道、上坡地隧道、大厂荫隧道洞口段施工技术，对零开挖进洞施工技术的特点和适用性进行分析总结，得出结论如下：

(1)通过分析丫口寨隧道零开挖进洞施工技术可知，斜交零开挖进洞法适用于地质条件较好、隧道轴线与等高线斜交、进洞面较为陡峭的隧道洞口；斜交进洞克服了正交进洞的种种弊端，但施工工艺较为复杂；管棚超前支护作用显著，斜交进洞施工前应施作套拱和管棚，并按“短进尺、弱爆破、早支护、强支护”施工。

(2)通过分析上坡地隧道、大厂荫隧道单向零开挖出洞施工技术可知，当隧道洞口受坡陡、临崖、偏压、地质条件差等环境因素影响使施工机具难以就位或难以形成开挖面时，可以选用单向出洞法出洞，单向出洞法具有施工工艺简单、成本低、减少边仰坡的开挖量、有效地避免对洞口的扰动与破坏等优点，该方法主要适用于出口段地质条件较好、隧道长度较短的情况。

第5章

浅埋偏压隧道洞口段施工技术

随着我国西南部大规模铁路建设的实施，受地形地势的影响，浅埋偏压隧道越来越多地出现在工程实际当中。浅埋和偏压是隧道施工中常见的问题，对其判定有对应的方法，但施工时要对这两个因素进行综合考虑，我国现行规范并没有给出明确的判断方法。例如，随着坡度的变化，对浅埋的判定会存在差异，即坡度变化时，浅埋也可能会变成深埋。如果隧道埋深超过一定范围，可能会忽略隧道起初的偏压情况，故无法对浅埋或者偏压进行单独考虑，而应综合考虑。如何在安全、经济、环保和高效施工等方面综合考虑，形成合理可行的浅埋偏压隧道进出洞施工技术，是值得深入研究的问题。

本章以西（安）合（肥）西部大通道陕西境内丹凤至陕豫界高速公路孤独庙隧道进出洞施工技术作为研究主线，根据地形、地质、水文、环境等特点，通过对浅埋偏压隧道进出洞工程施工技术进行总结，为类似工程提供借鉴。

5.1 孤独庙隧道工程概况

孤独庙隧道是西（安）合（肥）西部大通道陕西境内丹凤至陕豫界高速公路 DJN4 合同段的一座公路隧道，隧道为双向三车道分离式隧道，左线长 179m，右线长 165m，设计行车速度 80km/h，行车道宽度 3×3.75m，单洞净宽 14m，净高 5m，单向坡度 -0.65%，隧道平面位于缓和曲线上，内设超高。虽然隧道不长（左洞长 165m、右洞长 179m、单洞 344m），但全洞处在破碎松散的不良地质地段，隧道从丹凤县级主干道丹竹路下方穿过，埋深在 17m 左右，左右洞最小净距只有 15m，为典型的不良地质条件下小净距浅埋式公路隧道。丹竹路是丹凤县道，是丹凤至竹林关唯一的主干道，也是丹界高速公路 2-24 标的必经之道，重车通运频繁，交通不能中断，是当地运输的“生命线”。隧道穿越段属半挖半填路基，其上边坡属挖方，没有任何防护措施，下边坡由原挖方堆积而成。

孤独庙隧道路线所处地貌单元为秦岭山地地貌，位于秦岭褶皱系北秦岭加里东褶皱带的太白—商县褶皱带和礼县—柞水华力西褶皱带交接部位，两者以商界—丹凤大断裂为界。地质构造复杂，构造变形强烈，断裂活动具有多期发展演化历史等特点。

隧道洞身山体为微风化石英片岩，片理极发育，节理较发育，山体陡直。洞身围岩主要呈块石镶嵌结构，隧道围岩级别以Ⅳ～Ⅵ级为主，稳定性较差，全断面面积为 107.2m^2。

孤独庙隧道平面位置如图 5-1 所示。

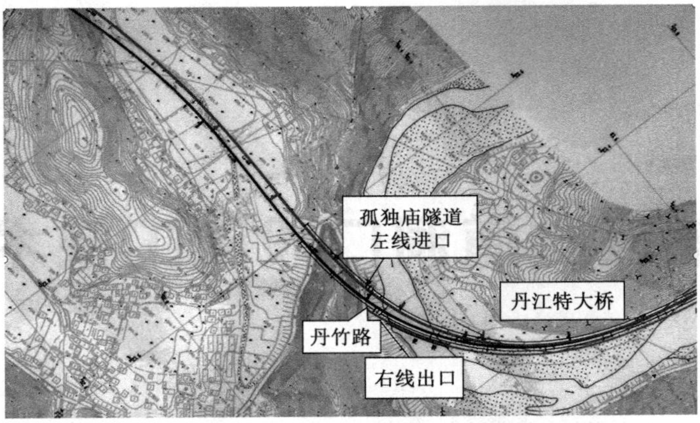

图 5-1 孤独庙隧道平面位置示意图

5.2 重难点分析

孤独庙隧道洞口地质条件较差,两端洞口处于破碎松散、偏压、半侧洞身裸露等特殊地质条件下,隧道进出口两次从丹凤县级主干道丹竹路下方穿过,埋深约 17m,左右洞最小净距 15m,进出洞尤为困难。开挖前洞口边、仰坡处于自然平衡状态,而一旦施工开挖,将影响土体稳定,为确保洞口边仰坡的长期稳定和洞口段的施工安全,隧道洞口段施工须克服以下施工难题。

1)进洞口破碎坡积土覆盖层

(1)隧道进口位于丹竹路下方,上方山体无植被生长,常年经雨雪侵蚀风化,稳定性较差;再加上自身围岩为微风化石英片岩,片理较发育、节理裂隙极其发育,片理构造较薄且正处于褶皱带上等因素,造成岩石常年剥落,日积月累堆积而形成松散碎石坡积土状带覆盖进洞口;破碎土状带堆积走向随丹竹路线形,范围由坡脚到坡顶丹竹路边,坡度为 45°~60°,如图 5-2 所示。

图 5-2 孤独庙隧道地貌环境

(2)隧道线形与山体斜交,左交角约为 60°。洞口破碎坡积土覆盖层厚度难以确定,导致与山体交接面也难以确定,而且左右洞口开挖面被全面覆盖,开挖难度较大,如果盲目开挖可能造成洞口上方丹竹路滑塌,而采用地质钻探成本较高,不确定因素较多。

2)进洞口浅埋、偏压

隧道进口位于丹竹路下方,洞顶与路面净高 17m,丹竹路为当地主要经济运输通道,且是高速公路修建的主要运给路线,隧道埋深较小,难以形成稳定性的承载拱,隧道洞口段开挖时也容易对丹竹路产生不利影响。主洞左侧拱部露天段较长,为半明半暗法施工,洞身斜交横穿于两山垭口之间,进洞口处山高陡坡存在严重的偏压现象。

3)出洞口(左线进口)长距离偏压问题

出洞口同样位于丹竹路下方,且主洞左侧拱部露天段较长,为半明半暗法施工,偏压现象严重。

4)出洞口高大混凝土基础

隧道出口为桥隧相接形式,隧道口下方是丹江河道,隧道口以下净高 48m,且隧道明洞坐落在混凝土基础之上,与桥台相接。

5.3　孤独庙浅埋偏压隧道洞口段施工技术

一般来讲,隧道的地理位置往往就是在山丛中,地形条件复杂,造成了两侧压力不均衡分布的现象。影响隧道偏压的因素主要可以分为三类,分别为地形偏压、地质偏压以及施工原因。在实际工程中,地形偏压是最为常见的隧道偏压形式。形成地形偏压的主要原因是洞口所在地理方位以及整条隧道的延伸方向。地质偏压是由于地质环境的积累以及条件的持续变化,造成了围岩的稳定性下降。施工原因主要是由于人为因素(包括方案、方法、顺序的不合理)造成断面发生坍塌从而引起应力不均衡分布的现象(即偏压),如发现及时、处理恰当,则不会造成太大的偏压。

5.3.1　孤独庙隧道进洞口施工技术

如图 5-3 所示,孤独庙隧道进口为破碎松散堆积覆盖层,左线松散堆积层较厚,仰坡上方为丹竹路边坡,丹竹路施工留下的人工破碎松散堆积层较厚,结构松散,含碎石及大小不等的块石,稳定性极差,丹竹路的干砌挡墙位于堆积碎石层上,基础不在稳定的基岩上,边坡废渣清理时干砌挡墙有滑移下沉现象。

由于开挖时会影响丹竹路上方松散岩体边坡垮塌,因此,首先必须对丹竹路现有挡墙、边坡、路基进行注浆固结处理,再设置抗滑桩防止原有土体下滑;待固结体变成整体后,采用套拱及超前大管棚对洞口段进行超前支护;最后采用三步微台阶法开挖进洞,进洞后,短进尺,强支护,必要时再从洞壁向四周再次帷幕注浆,初喷后二次衬砌紧跟。右洞人工破碎松散堆积层厚相对较小,清理坡积土只是局部坍塌破坏,因此右洞可以选择直接清理虚方,打设超前长管棚、模筑套拱进洞。下面主要介绍左线方案。

1)挡墙加固

孤独庙隧道地表注浆、丹竹路挡墙加固处理措施如图 5-4、图 5-5 所示。

a)　　b)

图 5-3　孤独庙隧道破碎松散堆积体

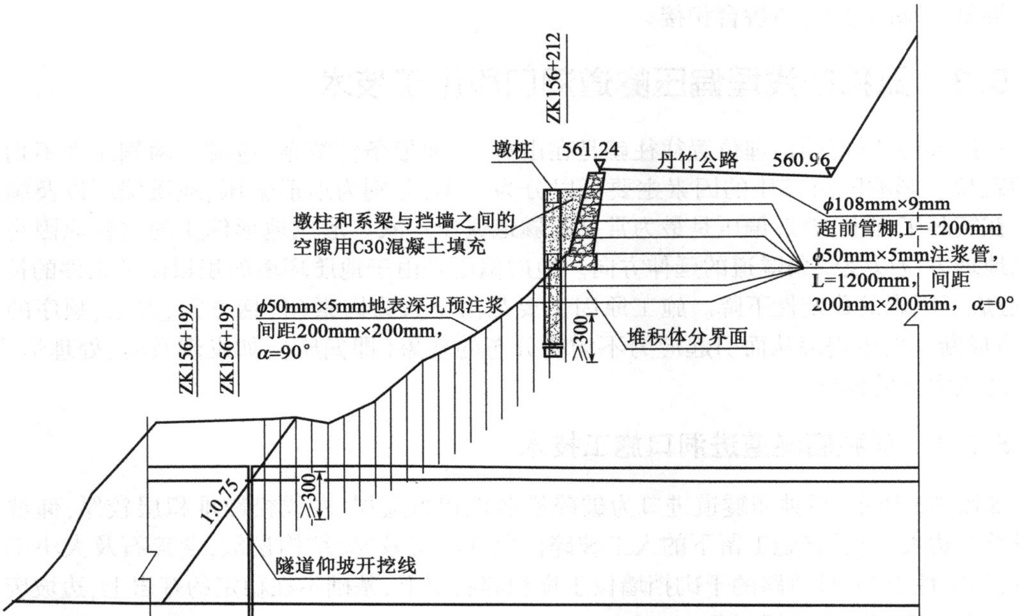

图 5-4　孤独庙隧道地表注浆、丹竹路挡墙加固处理纵断面图(尺寸单位:cm;高程单位:m)

(1)在挡墙基础为碎石堆积体长度为 38m 的挡墙处,沿丹竹路从墙顶向下 1m 处,水平布设一排长度 12m、间距 50cm 的 ϕ108mm × 9mm 超前管棚。

(2)在挡墙基础为碎石堆积体长度为 38m 的挡墙处,在超前管棚以下 6m 范围内,按 200cm × 200cm 间距布设 7 排 ϕ50mm × 5mm 注浆小导管,小导管长度为 12m。

(3)在挡墙外侧紧靠挡墙处,布设一排桩径为 1m、间距为 3m 的抗滑桩,采用双系梁连接,桩体及系梁与挡墙之间的空隙用相同强度等级的混凝土填充。

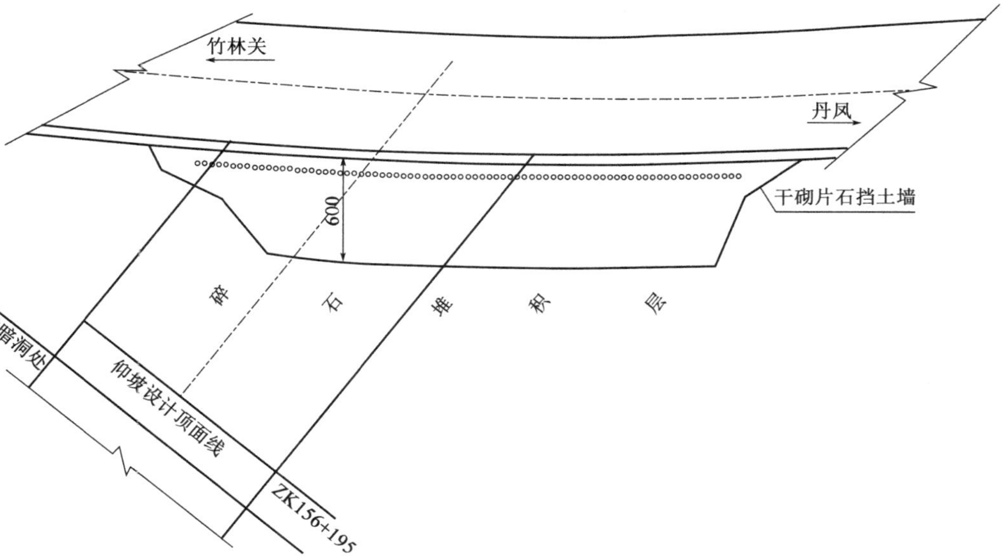

a)挡墙处超前管棚布置示意图

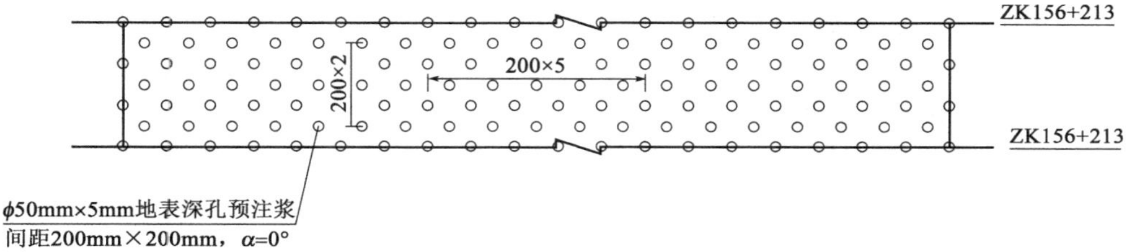

b)挡墙处注浆加固处理立面图

图 5-5　挡墙处长管棚布置、注浆加固处理立面图(尺寸单位:cm)

2)隧道进洞口破碎坡积土覆盖层加固

隧道进洞口围岩为破碎坡积土,强度较低,难以形成稳定的承载拱,因此采用合理的方式对该处围岩进行加固,增大围岩的强度,提高围岩的自承能力是非常有必要的。

隧道进口段主要采用双液注浆小导管注浆加固技术对隧道进洞口破碎坡积土覆盖层进行加固,地表注浆加固处理措施如图 5-6 所示。双液注浆小导管施工工艺的原理是:利用压力注浆技术在一定宽度范围内对堆积覆盖土层进行辐射型注浆加固处理,通过浆液的胶结、填充等作用,提高覆盖土层的内聚力,通过掺加水玻璃有效地控制凝胶时间和加固范围,迅速形成固结效果,形成具有一定强度复合地基,以达到稳固土体、增加围岩稳定、加快施工进度、保证施工安全的目的。该工艺适用于隧道、水利水电等工程中自承能力差、存在坍塌的破碎松散围岩、岩溶泥流地段、碎石弃渣地段、各种砂黏土覆盖层的加固施工。

施工工艺及操作要点为:

(1)标出注浆范围和位置,计算出各注浆孔深度,并对每个注浆孔编号。

(2)根据测量注浆孔位置进行钻机就位,场地简单平整做出一块小平台,以利于保证钻机稳定、钻杆垂直。

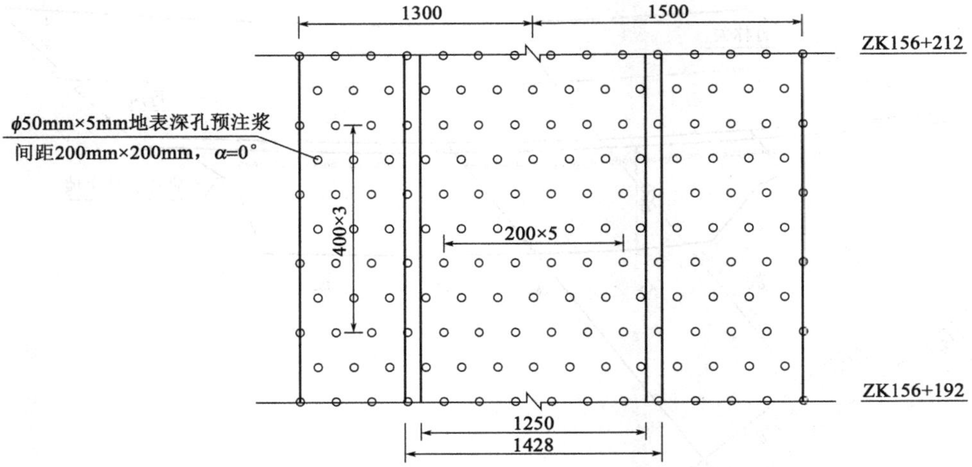

图 5-6　地表注浆加固处理平面图(尺寸单位:cm)

(3)选用 MK-5 型钻机,钻孔至设计高程以下 30～50cm,在钻孔过程中可加入适当的黏土和水,保证成孔的护壁效果。认真作好钻进过程的原始记录,及时进行地质判断、描述。

(4)加工长度为 12m、ϕ50mm×5mm 的注浆管;注浆管采用梅花形布置,间距为 200cm×200cm。注浆管前端为锥形,ϕ10mm 注浆孔,孔间距 15cm,尾端连接止浆阀和注浆管。

(5)安设注浆小导管,成孔后安放钢管,孔壁采用锚固剂或水泥掺水玻璃封口。钢管接头采用螺纹连接,螺纹部分长 15cm。相邻钢管的接头错开 1m 以上,同一横断面内的钢管接头数比例不大于 50%。

(6)所注浆液为 1∶1 水泥砂浆(添加水玻璃,重量为 5% 的水泥砂浆)。水玻璃模数为 2.4,水玻璃浓度为 35 波美度,初凝时间可通过加入少量磷酸氢二钠来控制,凝胶时间控制在 60s 左右,达不到要求时可对浆液配比进行适当调整。

(7)采用 KBY-50/70 型注浆机,注浆次序遵循先外围后中间、隔孔灌注、逐次加密的原则,以形成周边止浆墙。采用水泥与水玻璃浆双液法注浆时,将两种不同的浆液分放在两个容器内,使用双液注浆泵或两台注浆泵配合比分别吸入两种浆液,两种浆液在混合后注入注浆管。注浆初始压力为 0.5～1.0MPa,终止压力为 2.0MPa。

3)帷幕注浆加固

如图 5-7 所示,隧道与丹竹路夹角为 60°左右,进洞处基岩走向基本丹竹路平行,因此隧道与进洞处基岩走向也呈 60°夹角,进洞部分为半明半暗形式。根据右线已开挖情况来看,明暗里程桩号相差达 9m,开挖时将承受偏压荷载。

(1)在隧道洞身右侧从山体到套拱,初期支护拱架落脚点处施作 3m 宽×4m 深(开挖到基岩)的梯形混凝土基础,以支撑钢拱架扩散压力,并防止初期支护因承受偏压荷载变形。

(2)在混凝土基础浇筑前,施工长度为 3.5m、间距为 1.0m、梅花形布置的注浆小导管,连接基岩与基础使之形成整体,预埋搭接长度为 1.5m。

(3)如图 5-8 所示,使用土模浇筑半明半暗洞身部分(可采用喷射混凝土)与套拱混凝土,利用初期支护拱架与超前大管棚注浆后形成的刚性作用力共同传递到基础,使荷载均匀分布。

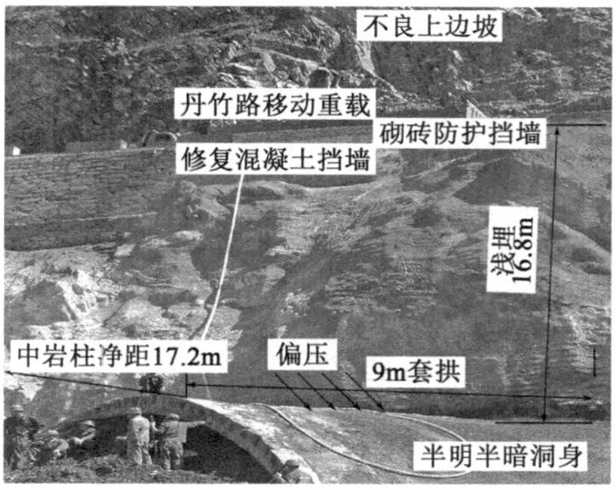

图 5-7　进洞口段浅埋偏压

图 5-8　采用土模法施工的半明半暗洞身与套拱

4）隧道进洞开挖方法

隧道进洞采用三步微台阶法开挖，在进洞时尽量采取弱爆破，人工配合机械开挖。开挖进尺为0.5～1.0m，下导坑及边墙采用马口跳槽开挖，开挖时前后错开，相距2m并保证4榀钢架不能同时悬空，两侧错开不对称，边挖边接长钢架。暗洞洞口加强段43m应及时施工仰拱使之封闭成环，对半明半暗部分外侧回填碎石土进行反压，使两侧荷载大致对称均衡，减小偏压的影响。

进洞后可采用上下台阶法开挖，并对 ZK156＋192～ZK156＋235 段洞内从围岩周壁向四周进行帷幕注浆加固。

5.3.2　孤独庙隧道出洞口施工技术

孤独庙隧道从丹竹路下两次穿越丹竹路（丹竹路围绕山体拐弯绕行呈“n”字形），埋深在18m左右，隧道进出口处丹竹路上方为基岩破碎边坡，由于以前受施工丹竹路的影响原山体受到较大的破坏，施工过程中经常有掉块和较大坍塌现象发生。

隧道从丹竹路下方丹江河道上方穿过，路线走向与丹竹路夹角在30°左右。因与丹竹路夹角小，根据现场测量绘出的断面图可知，左线进口除明洞 ZK156＋360～ZK156＋350 段隧道仰拱部分基础未在岩体上外，ZK156＋350～ZK156＋330 段隧道仰拱部分基础也未在岩体上，形成悬空。

另外 ZK156＋330 处左侧开挖轮廓线离山体外侧只有0.89m，ZK156＋325 处外侧岩壁只有0.65m，ZK156＋320 处也只有2.84m，爆破开挖时这部分山体难以保存。这样将造成 ZK156＋360～ZK156＋320 段一部分洞身裸露（ZK156＋360 处洞身裸露达4.23m、ZK156＋350 处洞身裸露2.6m、ZK156＋340 裸露1.5m），邻近河道又无法回填，这一段存在严重偏压问题，现以左线进口进行说明。图 5-9 所示为左线进口偏压地形情况。

因隧道基础悬空与洞身裸露偏压问题，施工方案定为在河道内增加桩基、浇筑承台及大体积混凝土基础、侧压挡墙，采用超前大管棚、半明半暗方式出洞的方案。图 5-10 所示为左线进口实测横断面。

图 5-9　左线进口偏压地形情况

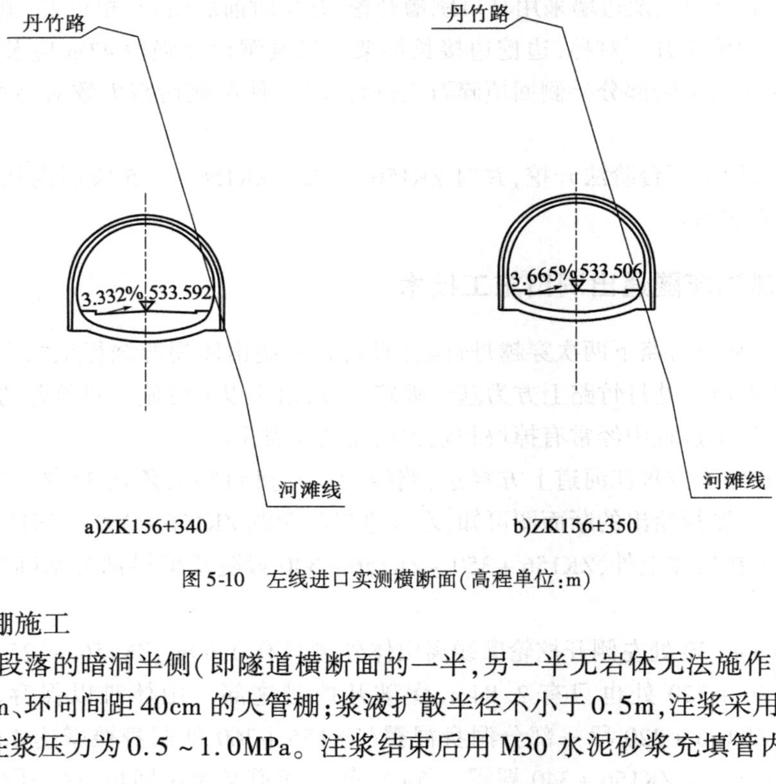

图 5-10　左线进口实测横断面(高程单位:m)

(1)大管棚施工

半明半暗段落的暗洞半侧(即隧道横断面的一半,另一半无岩体无法施作)施作长 30m、ϕ108mm×9mm、环向间距 40cm 的大管棚;浆液扩散半径不小于 0.5m,注浆采用配合比 1:1 水泥砂浆浆液,注浆压力为 0.5~1.0MPa。注浆结束后用 M30 水泥砂浆充填管内,提高管棚的刚度和强度。

(2)超前小导管施工

在暗洞与半明半暗交接处,沿着隧道开挖轮廓线,以稍大的外插角(5°~7°),向开挖面前方安装小导管,形成对前方围岩的预锚固,增强前方围岩的稳定性。导管为 ϕ50mm×5mm 无缝钢管,长度为 5m,布置环向间距 40cm。注浆采用 1:1 水泥砂浆浆液。注浆初始压力为 0.5~

1.0MPa,终止压力不大于 2.0MPa。

(3)高大混凝土基础、反压侧墙和护壁施工

当山体与开挖轮廓线最短距离 L 小于 4m 时,必须在侧壁浇筑 C25 混凝土护壁。经过实测,左洞进口段最短距离 L 值小于 4m,因此必须浇筑护壁以抵消侧压。护壁和山体间用 3.5m 长锚杆锚固,锚杆入岩 2.5m,护壁内留 1m。由于左洞进口段不同程度地存在仰拱部分基础悬空、隧道洞身一侧外露,上为丹竹路,下为丹江河滩,邻近河道无法进行回填,河道坚实基岩深,需要施作桩基、承台,并将混凝土基础施作到仰拱底设计高程。设计桩基共 10 根,桩径 1.5m,保证嵌入弱风化基岩不少于 3m,承台尺寸为 17.5m×7.5m×2m,C25 混凝土浇筑,大承台保证大体积圬工混凝土基础稳定。混凝土基础长 37m,高 12.77m,平均宽 5m,用 C15 片石混凝土填筑,基础与岩体坡面间用 3.5m 长锚杆锚固,间距为 100cm×100cm,锚杆入岩 2.5m,基础内留 1m。图 5-11 所示为施工中的侧墙。

图 5-11　施工中的侧墙

(4)护拱施工

护拱的作用有两个方面:一方面是把半侧暗洞部分的荷载压力传递给反压挡墙、基础混凝土和桩基;另一方面是增加洞身的抗冲击能力,防止滑坡、垮塌造成的冲击。护拱包括型钢和 C25 混凝土两部分。型钢采用 I22b 工字钢,间距为 50cm,护拱厚度须达到 60cm,型钢之间和护拱与岩石之间均用 C25 混凝土填充密实,如图 5-12 所示。

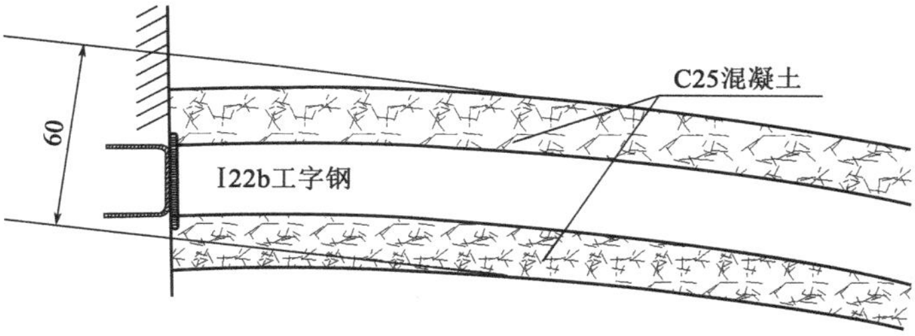

图 5-12　护拱示意图(尺寸单位:cm)

半明半暗段护拱与侧墙应整体浇筑,端部应嵌入新鲜基岩中,并预留连接钢筋,与初期支护钢支撑焊接,和初期支护型钢及护拱相连接的侧墙部位应预埋钢板和高强螺栓,以便与型钢连接封闭成环。高强螺栓与侧墙钢筋焊接,使护拱与侧墙连接成整体。

在每榀型钢与山体相接的部位安装 2 根锁脚锚杆,将其一端弯曲,角度略大于 90°,但也不宜过大,以便扩大两根锁脚锚杆的间距,保证围岩结构的稳定。锁脚锚杆弯曲端与连接钢板应焊接牢固,使护拱与山体连接成整体。

护拱端部应嵌入新鲜基岩中,防止外层风化围岩影响护拱的稳定性。连接钢板与山体之间的所有空隙,用 C25 混凝土填充密实。两根锁脚锚杆与连接钢板应以 91°~95°的角度植入山体,成外"八"字形,防止两根锚杆距离太近破坏围岩结构。图 5-13 所示为施工中的钢架混

凝土护拱。

(5)洞顶回填压载

反压侧墙和钢架混凝土护拱达到相应规范要求的强度后,用C10混凝土回填半侧明洞的洞顶,达到平衡单侧岩体压力的作用。回填高度应高于拱顶至少1m,坡度1:6,同时施作洞顶排水沟。

(6)洞身开挖及施作初期支护

洞顶反压回填后,才能进行下一步的开挖。开挖方式采用双侧壁导坑法开挖,及时进行初期支护。对左、右导坑下半断面开挖落底时,每次开挖长度不大于1m,单侧交替开挖并及时封闭仰拱。临时支撑一定要等围岩变形稳定后才可拆除,防止围岩变形加速导致失稳。

施工时短进尺、强支护,必要时再从洞壁向四周再次帷幕注浆,二次衬砌及时跟进。型钢与护拱一样,与侧墙中两处预埋的钢板和高强度螺栓连接,拱腰型钢与侧墙腰部连接,拱脚型钢与侧墙底部连接,使型钢所受的压力完全作用于侧墙上,形成一个封闭的受力系统。图5-14为半明半暗段隧道开挖及支护施工现场。

图5-13 施工中的钢架混凝土护拱

图5-14 半明半暗段隧道施工现场

5.4 本章小结

孤独庙隧道洞口地质条件较差,两端洞口处于破碎松散、偏压、半侧洞身裸露等特殊地质条件下,隧道进出口两次从丹凤县级主干道丹竹路下方穿过,隧道洞口段施工须克服诸多难题:①进洞口破碎坡积土覆盖层;②进洞口浅埋偏压;③出洞口(左线进口)长距离偏压;④出洞口高大混凝土基础等。通过对施工风险进行分析,有效地规避了施工风险;并通过采用先进、合适的施工技术保证了施工质量和施工效率,经济效益和社会效益显著。

第6章

高海拔峭壁导洞扩挖洞口段施工技术

进入21世纪后,我国公路建设进入快车道,但新建隧道的建设条件更加复杂困难、生态环保要求更高、隧道长度也在不断增长。随着高等级公路向西藏等高原地区延伸,高海拔(海拔高度大于3000m)隧道也不断涌现,将成为隧道建设新难题。

本章以青海省省道S101线湟中至贵德公路拉脊山隧道施工技术作为研究主线,根据地形、地质、水文、环境等特点,通过对高海拔峭壁导洞扩挖进出洞技术进行总结,可为类似工程施工提供借鉴。

6.1 拉脊山隧道工程概况

拉脊山隧道为青海省省道S101线湟中至贵德公路隧道,进口位于湟中县上新庄,出口位于贵德县大滩村。隧道主要解决明线方式翻越拉脊山冬季积雪严重影响行车安全的问题,从根本上解决冬季冰雪天气车辆爬山困难、行车缓慢且危险性高这一先天缺陷,改善区域交通条件。

隧址区属于高海拔严寒地区,海拔3200~4041m,隧道原设计为单线双向行车隧道,原左洞桩号范围为ZK17+200~ZK22+730,长5530m;公路隧道右侧旁设平导洞,桩号范围为DK17+178~DK22+770,长5592m。后将导洞扩建为主洞,测设线在原导洞测设线基础上偏移而成,并考虑与前后路基的衔接。隧道桩号范围为YK17+182~YK22+747,隧道长为5565m;全段按二级公路标准建设,路基宽度11m,隧道净宽10.25m,净高5m,设计行车速度为60km/h。

隧址区总体地势中高南北低,中部拉脊山及千户地区属构造剥蚀高山重丘区,其海拔在3200~4041m之间,为湟水河与黄河水系的分水岭,山高谷深,冲沟发育,地形破碎,地面横坡陡,多为草地牧区。隧址区出露地层为第四系,晚元古代石英闪长岩,第三系砾岩、砂岩夹泥岩。

隧址区位于亚一级构造单元的祁连地槽褶皱系东南部、松潘甘孜地槽褶皱系的东北缘的拉脊山加里东期地向斜褶皱带中。地质构造主要由一系列褶皱和断裂构造组成,以北西向断裂最为发育,呈线状展布,控制着区内地层走向及岩浆活动。区内褶皱构造主要为拉脊山复向斜,向斜轴部出露地层为元古界变质岩,轴向近东西向,西端昂起而封闭,向东倾伏。北翼被深大断裂切割,出露不全;南翼次级紧密线状褶皱发育。褶皱幅度大于15km。其中进口段千枚岩褶皱极发育，在石英闪长岩中，局部发育褶皱。区内断裂构造发育，以北西向—北西西向、北东向断裂为主，呈直线状展布，大断裂与线路呈近正交关系。

隧址区自1973年以来发生过4～6级地震，没有大于6级地震，根据《中国地震动参数区划图》（GB 18306—2015）查得沿线地震加速度为0.10g（g为重力加速度），对应的地震基本烈度项目所在区为Ⅶ度。

隧址区属于半干旱型大陆气候，日照时间长，太阳辐射强，春季干旱多风、秋季阴湿多雨、不冻期长、气温日差大、雨量集中且蒸发量极大。年平均气温3.1～7.2℃，极端最高温28.7℃，极端最低温－37℃，垂直地带性气温差异十分明显；年降水量258.8～533.4mm，最大日降水量52.3～62.2mm，年蒸发量1344～2094mm；风向以西南风为主，其次为东北风，年均风速1.8～2.1m/s，最大风速达20m/s；最大冻土深度为111～130cm；最大积雪厚度23mm，降雪初终期为7月中旬至来年5月上旬。拉脊山平均海拔为3400m左右，气温低，降水丰富，多为雪区。根据有关地质资料和经验推算，拉脊山地区最冷月平均气温－16.0～－16.7℃。境内相对湿度小，年均相对湿度为49%；最大在7月份，平均为64%；最小在3—4月，平均为34%。年均气压为77.2kPa，一般不会引起高山反应。

隧址区地下水总体为两类，赋存在第四系地层中的松散岩类孔隙水，基岩裂隙中的基岩裂隙水。

在进出口及局部洞身堆积有厚度不等的残坡积、冲洪积碎石层，进口厚度小，出口厚度大，最大厚度大于70m，孔隙发育，地下水储存在其中。水量丰富，尤其是出口段，对隧道有较大影响，据钻孔简易抽水试验，水文参考参数中涌水量为5～15m³/h（枯水季节取小值，丰水季节取大值，平时取中间值）。渗透系数为40～80m/d，枯水季节取小值，丰水季节取大值。

在隧址区，构造、节理裂隙发育，其内基岩受到不同程度的破坏，构造节理裂隙发育，在一般发育节理裂隙的岩层中，由于汇水面积小，植被不发育，水量一般贫乏，该类型地下水多与上覆坡积物中的孔隙水相互贯通，在下部可延伸到隧道设计高程以下，为隧道涌水的主要形式之一，但水量相对不大，主要靠大气降水补给；其中对地下水影响较大的断裂构造有F6、F10，破碎带宽度一般在50～100m之间。在此部位，基岩裂隙水发育良好，水量丰富，是隧道的主要涌水地段，占隧道涌水量的主要部分，对隧道影响较大。其中断层F10附近钻孔SZK2中出露承压水，初见水位于地面下170m左右，该水压力极大，涌出地表，地表测试涌水量为30～50m³/d。断层F10附近地下水以泉形式出露，钻孔SZK2孔内涌水对附近泉水水量基本无影响，隧道经该段时易有多处涌水，施工时有突涌现象，应注意防排水及时支护。断层F6位于电杆沟，电杆沟中有长年流水，为冰雪融水、泉水，电杆沟为F10断层的一部分，沟中水与断层相连，水量较大，易进入断层破碎带及裂隙中，隧道在该段易有较大涌水。施工时易发生突涌及坍塌事故，施工时应及时支护及加强防排水工作。

隧址区属高山区，雷雨多，大气降水相对较大，沿山坡水系较发育，隧道入口处发育一常年流水小溪，冬季水主要为地下水补给，水质良好，无污染，可作为施工、消防等水源；溪水水面高程3231m，低于隧道设计高程，对隧道无影响。

拉脊山隧道导洞扩挖段落为K17＋182～K17＋980，长度为798m，导洞扩挖设计为单侧扩挖的方案，主洞中线向右偏移2.8m，对右侧进行扩挖施工，左侧尽量保持稳定。本着“短进尺、弱爆破、快封闭、强支护、勤量测”的原则进行组织施工，导洞开挖分部示意如图6-1所示。

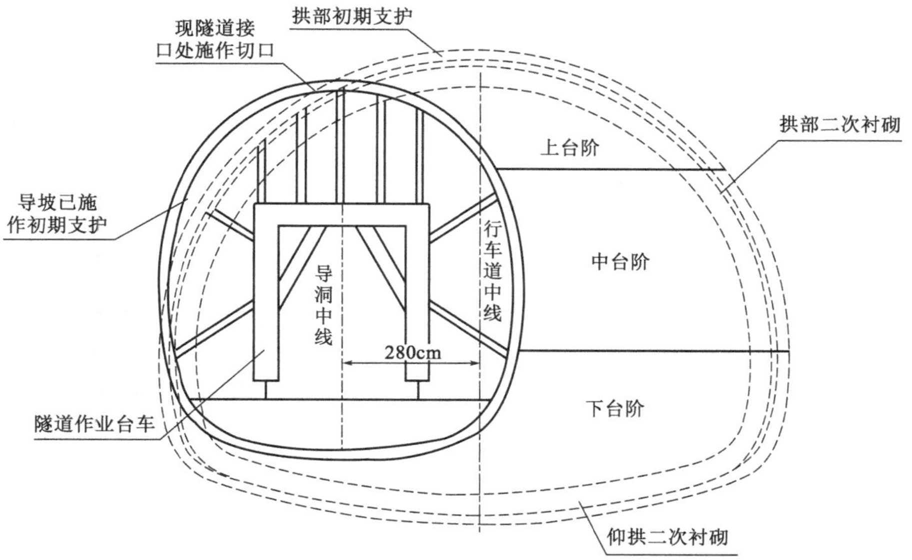

图 6-1 导洞开挖分部示意图

6.2 重难点分析

拉脊山隧道工程右线进口洞口段属于导洞扩挖段，该段导洞扩挖存在以下难点。

（1）如图 6-2 所示，隧道进口隧道进口边坡陡峭，地处一条褶皱带上，且导洞开挖已经形成单侧偏压，进洞施工难度大。

（2）如图 6-3 所示，导洞开挖对围岩整体进行了一次破坏，且遗留多处塌方痕迹；扩挖对其造成二次扰动，存在较大的施工安全隐患。

图 6-2 导洞洞口段偏压

图 6-3 导洞洞顶塌方

（3）导洞扩挖面与正常进洞相比，光面爆破难度较大，需要根据不同的部位，调整装药量。

（4）岩石岩性差异大，同一断面岩层左软右硬，不均匀，开挖光面困难，容易形成超（欠）挖现象。

（5）隧道地处高海拔山区，是典型的高原、高寒气候，冬季时间长、气温低，冬季施工困难；

冬季材料进场困难,因雪长期不化,积雪厚,材料场地狭小,不能大规模备料,对施工影响很大。

(6)隧道横穿断层及次级断层,断层富含地下水,必须采取可靠的防排水措施,断层破碎带易造成大规模坍塌。

(7)隧道导洞有370m为千枚岩,其物理力学性能差,在施工过程中极易造成坍塌。

6.3 拉脊山隧道进洞施工技术

目前大多数山岭隧道工程,尤其是利用平导洞扩挖的铁路隧道工程,都选用钻爆法作为隧道主体的掘进手段。而在数年乃至数十年后钻爆法扩挖平导洞的施工过程,则会再次扰动围岩,破坏原有的平衡,迫使围岩发生二次变形,在围岩应力的二次重分布完成以后,围岩和新修筑的支护结构会达到新的平衡状态。相比之下,扩挖平导洞修筑的隧道的围岩自承载能力更弱,对衬砌的强度要求更高。而目前实际工程中,对复线隧道衬砌的设计往往粗暴地采用经验法套用原单线隧道的衬砌设计数值,或直接根据隧道围岩级别拟定衬砌设计参数,不考虑平导洞的影响。可以推断,因为扩挖隧道围岩条件的特殊性,新建复线隧道的安全系数必然是低于原单线隧道的。

拉脊山隧道右线进洞口处于褶皱地带,岩层复杂多变,从开挖的边坡来看,洞口主要由砂岩夹泥岩(紫红色、深褐色)和千枚岩(灰黑色)构成,节理裂隙发育,不能判定岩层走向,洞口地处半明半暗的地段,进洞困难。导洞扩挖设计为单侧扩挖的方案,主洞中线向右偏移2.8m,对右侧进行扩挖施工,左侧尽量保持稳定,遵循"短进尺、弱爆破、快封闭、强支护、勤量测"的原则组织施工。

6.3.1 隧道进口导洞扩挖段施工

隧道修建方法的选择应根据地质条件、隧道长度、断面大小、设备条件、结构类型、工期要求以及经济效益等综合确定。常采用钻爆法施工的主要方法有:全断面开挖法,台阶法,分部开挖法(主要包括环形开挖预留核心土法、双侧壁导坑法、中洞法、中隔壁法、交叉中隔壁法)。

根据拉脊山隧道的实际情况,经试验选择了台阶法开挖,光面爆破掘进。光面爆破是隧道施工中为避免塌方而实施的至关重要的环节。施工中应根据围岩的具体情况和特点,合理地选择爆破参数,科学地确定周边眼间距、钻眼深度及最小抵抗线,严格控制炮眼的装药量,特别是周边眼,通过试验来调整达到既不欠挖也不过大超挖,从而一次开挖成型达到预防塌方的目的。

通过现场调查发现:①原导洞开挖时已经对山体进行了开挖,且开挖后陡倾角接近90°,岩体经历13个月开挖,岩体比较稳定,无塌方开裂现象。②此段岩体虽节理裂隙比较发育,但总体来看岩块呈块状镶嵌结构,利用岩体自稳,短时间可以稳定。③洞口开挖及时支护,开挖进尺要求小于1m并及时支护,将岩面与初期支护之间的空隙回填密实,充分利用岩石自稳时间。④洞口开挖时,由外向里逐步扩大,开挖时及时观察,岩体没有异常变化时才能继续向前掘进。

基于上述分析,洞口工作面施工应尽快完成,缩短施工时间。洞口工作面的具体施工顺序如下:

1）开工条件

如图 6-4 所示，从导洞洞口（YK17 +182）前 10m 的位置（YK17 +172）开始刷坡；在 YK17 + 178 位置具备进洞的条件。

图 6-4　导洞施工前刷坡

2）YK17 +178 ~ YK17 +187 段耳墙基础的开挖施工

耳墙基础应坐落于坚实的基岩上，如果基础下面是松散石渣堆积，应深挖直至位于基岩上，保证耳墙稳固，耳墙基础向洞身方向加宽 80cm，并预埋 I18 工字钢；在耳墙基础施工的同时，施作右侧山体上的超前小导管，为进洞开挖做好准备。图 6-5 所示为导洞扩挖进洞前预处理措施。

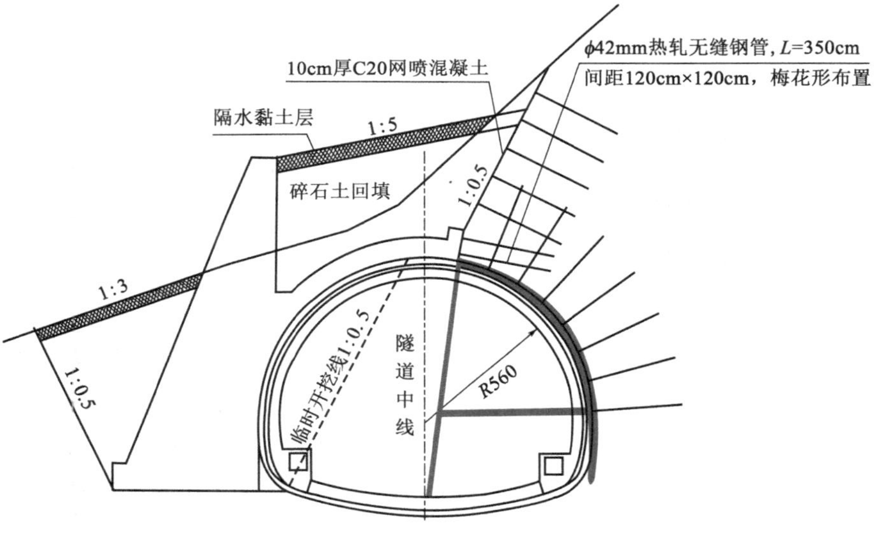

图 6-5　导洞扩挖进洞前预处理措施（尺寸单位：cm）

3)右侧山体扩挖施工

扩挖由 YK17 + 178 处向洞内进行,扩挖时首先扩挖Ⅰ部分,即上台阶,上台阶施工进洞 70m 后,开始施工仰拱(含剩余的Ⅱ部分),上台阶光面爆破要控制好进尺深度(≤1m),本着多打孔,少装药原则,控制孔深、外插角、装药量,爆破后视围岩情况,确定开挖距离。

导坑扩挖主要施工步骤如下:

(1)清除导坑内侧壁支护杂物和不稳定体,施作主洞内侧壁初期支护喷射混凝土、锚杆和钢架,钢拱架的分段应根据导坑断面形状具体确定。

(2)开挖导坑外侧上台阶围岩,隧道钻爆作业应进行专门的爆破设计并经过现场试验修正,为避免爆破对后继导坑施工段围岩的不利影响,在距爆破面一定距离处可采用临时木垛支撑保护导坑结构;施作主洞隧道上台阶部分的初期支护、锚杆和钢架。

(3)开挖中台阶;施作主洞隧道中台阶部分的初期支护、锚杆和钢架。

(4)拆除原导洞衬砌。

(5)开挖下台阶,完成全部导洞的拆除;施作仰拱初期支护、喷射混凝土、锚杆、钢拱架;施作二次衬砌。

图 6-6 所示为导洞扩挖施工现场,图 6-7 所示为施作完成的隧道。

图 6-6 导洞扩挖施工现场

图 6-7 隧道安全进洞

根据不同围岩,选择不同的开挖方法,Ⅴ级围岩段采用三台阶开挖法,Ⅲ级围岩段采用上下台阶开挖法施工,Ⅵ级围岩段视岩体的硬度和构造可以选择两台阶或三台阶法开挖。本工程中,泥质千枚岩段落采用挖掘机开挖,没有爆破,所以采用了三台阶开挖方式。后经优化,Ⅴ级围岩也采用了上下台阶方法开挖并取得了良好的效果。

4)施工要点

(1)测量放样,放出开挖的左侧外边线,确定需要拆除的导洞部分,用红线标出。

(2)在需要截断部位人工凿除喷射混凝土,露出钢拱架并截断,保证爆破时拱架两段不粘连受力。后简化工艺,在需要截断部位打炮眼(控制截断部位),少装药,直接爆破,爆破时使喷射混凝土产生裂缝,挖掘机对拱架进行破拆,效果较好,省时省力。开挖步序如图 6-8 所示。

(3)采用光面爆破工艺开挖导坑外侧上台阶围岩,通风排烟,确认爆破效果,检查是否有未爆雷管(炮孔)。

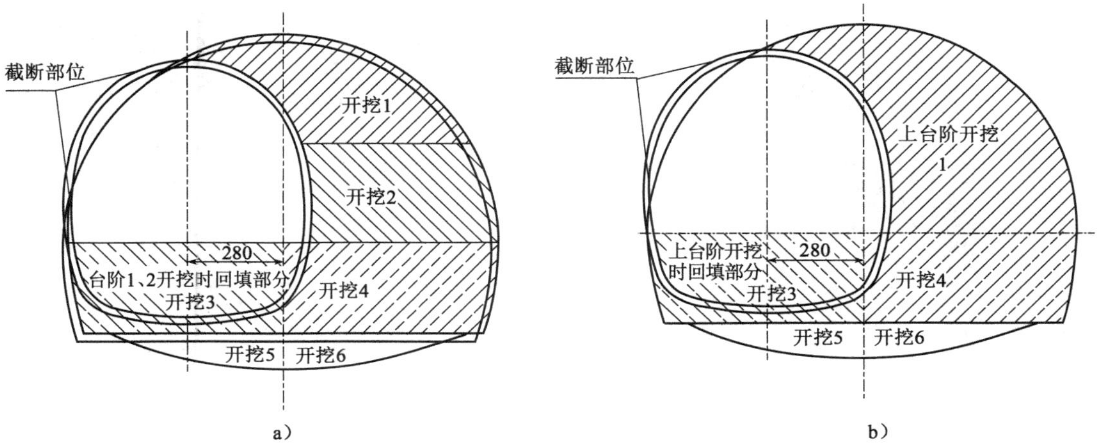

图 6-8　隧道台阶开挖步序示意图(尺寸单位:cm)

(4)挖掘机排险,清除侧壁支护杂物和不稳定体,并将导洞下半部分用隧渣填实,侧翻装载机配合出渣车出渣。

(5)导洞左侧能轻微凿除部分混凝土钢拱架就可以支立的部分,对导洞不做大的破坏,直接处理后进行隧道主洞初期支护施工。

5)施工中塌方的处理

隧道塌方是制约隧道施工进度的主要因素之一。塌方处理耗时费力,施工深受其害。通过对以往隧道施工的总结和对隧道塌方原因的分析来看,可能造成塌方的因素往往不是独立的,而是多种并存。如在山体沟谷段时,经常出现断层、破碎带、节理裂隙等,而断层一般又是地下水和地表水渗透活动场所,地质条件越差,塌方的可能性就越大。

(1)隧道施工发生塌方的主要原因

①施工方法不当。

当隧道岩层较差时,没有很好地调整控制爆破参数,加剧了对围岩的扰动。如图 6-9 所示,拉脊山隧道在开挖过程中出现了塌方事故。在拉脊山隧道右线导洞扩建中,原导洞施工中有残留的塌方,且导洞开挖过程对围岩造成扰动,进一步导致了围岩自稳能力的降低,极易塌方,对后续的导洞扩挖施工造成很大的影响,加大了施工难度。

②处理不及时。

如图 6-10 所示,隧道开挖后发生塌方将拱架砸坏。隧道开挖后,未及时喷射混凝土,围岩未能及时封闭,使围岩暴露时间过长,造成围岩进一步风化,围岩变形加剧,出现围岩局部失稳,进而造成塌方。

③地质构造原因。

a. 当隧道通过褶皱构造、断层和节理裂隙发育地带,岩石破碎,围岩整体性极差。

b. 地下水也是影响围岩稳定的主要因素之一,地下水对岩体的软化、浸泡、冲蚀、溶解等作用,常常会加剧岩体的失稳和坍落。

图 6-11 所示为拉脊山隧道内出现的围岩断层以及淋水地段。

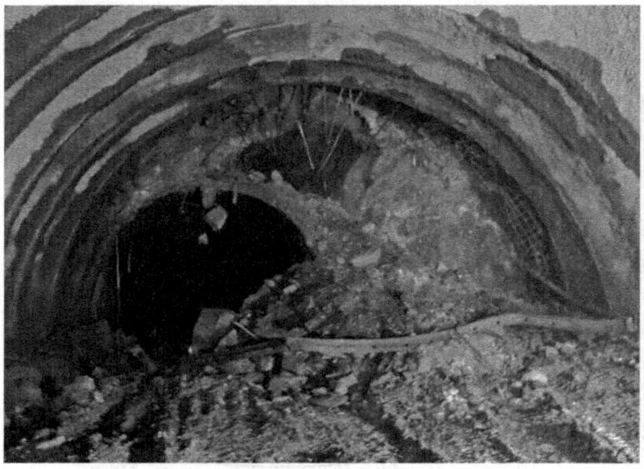

图6-9　隧道开挖后发生塌方

图6-10　隧道开挖后发生塌方将拱架砸坏

a)

b)

图6-11　隧道内围岩断层、淋水地段

(2)预防塌方措施

隧道施工受多种因素的综合作用,开挖时杜绝不了塌方的发生,尤其是导洞扩挖。在导洞开挖时,由于对围岩进行扰动,爆破时产生的裂缝可能深入到围岩中,并且还有一些遗留下来的塌方,如处理不到位,将增大导洞扩挖时塌方发生的概率。为了有效地保障拉脊山隧道洞口段的施工安全,降低塌方事故发生的风险,主要采用下列几项预防措施。

①加强超前地质预报。

"知己知彼、百战不殆",只有了解围岩的特性,采取相应的措施,才有可能达到预防塌方的目的。目前可以通过隧道地质超强预报技术,如采用地震波法(TSP法和TGP法)、地质雷达扫描可对围岩长度200m范围的地质情况作出较为精确的预报,准确识别隧道内断层破碎带及水文情况,为隧道采取正确的施工方法提供可靠的依据。

②围岩超前加固措施。

根据超前预报探知的具体围岩情况,采取不同的超前加固措施,可以有效地预防减少塌方。

加固措施有以下几种:

a.针对整个洞室范围的帷幕注浆加固处理。

b.主要针对洞顶塌方的措施,较长范围的结构松散、稳定性差的围岩地段采用的长管棚注浆加固处理,或者单次加固较短距离超前小导管(锚杆)注浆加固。

c. 应用在土质隧道中冷冻土体技术等。

超前加固措施主要目的是对围岩进行加固加强，使之能承受开挖过程中的岩体集中压力，以便进行初期支护加固施工。

通过采用超前小导管（锚杆）注浆技术对围岩进行超前加固，取得了良好的效果。

超前小导管和锚杆配合型钢钢架使用，应用于隧道Ⅴ、Ⅳ级围岩拱部超前支护，其纵向搭接长度不小于1m。

超前小导管施工参数为：

a. 超前小导管规格应符合设计要求。

b. 小导管环向间距40cm。

c. 倾角：外插角5°~10°，可根据实际情况调整。

d. 注浆材料：M20水泥浆或水泥砂浆。

e. 设置范围：拱部135°范围内。

(3)施工中小塌方的处理

当塌方的规模较小时，首先加固塌体段洞身，并尽快喷射混凝土或施作锚喷联合支护封闭塌穴顶部和侧部；然后清渣，支立拱架，回填塌腔，塌腔必须填满，保证后续施工安全。支立拱架时，对拱架纵向连接进行加强，可以利用工字钢、钢管、连接钢筋加密等方式，对工字钢进行连接加强，增加其抗冲击的能力，保证下方处理人员及施工机械的安全。

(4)施工中大塌方的处理

当塌方规模较大、塌渣体完全堵住洞身时，采取先护后挖的方式，除《公路隧道施工技术规范》（JTG/T 3660—2020）介绍的管棚法和注浆加固法外，拉脊山隧道还采用土模回填泵送混凝土法处理隧道大塌方，如图6-12所示。

图6-12　采用土模回填泵送混凝土法处理大塌方

土模回填泵送混凝土法主要施工步骤如下：

①塌方发生后，对塌方后面的拱架进行加固，防止出现新的险情。

②加固工作完成后，若塌方渣土将拱顶空洞完全掩埋，则应进行适当清理，露出塌腔顶部，对开挖范围以外的部分进行修正，形成土模，以便将混凝土泵管及观察管送入塌腔中，并将泵管周围回填封堵，防止泵送混凝土时外流。若塌渣没有堆到拱顶，采用机械回填碎石土，直至

回填至拱顶，机械修整形成土模，并将混凝土泵管送入塌腔中，并将泵管周围回填封堵，防止泵送混凝土时外流。土模回填时，要分台阶进行，防止混凝土泵送时压力过大造成土模崩塌，处理失败。

③预埋泵送管不少于两根、观察管不少于一根，防止发生混凝土堵管等意外情况。预埋泵管封堵可以采用编织袋装土，人工码砌密封，也可以采用人工码砌块石(浆砌块石)等手段进行封堵，防止混凝土外流。

④封堵工作完成后，可以进行泵送混凝土的准备工作：泵车就位，连接泵管，泵管要固定牢固。预埋泵管的长度视泵送混凝土的厚度而定，泵管埋设高度不低于回填混凝土顶面；观察管根据回填高度设置，管径要大于6cm，以方便查看混凝土流出情况。

⑤泵送混凝土进行回填塌腔，泵送混凝土时，注意分层进行，第一层厚度1m左右，间隔时间不少于12h(使混凝土终凝)，视塌方的具体情况，再次泵送时厚度可以适当加大，直至回填混凝土到预定高度。泵送混凝土时，应观察土模稳定情况，如遇混凝土外流，应停止泵送并及时进行封堵；如果土模出现开裂等现场，要停止泵送，进行加固处理；加固处理完成后，才能继续进行混凝土泵送。泵送中间停止后，及时对预埋泵管中的混凝土进行清除，用高压水冲洗预埋管及泵管，防止堵管。

⑥泵送混凝土回填至拱顶上不小于3m(塌腔过大无法全部回填满时)，尽可能将混凝土注满塌腔，混凝土高度可以以观察管内混凝土流出为泵送完成。泵送混凝土完成后，必须等混凝土有一定强度后才能进行下一步施工，一般时间为24～36h，可以边开挖土模边进行初期支护施工。为增加混凝土的前期强度，缩短等待时间，可以采用早强剂和早强水泥来提高混凝土的早期强度。

⑦待泵送混凝土有一定强度时，便可以清理塌渣，遵循“短进尺、弱爆破、早封闭”的原则通过塌方段。清理塌渣时，要逐步进行清理，可以分两个或三个台阶进行清理，清理自上而下进行，清理完一个台阶，支护一个台阶，支护完成后进行下一步工作。清理宜在混凝土泵送完成后24～36h进行，防止混凝土强度不足或者过高，出现初期支护变形侵限；也要防止混凝土强度不足，出现顶部混凝土塌落现象。

土模回填泵送混凝土法主要是利用混凝土流动性，在塌腔内形成人造天花板承重结构。其作用：一是对混凝土周围岩体起到施压作用，增加塌腔周围围岩稳定性；二是清理塌渣时，洞顶混凝土起到承重防护作用，相当于人造整体围岩，可以防止塌落岩体对下方施工人员及施工机械造成伤害；三是可以充分利用隧道施工机械进行塌方处理，快捷方便，不增加投资，且减少进入塌方区域的人员数量，降低塌方处理的危险性。

此法相对管棚法和注浆加固法效果较好，操作简单，当有水时要优于注浆加固法，可以充分利用机械进行处理，处理速度很快，安全快捷。

6.3.2 洞口导洞扩挖段光面爆破施工

隧道导洞开挖将使洞室周边岩体中产生应力集中，集中应力首先作用于洞室壁面及其近区围岩上，当采用钻爆法施工时，受放炮等振动的影响，加速了洞室围岩区域面岩层节理、裂隙的开张以及岩体新生裂面的产生，近区围岩成为碎裂岩体后，承载力降低。隧道导洞扩挖过程中，对本已受振动破坏的围岩进行了第二次破坏，极易形成塌方，施工难度大。

导洞扩挖爆破设计需要特别注意降低爆破振动强度，预防塌方。降低单位用药量、多划分爆破段位、增加减振隔离孔是降低爆破振动强度较为经济常用的办法。

拉脊山隧道中导洞偏置扩挖爆破设计比较复杂，故应考虑两种工况：第一种是导洞初期支护有钢拱架的情况，第二种是导洞初期支护没有钢拱架的情况。

第一种工况需要考虑已施工中导洞钢拱架的拆除，避免拆除不当造成对左侧洞壁的破坏，所以应尽量避免对中导洞初期支护的破坏，不宜利用导洞形成爆破临空面。

对导洞扩挖采取上下台阶型的光面爆破开挖方式，利用毫秒雷管分段爆破，电雷管引爆，提高安全性。同时，根据不同种类的围岩调整开挖进尺，Ⅴ级围岩一次爆破进尺控制在 1m 内(2 榀拱架间距)，Ⅳ级围岩一次爆破进尺控制在 2～3m 内(3 榀拱架内)，Ⅲ级围岩一次爆破进尺控制在 4m 内。并根据不同的围岩调整钻孔深度，采取“多钻孔，少装药”的原则进行施工，根据不同的围岩采用不同的施工方法，做到“岩变我变”，在保证安全、质量的前提下，加快施工进度。图 6-13 所示为导洞扩挖炮眼布置示意图，图 6-14 所示为导洞扩挖钻孔施工现场。

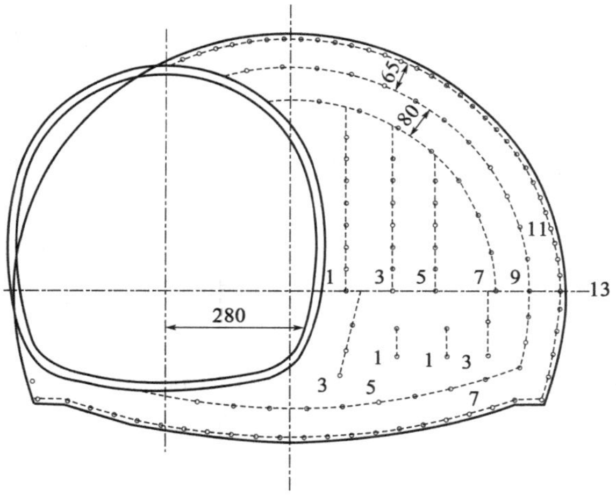

图 6-13　导洞扩挖炮眼布置示意图(尺寸单位：cm)

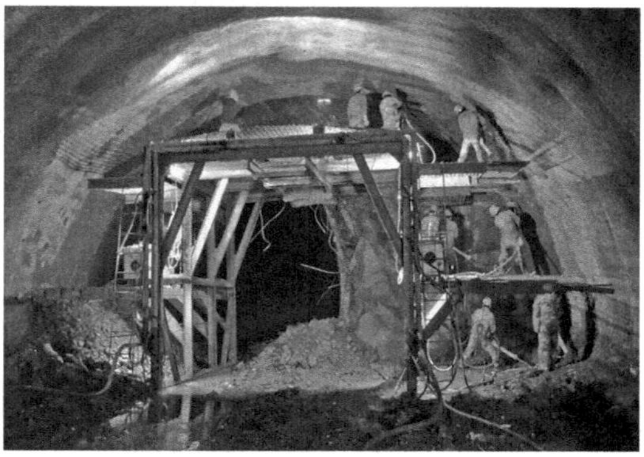
图 6-14　导洞扩挖钻孔施工现场

当已建中导洞没有拱架、仅有挂网锚喷支护时，爆破设计要充分利用导洞形成的临空面，减少装药量，即可实现较好的爆破效果，需要注意的是爆破中应及时根据围岩情况进行调整，从爆破开始对塌方和超欠挖进行控制。

1)爆破参数调整

现场围岩揭露为弱～中风化千枚岩，灰黑色，泥质结构，千枚状构造，主要矿物成分为泥质物、碳质物，次要成分为长石等。岩体较破碎，软质岩，物理力学性质差，无支护时易发生较大坍塌，有小股渗流现象，采用挖掘机可以挖动。图 6-15所示为洞口扩挖段掌子面围岩。

根据不同的围岩调整爆破参数，根据导洞的实际情况，设计围岩等级涉及Ⅴ、Ⅳ、Ⅲ级，围岩情况变化较多，岩石有软有硬，导洞扩挖段多属软岩或次坚岩，情况复杂，所以要根据不同种类围岩选择合理的光面爆破参数。

施工中应按照爆破设计要求，根据具体的岩石情况，调整炮眼深度和装药量，为了在上述软岩中达到每循环进尺 2m 的目标，对不同部位的周边眼进行了调整。调整方案如下：

图 6-15　洞口扩挖段掌子面围岩

(1)周边炮眼深度设置 2m,药量根据具体部位不同填装,药量比钻爆方案减少。

(2)周边炮眼采用深浅结合的方式,间距比正常略小,深浅炮眼间隔设置,浅炮眼深度为深炮眼的 1/2 ~2/3,深炮眼正常装药,浅炮眼药量为深炮眼的一半。

为控制爆破效果,不同部位装药量应根据现场围岩情况进行调整:

(1)在扩挖段上下台阶分界处,根据岩石情况此部分装药量为 0.3 ~0.45kg(2 ~3 卷标准 2 号岩石铵锑炸药)。

(2)在扩挖段右拱腰处,根据岩石情况此部分装药量为 0.15 ~0.45kg(1 ~3 卷标准 2 号岩石铵锑炸药),或者根据岩石情况采取炮眼深浅结合的方式。深炮眼正常装药,浅炮眼深度为深炮眼的 1/2 ~2/3,药量为深炮眼的一半。

(3)在扩挖段左拱腰、拱顶处,根据岩石情况此部分装药量为 0.075 ~0.15kg(0.5 ~1 卷标准 2 号岩石铵锑炸药),或者根据岩石情况适当加密炮眼间距,采取炮眼间隔装药的方式。图 6-16 为洞顶钻爆网络布设,图 6-17 为爆破效果。

图 6-16　洞顶钻爆网络布设

图 6-17　爆破效果

2)爆破优化

采用上述方法爆破后,超挖现象严重,现场针对此问题,对周边眼间隔装药形式进行了调整,炮眼间距不变;对炮眼的深度进行了调整,采用了一深一浅、深浅结合的方式布置炮眼。调整后，爆破效果良好，较好地解决了超挖问题。图 6-18 为优化后的爆破效果。

图 6-18　优化后的爆破效果

6.3.3　洞口导洞扩挖段施工组织

拉脊山隧道导洞扩挖段范围为 K17 + 182 ~ K17 + 980，长度为 798m，导洞扩挖设计为单侧扩挖的方案，主洞中线向右偏移 2.8m，对右侧进行扩挖施工，左侧尽量保持稳定，隧道施工过程中采用两种组织模式进行了功效比较，一种是在导洞内部开辟工作面进行扩挖，另一种是自洞口开始扩挖逐步向前推进，结果是自洞口开始扩挖施工功效高，为优选方案。

拉脊山隧道导洞扩挖首先进行了第一种洞内扩挖的方式，在洞内开辟工作面并向洞内进行掘进，工作面开启后由于导洞较窄，洞内车辆在导洞段挑头、错车困难，很大程度上制约了出渣速度及喷射混凝土拌合料的运输，不能充分发挥机械施工优势。开挖 3 个月，平均每个月开挖进尺 48m，效率低下。

之后停止洞内工作面的施工，由洞口进洞，极大地方便了机械施工，加快了初期支护速度，每个月导洞开挖进尺达到 95m，大大加快了施工速度。

通过两者比较，后者充分利用了机械施工，大大提高了施工效率，节约了成本，取得了不错的效益。

6.4　本章小结

拉脊山隧道隧址区属于海拔严寒地区，海拔高度 3200 ~ 4041m，右线进口段边坡陡峭，地处一条褶皱带上，且前期导洞开挖已经形成单侧偏压，导洞扩挖进洞施工难度大。

隧道建设者因地制宜，根据拉脊山隧道右线进口段地形地质及现场条件，采取了刷坡、打设耳墙、施作超前小导管、分布扩挖、光面爆破等一系列施工措施，并且经过多次调整，对拉脊山隧道软岩施工积累了较好的经验。在不同围岩条件下，爆破后岩石均可以用手掰碎，在此种不利的情况下，基本保证了每循环进尺 2m 的速度，超欠挖控制良好，最终安全完成进洞施工。

第 7 章 陡峻峭壁隧道进出洞施工技术

洞口地形复杂的陡峻峭壁位置隧道进出洞施工,在施工技术方面是一个重大难题。相较于常规隧道进出洞施工,陡峻峭壁位置处开挖双洞隧道出入口时危险性高、施工耗时极长,施工难度很大。如何在安全、经济、环保和高效施工等方面综合考虑,形成合理可行的陡峻峭壁位置隧道进出洞"零开挖"施工技术,是值得深入研究的问题。

本章以济源至阳城高速公路济源段焦树坪隧道进出洞施工技术作为研究主线,根据地形、地质、水文、环境等特点,通过对陡峻峭壁位置隧道进洞施工技术、陡峻峭壁位置隧道出洞施工技术、大断面公路隧道洞内二次衬砌台车拼装技术、高陡边坡隧道洞顶安全防护技术、陡峻峭壁位置隧道进出洞安全环保控制技术等进行总结提炼,为类似工程施工提供借鉴,填补了陡峻峭壁位置隧道进出洞施工技术的欠缺。

7.1 焦树坪隧道工程概况

7.1.1 工程简介

济源至阳城高速公路是河南省与山西省对接的省际高速公路通道之一,其中焦树坪隧道位于太行山南麓,王屋山世界地质公园带,与山西毗邻,地形起伏不平,地势北高南低,隧道进口邻近蟒河分支,出口邻近营盘河,夏季水量较为充沛。隧道进出口均位于狭窄V形深谷中,且均为桥隧相接,隧道进口端接焦树坪大桥,出口端接营盘河大桥。图 7-1 所示为焦树坪隧道进口原地貌,图 7-2 所示为焦树坪隧道出口原地貌。

7.1.2 工程地质条件

隧址区属大起伏中山地貌,地形起伏不平,地势北高南低,山势陡峻,沟谷深切,山间植被茂盛,根系发育。隧址区地面高程 774.5 ~ 1129.3m。

项目区位于二级构造单元——山西中条隆起区的西南边缘、豫西褶皱带的北侧。地质构造的基本特点是燕山期以来的构造运动为主,以高角度正断层及短轴褶皱平缓开阔褶皱构造为主要特征,总体构造线方向以东西向为主,隧址区未经过断裂。

图 7-1　焦树坪隧道进口原地貌

图 7-2　焦树坪隧道出口原地貌

工程区新构造运动以断裂活动和差异性升降为主，差异性升降主要表现为振荡或升降运动，区内卫河、蟒河、沁河等发育有二、三级阶地，且河谷沉积有大量的河流相堆积物，表现了其上升—剥蚀、下降—沉积的轮回。

从当前《华北地震区及地震带划分图》中可看出，济源地处华北地震区太行山前大断裂地震带的西南末端，该地震带历史上曾发生多次 5 级以上地震，具有发震构造。

依据《中国地震动参数区划图》（GB 18306—2015）、《建筑抗震设计规范》（GB 50011—2010），隧址区地震动峰值加速度为 0.1g（g 为重力加速度），地震动反应谱特征周期为 0.25s，按照地震动峰值加速度与地震基本烈度对照表，地震基本烈度为Ⅶ度。

隧道区分属华北地层区，依据区域地质资料及地质勘探资料对比结果，区内上覆地层为第四系全新统（Q_4）的残坡积碎石土，分布不连续，主要分布在坡角处，下伏基岩为太古界（Ar）片麻岩。各地层描述如下：

（1）第四系全新统（Q_4）残坡积土：以碎石土为主，褐黄色，稍湿，中密，碎石含量约 60%，局部富集，母岩成分多以砂砾岩和片麻岩为主，粒径 30～50mm，形状多为次棱角状及棱角状，由粉质结土充填。一般厚度为 0.5～1.1m，多分布于坡角附近。

（2）太古界（Ar）片麻岩：根据钻孔揭露，全～强风化层厚 8.0～15.4m，灰黄色，较破碎，鳞片状中粒变晶结构，片麻状构造，节理裂隙较发育，岩芯多呈 2～18cm 短柱状，取芯率 75%，岩芯锤击声闷；强～中风化层厚 33.0～36.0m，青灰色，细晶质结构，鳞片状中粒变晶结构，片麻状构造，节理裂隙较发育，岩芯多呈 7～24cm 短柱状，取芯率 95%，岩芯锤击声清脆，工程性质较好。下覆中～微风化片麻岩，多为巨厚层状，工程性质良好。

7.1.3　气象和水文地质条件

项目沿线所处区域属于暖温带大陆性季风气候区。受季风环流影响，冬季多偏北风，夏季多偏南风，随着冬夏季风环流影响的转换，春夏秋冬四季分明，春季干旱风沙多，夏季炎热雨量丰沛，秋季晴和日照长，冬季寒冷雨雪少，灾害天气如干旱、干热风、暴雨等时有发生。据济源市气象台观测资料，年平均气温 14.3℃；最冷月为 1 月、平均气温 0.2℃，极端最低气温 -20℃；最热月为 7 月，平均气温 27℃，极端最高气温 43.3℃。年平均降水量 650mm。按照降水分布情况，一年又可分为干、湿两季，冬半年降水量少，夏半年降水量多，降水主要出现在汛期6—9月，占全年降水量的67%。年平均无霜期223d，年平均日照时数2375.4h。

路线所经地区属温带大陆性季风性气候，多年平均降雨量为609mm，历年最大降雨量为1012.7mm，最小降雨量为329.5mm，降雨量年际变化大，夏秋之季，雨量充沛，暴雨过程较多，冬春季节雨雪稀少。年最大降雨量与最小降雨量相差2倍。夏季为山洪多发期，冬季降雨稀少，易发生干旱。

大气降水为线路所经河流的主要补给来源，因此，其特点是水量明显随季节变化，旱季流量很小，雨季流量很大，甚至泛滥成灾，最大流量是最小流量的上千倍。

隧址区地下水类型为松散岩类孔隙水和变质岩类裂隙水，松散岩类孔孔隙水分布在全新统碎石土层，该层含水层富水性一般，含水量受降水影响大，地下水多受大气降水渗入补给。变质岩裂隙水指赋存于元古界片麻岩的构造裂隙、风化裂隙及孔洞中的地下水。

隧道区域内的松散岩类孔隙水，埋藏较浅。其特点是以就地补给，向附近沟谷排泄为其主要形式。由于隧址区内地表切割强烈，故决定了地下水运流途径短、坡度大、水交替迅速的特点。

本区基岩以片麻岩为主，岩石的节理、裂隙发育比较均匀，尤其沟谷内有残坡积物存在时，地下水没有明显的露头，地下水会沿岩石裂隙流入隧道，造成隧道滴水，局部破碎岩体可能会突发涌水现象，雨季降雨会加大这种影响。

路区广大范围内水文地质条件受地质构造条件、含水介质的空隙发育特征所控制，并和地形、地貌、水文等条件密切相关。

7.2 重难点分析

隧道进出洞技术为隧道施工中的重点，以往多采用大开挖方式进行边仰坡削坡作业，这样极易导致边仰坡失稳、坍塌等灾害。焦树坪隧道进出洞的施工重难点及解决措施主要如下：

(1)通过实地勘察，发现隧道洞口均位于陡峻峭壁位置，且深入山体，如进行大高度、大范围的山体削坡，将破坏原有山体稳定，有可能造成洞口仰坡以上山体部分段落失稳，工程施工及后期运营安全隐患极大。根据“早进洞、晚出洞”和“零开挖”的理念，提出并实施了隧道延长的变更，从而减少了山体爆破削坡。

(2)因较大型钻孔设备不具备在陡峻峭壁位置进行钻孔的条件，无法采用常规钻孔方式进行洞口平台钻爆作业，故现场采用小型钻孔机具进行分层分段钻爆方式。同时针对现场不具备实施大管棚的问题，采用了双层超前小导管进洞和出洞工艺。

(3)焦树坪隧道左洞不具备直接进洞的条件，根据左右洞距离较近(30m)，在左右洞之间增设车行横通道，利用车行横通道进行左洞反出洞，解决了左洞无法进洞的难题。

(4)焦树坪隧道洞口段围岩实际为中风化片麻岩，围岩完整性较好，常规反出洞多采用直接爆破出洞方案，受以下两点影响：一是隧道洞口位于峭壁位置，洞顶上方表层围岩稳定性较差，大开挖爆破易造成洞顶上方岩体失稳，出现落石、滑塌等风险；二是隧道洞口与营盘河大桥1号墩的水平距离为55m，高差为50m，直接爆破出洞极易造成墩柱损伤，安全风险极大。

7.3　焦树坪隧道进洞施工技术

7.3.1　施工方法选择

焦树坪隧道设计为分离式公路隧道，左线 ZK38 + 903 ~ ZK40 + 452 段长 1549m，右线 YK38 + 939 ~ YK40 + 501 段长 1562m，洞口段暗洞直接与洞门连接，无明洞过渡段。进口端受地形限制，不具备进洞条件，只能采用出口端单向掘进方式。

如图 7-3 和图 7-4 所示，隧道出口右洞洞口原设计位于斜坡地带，洞门为端墙式洞门，与 T 构桥台相接，桥台与洞口之间纵向间距为 4m。围岩为全 ~ 强风化片麻岩，呈灰绿色或灰黄色，破碎 ~ 极破碎，片麻状构造，节理裂隙很发育。

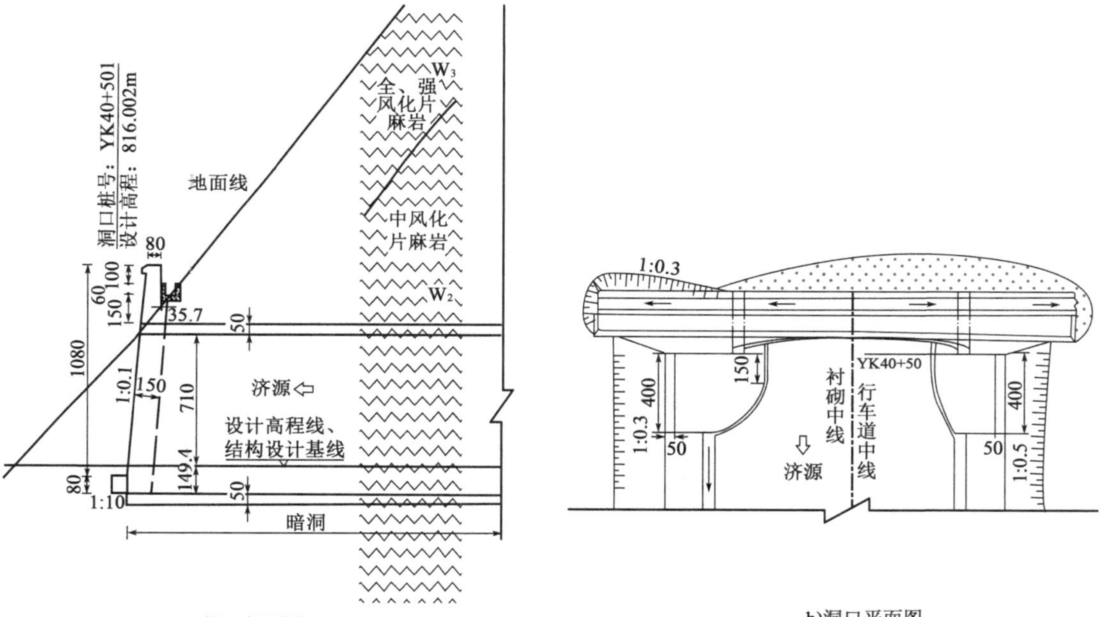

a)洞口侧面图　　b)洞口平面图

图 7-3　隧道右洞洞口侧面及平面原设计图(尺寸单位：cm)

焦树坪隧道出口左右洞位于陡峻峭壁位置，悬壁临河，现场地形十分复杂，具备山陡、沟深、谷窄、临路、近水等特点，隧道进洞施工条件极差。

隧道右洞洞口位于 50m 高陡峻峭壁位置，下临河道，与河道高差约 50m，水平距离约 43m，且洞口深入岩体 6m，洞口段埋深约 20m，隧道不具备直接进洞条件。围岩实际为中风化片麻岩，呈灰绿色或灰黄色，完整性较好，片麻状构造，节理裂隙较发育。

如按原设计方案施工，则存在以下问题：

(1)隧道洞口位于山体内，洞口边仰坡爆破开挖方量大，约 2400m^3，将对山体结构破坏严重，施工耗时较长，对其他工程干扰极大，安全风险极高。

(2)削坡后隧道洞口缺乏作业平台，受洞口场地限制，无法进行大管棚作业。

针对现场问题，通过动态设计和合理方案应用，解决了陡峻峭壁位置隧道进洞问题。

具体如下:

(1)为避免大规模的山体爆破开挖,实现隧道"早进洞",将隧道暗洞进行3m延长,从而减少开挖方量,同时将洞门形式调整为倒削竹,避免了端墙式洞门墙趾对桥台背墙的影响。

(2)针对洞口作业平台问题,采用小型钻孔机具进行分层分段钻爆方式,在洞口峭壁位置爆破出约5m工作平台,在平台下方施作18.6m高多级挡墙,挡墙采用混凝土现浇和浆砌组合形式,从而扩展洞口平台宽度。

(3)通过动态设计将超前大管棚变更为双层超前小导管,利用洞口有限的工作平台,在前期完成超前作业,保证进洞时间和安全。

(4)受洞口场区限制,隧道进洞5m后组拼开挖台车,利用隧道开挖后渣土进行洞口平台挡墙砌筑与墙背回填,解决了陡峻峭壁位置洞口平台砌筑及回填难题;受现场地形影响,洞口平台完成后,宽度仅为13m,为保证台车拼装期间,隧道正常施工,二次衬砌台车采用逐段拼装逐段进洞的方式,解决了二次衬砌台车进洞问题。

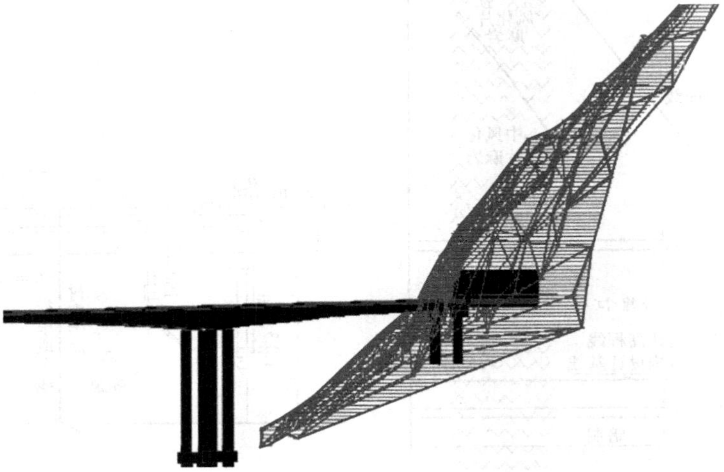

图7-4 隧道洞口位置示意图

7.3.2 陡峻峭壁位置分层分段爆破削坡技术

1)测量放样

按照变更后图纸中给定的洞口边仰坡坡率、平台宽度、明暗洞交界点、边仰坡起点设计高程、宽度,同时结合实际情况,进行洞口边仰坡开口线测量放样;然后根据实际开挖坡线及地形,在距离开挖坡线5m的位置,定为截排水沟和被动防护网位置。根据实际地形情况,防护网位置可做适当调整。

2)危石处理及被动防护网施作

首先安排人员测设、收集山体及周边地形的基本参数,寻找可以攀爬至山顶的路线,为洞顶排危做好准备。然后进行洞顶山坡危石排除,并及时施作洞顶被动防护网。

3)陡峻峭壁位置分层分段爆破施工

为了确保施工安全,最大限度地降低作业难度,结合工程具体情况,采取分层分段松动微差爆破作业方法,如图 7-5 所示。此方法中,选择自由面是关键,通过自由面的选择,可改善抵抗线距离大小的均匀性,最大限度地控制飞石方向;合理布置炮孔和药包,形成多点分散装药方式,避免单孔或单药包的药量过分集中;炮孔深度根据分层方案及现场地形特点,从开口线往下竖向 1.5m 分为一层,横向 2m 分为一段,炮眼深度按 1.5m 控制;清理干净作业面浮渣,避免爆破飞石危及,人员和施工机械的安全。

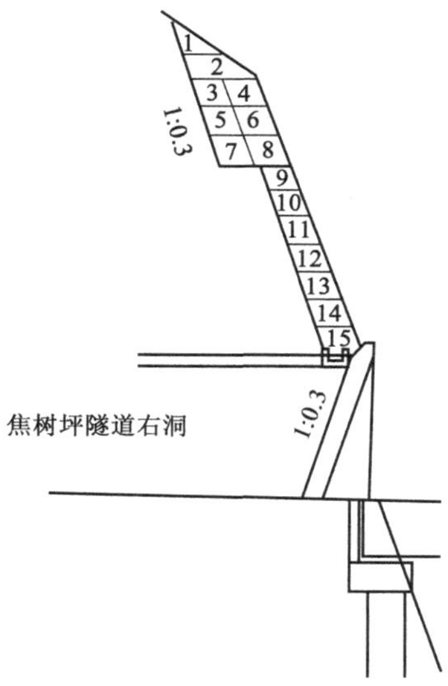

图 7-5　分层分段爆破削坡示意图

4)爆破参数设计

爆破参数取值见表 7-1。采用预裂爆破的线装药密度视岩石性质、钻眼直径和炸药品种而定,对于小直径的岩石炸药,线装药密度一般为 0.12 ~ 0.38kg/m,在实际施工中暂取 0.3kg/m,可通过试验和岩性进行适当调整。单孔装药量 $Q = 0.3 \times 1.5 = 0.45$kg,可根据现场爆破效果对孔距、排距、线装药密度做适当的调整。

爆破参数取值表　　　　表 7-1

参数	钻孔直径(mm)	最小抵抗线(m)	孔距(m)	炮孔深度(m)	超深(m)
数值	42	0.8	0.5	1.5	0.5

为保证爆破效果,应该先对爆破孔进行堵塞,堵塞时先用牛皮纸或编织袋放下堵塞段的下部,再回填黄泥或钻屑。需要注意的是要保持装药段空气间隔,以利于发挥空气对四周孔壁的均匀爆破压力。

为避免爆破振动过大,降低对山体围岩的扰动,故将爆破孔分段起爆,采用 25 ~ 50ms 延时毫秒雷管。根据地形条件,在分段时,每一段的炮孔数应满足振动要求,采用 3 孔同时起爆的方式进行起爆。

5)分层分段爆破施工

(1)布孔设计

炮孔标定必须按照设计好的爆破参数准确地在爆破体上进行标识,不能随意变动设计位置。布孔前应先清除爆破体表面的积土和破碎层,在根据施工测量确定的开口线上进行孔位的布置。

根据地形及爆破削坡后坡面需要,设计钻孔形式为倾斜钻孔,钻孔倾角控制在 70°左右,采用"一"字形布孔,避免在岩质显著变化或起伏地形的凹处布孔。

(2)孔位确定

应根据设计图纸由技术人员确定钻孔平面位置并测量钻孔位置的高程,按技术交底由现场领导安排钻孔,具体要求"准、正、平、直、齐"。

(3)钻孔

由于待爆破山体位于陡峻峭壁位置,且附近也没有通道可以绕行至洞顶爆破处,经过研究后,只能制作简易支架,利用滑轮将潜孔钻设备运至待爆破山体上,然后进行钻孔作业。

钻孔深度一般不得小于0.5m;钻孔要求孔口要端正、规整;钻头离地送风,吹净浮渣;提升钻具时在钻具出孔前停止风转,以防破坏孔口。凿岩遵循“硬岩快打”的原则,在操作过程中做到“一听、二看、三检查”。

钻孔施工中,由于意外原因较多,极易导致孔眼被堵而报废,因此必须重视钻孔检查和堵孔处理工作、防渗水措施。在钻孔过程中,应严格控制钻孔的方向、角度和深度,特别是倾斜度应严格符合设计要求。

钻孔完成后,要及时清理孔口的浮渣,清孔直接采用胶管向孔内吹气,吹净后,应检查炮孔有无堵孔、卡孔现象,以及炮孔的间距、眼深、倾斜度、实际的最小抵抗线是否与设计相符,若和设计相差较多,应对参数适当调整,如果可能影响爆破效果或危及安全生产时,应重新钻孔。先行钻好的炮孔,用编织袋将孔口塞紧,防止杂物填塞炮孔。

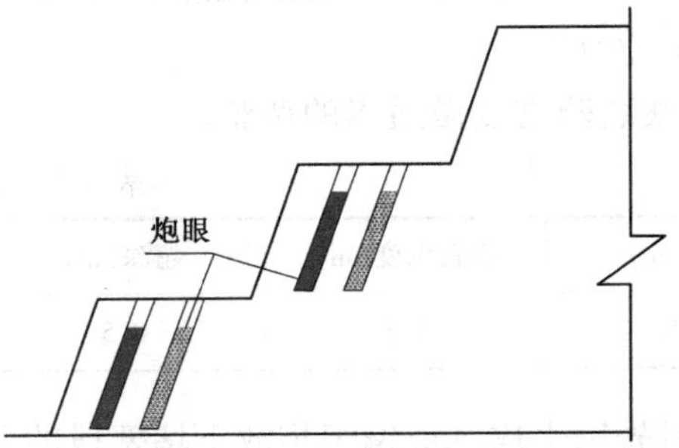

图7-6 炮孔装药示意图

(4)装药结构与填塞

如图7-6所示,采用间隔装药,用直径32mm的标准药卷间隔绑在导爆索上。绑在导爆索上的药串可以再绑在竹片上,缓缓送入孔内,应使竹片贴靠保留岩壁一侧。

装药时,炮孔底部1.0~2.0m区段的装药量应比设计值大1~3倍。取值视孔深和岩石性质而定。接近填塞段顶部1m的装药量为计算值的1/3~1/2。炮孔的其他部位按计算的装药量装药。

采用手工连续装药,当装药长度大于2m时,布置两个起爆药包,一个置于距孔底0.5~1.0m处,另一个置于距药柱顶0.5~1.0m处。

在装药过程中如发现堵塞,应停止装药并及时处理;严禁用钻具处理装药堵塞的钻孔。装药前,要仔细检查炮孔情况,清除孔内积水、杂物。装药过程中应严格控制药量,把炸药按每孔的设计药量分好,边装药边测量,以确保线装药密度符合要求。为确保能完全起爆,起爆体应置于炮孔底部并反向装药。

填塞应注意以下事项:

①填塞材料使用黏土或砂加黏土,严禁用石块填塞。

②为保证填塞质量,药卷安放后应立即进行填塞,每填入0.3m处用木棍或竹竿捣固密实。

③严禁不填塞进行爆破。

(5)起爆网路

根据工程现场实际情况和周边环境等因素,为确保起爆网路的安全传爆、改善爆破质量、减小爆破危害、方便施工操作,浅孔爆破起爆网路采用非电毫秒雷管孔内和孔外相结合的复式延时起爆网络。起爆网路采用塑料导爆管和四通连接,起爆器点火起爆。

(6)爆破安全距离

洞顶削坡爆破为浅孔爆破,根据《爆破安全规程》(GB 6722—2014)规定,露天岩土浅孔爆破施工时,个别飞散物的最小安全允许距离为 200m,在复杂地质条件下或未形成台阶工作面时不小于 300m。因此,在陡峻峭壁位置爆破削坡作业时,以爆破点为圆心,设置大于 300m 范围的警戒线,每次爆破前要对警戒区进行排查,不留隐患,保证施工安全。

(7)爆破安全防护措施

根据爆破周边环境和条件,爆破需防护的安全内容主要为飞石与爆破地震波。因此确保爆破安全防护措施为加强填塞和近体覆盖,严格控制单段起爆药量,做好微差起爆网络,确保爆破振动符合设计要求,所以炮孔填塞要使用细砂和黄泥拌和成的填塞材料填塞,堵孔不小于最小抵抗线。

隧道洞口位于陡峻峭壁位置,较大型钻孔设备运至洞顶困难,且无法在洞顶进行钻孔作业,采用小型钻孔机具(YT28 风动凿岩机)进行洞顶钻孔作业。在爆破削坡过程中,必须最大限度地控制炸药用量,尽量降低爆破振动对山体边坡稳定所造成的不利影响,禁止采用集中装药的大爆破。针对边仰坡爆破削坡采用分层分段钻爆技术,属于浅孔低药量控制爆破,控制爆破冲击波、振动、噪声和飞石,避免对山体围岩完整性造成破坏。

7.3.3 陡峻峭壁位置双层超前小导管施工

通过“小型钻孔机具 + 分层分段爆破”的方法,在洞口峭壁位置爆破出 5m 宽的小平台,根据山体爆破削坡情况,洞口段围岩为中风化片麻岩,呈灰黄色,岩体完整性较好,如图 7-7 所示。

图 7-7 隧道洞口位置围岩情况

由于洞口爆破削坡后仅有 5m 宽的小平台,且洞口位置与沟谷底部高差较大,可利用空间狭小,洞口场地无法施作大管棚。根据现场情况及围岩条件,进行动态设计变更,将超前大管棚支护变更成双层超前小导管支护,解决前期洞口缺乏施工平台、无法进行超前大管棚支护的难题。

(1)双层超前小导管加工与制作

超前小导管在加工车间集中加工,统一配送至洞口。小导管采用 ϕ42mm 无缝钢管,壁厚

4mm，管壁钻注浆孔，孔径8mm，孔间距10cm，呈梅花形布置；小导管末端用作止浆段，30cm范围不钻注浆孔。

（2）双层超前小导管施工

双层小导管超前支护外插角分别为缓倾角10°～15°和陡倾角30°～40°，上下两层交错布置，按拱部120°范围布置。图7-8为双层超前支护设计图，图7-9为洞口段注浆小导管剖面图。

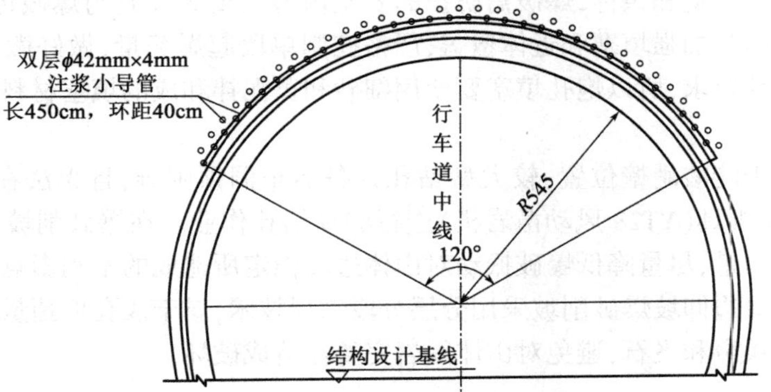

图7-8 双层超前支护设计图（尺寸单位：cm）

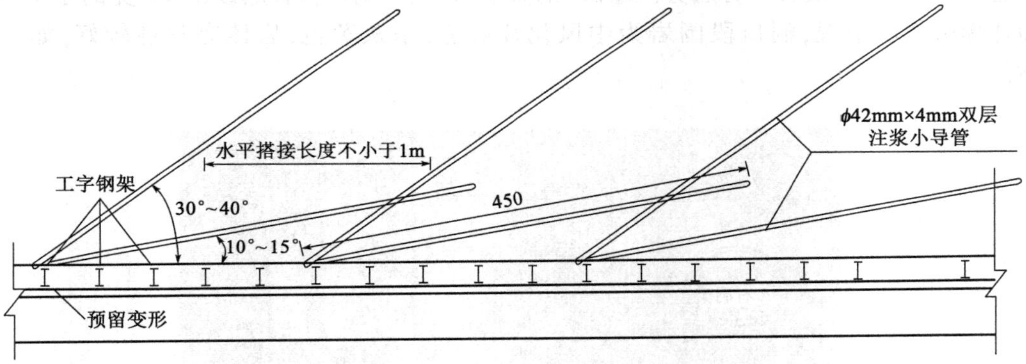

图7-9 洞口段注浆小导管剖面图（尺寸单位：cm）

双层小导管超前支护外插角分别为缓倾角10°～15°和陡倾角30°～40°，超前支护单根长度4.5m，水平搭接长度>1.0m，双层每环67根，纵向间距为3m。

钻孔及小导管安装前应测量放样，在设计孔位点上标记，钻孔点按照双层超前小导管环向间距40cm沿隧道开挖轮廓线布置，并与工字钢腹部钻孔间距一致。根据削坡后岩面判定，洞口岩层为块状片麻岩，小导管难以打入时，利用风枪钻孔，然后插入导管。图7-10为超前小导管施工现场。

开孔时，低速钻进，待成孔几米后再加速钻进，钻孔过程中要随时检查孔位的正确性，严格控制外插角和上仰角，并认真做好钻进过程的原始记录，及时对孔口岩土性质进行判断、描述，钻杆配合钻头进行来回扫孔，清理浮渣至孔底，确保孔径、孔深符合要求，防止堵孔，清除管内积物。

图 7-10　超前小导管施工现场

注浆材料采用纯水泥浆(水灰比为 1∶1);当地下水大时采用水泥—水玻璃双液浆,其参数为:水泥浆∶水玻璃 = 1∶0.8(体积比),水泥浆水灰比为 1∶1,水玻璃模数 m = 2.6、浓度 35° ~ 40°Bé,注浆压力 0.5 ~ 1.0MPa。如围岩裂隙较不发育,整体性较好,可采用水泥砂浆(水灰比为 1∶1),以充填导管孔。

注浆压力初始为 0.5MPa,在注浆压力达到 1MPa 时结束注浆。注浆采取由低孔向高孔位。注浆结束标准:根据设计的注浆参数,从注浆压力、注浆量和注浆时间上来判断是否结束。当注浆压力达到或接近终止压力(0.5 ~ 1.0MPa)时,结束注浆;当注浆压力超过或达到终止压力的 80% 时,若出现较大的跑浆,经间歇注浆后也可结束注浆;当注浆量达到或超过设计注浆量,若导管出现冒浆现象也可结束,注完浆的钢管要立即堵塞注浆孔口。

7.3.4　隧道进口洞口段开挖及二次衬砌台车拼装技术

1)隧道洞口段施工

洞口段围岩为中风化竖向层状片麻岩,灰黄色,岩体完整性较好,但洞前平台仅有 5m 宽小平台,常规施工机具无法作业。因此,通过研究决定采用小型开挖台车作业,采用“双层小导管 + 上下台阶法”方法进洞。图 7-11 所示为隧道洞口段施工现场,图 7-12 所示为小型开挖台车进洞。

图 7-11　洞口段施工

首先进行上半断面开挖,并及时施作初期支护;再进行下半断面开挖,并及时进行初期支护;最后进行仰拱混凝土及二次衬砌,仰拱铺底距离掌子面Ⅰ ~ Ⅲ级围岩不得超过 60m,距Ⅳ ~ Ⅵ级围岩不得超过 35m。

上台阶利用风钻进行钻孔,然后利用光面爆破技术进行爆破开挖。下台阶同样利用风钻进行钻孔，人工进行装药，非电毫秒雷管微差控制爆破，光面爆破开挖施工完毕后，初喷混凝土封闭围岩。待混凝土初凝后，按设计支护参数施作中空注浆锚杆。锚杆安装完，在锚杆外端挂设钢筋网片，复喷混凝土达到设计厚度。

如图7-13所示，开挖爆破后，由于洞前平台空间不足，自卸车无法到达洞口平台处，只能采用挖掘机清理洞内渣石，装载机铲运至便道转弯平台处，进行平台挡墙砌筑和墙背回填使用。

图7-12　小型开挖台车进洞

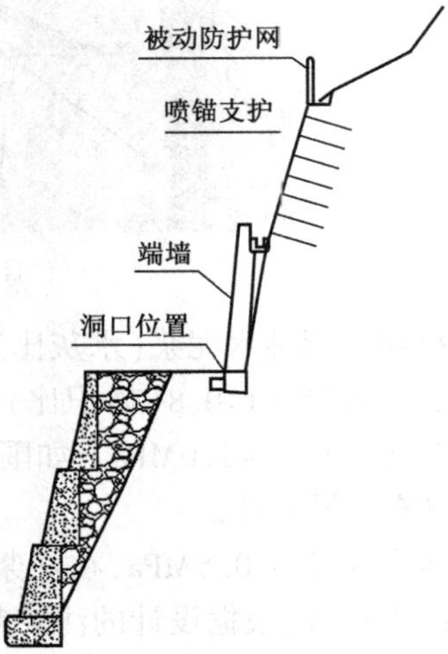

图7-13　洞口段爆破石方用于挡墙砌筑和墙背回填

上下台阶法开挖施工要点包括：

(1)先开挖上台阶并施作初期支护，跳槽开挖下半台阶，施作相应的初期支护，再施作仰拱二次衬砌，施作仰拱回填，待初期支护趋于稳定后施作洞身二次衬砌。

(2)施工中应加强超前地质预报与监控量测，根据量测信息指导隧道施工，若围岩级别与设计不符，应立即调整施工方案。

(3)施工中应遵循“短开挖、强支护、勤测量、早封闭”的基本原则，爆破应采用光面爆破，严格控制施工中的爆破效应，充分保护围岩。

(4)各阶段施工时应注意超前支护施作并不要遗漏预留预埋设施、防排水设施等。

(5)隧道Ⅳ级围岩较好段后行洞的初期支护(封闭成环后)宜超前先行洞的二次衬砌1倍距离开挖宽度以上；两相邻洞室掌子面之间的距离应保持2倍隧道开挖宽度以上。

2)洞口位置二次衬砌台车拼装

洞前平台通过挡墙加固扩宽后也仅有13m，如进行二次衬砌台车拼装，则约15天内无法进行洞内作业。结合现场勘察情况，经研究后决定采用二次衬砌台车分段组拼分段进洞的方法，解决洞前平台空间不足造成的二次衬砌台车拼装问题，保证在二次衬砌拼装的同时基本保证洞内正常作业。

二次衬砌台车拼装步骤如图7-14所示。

(1)进行二次衬砌台车轨道铺设，再进行底纵梁安装，组拼完成台车前半段门架。

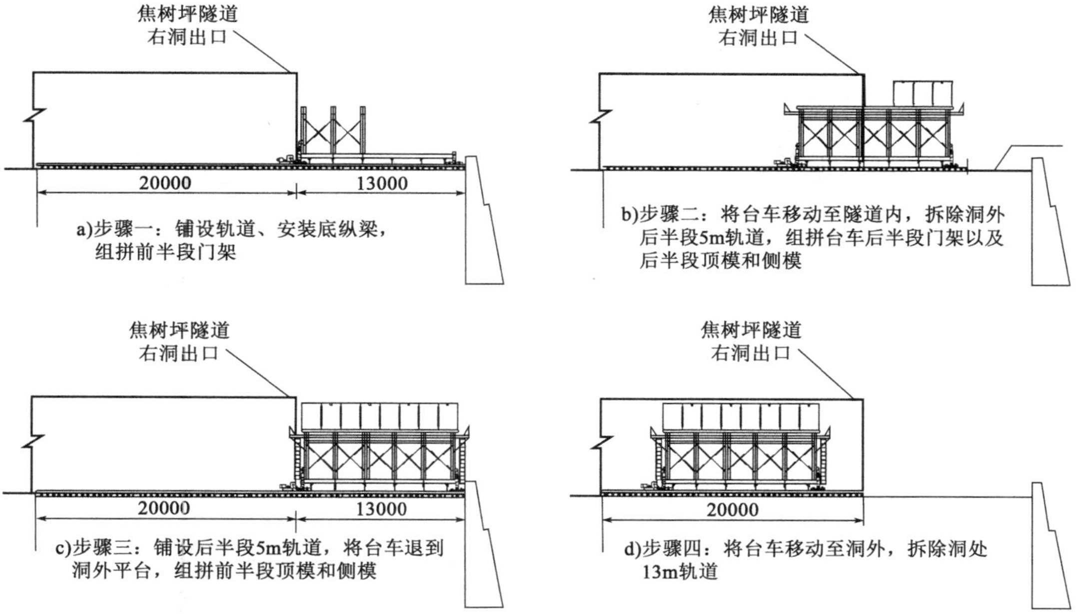

图 7-14　洞口位置二次衬砌台车拼装步骤(尺寸单位:mm)

(2)将二次衬砌台车前半段移动至隧道内,拆除洞外后半段 5m 长轨道,方便车辆进出隧道,同时组拼二次衬砌台车后半段门架及相关结构,并进行后半段台车顶模和侧模安装。

(3)将拆除的洞外后半段轨道重新铺设,二次衬砌台车整体退至洞外,进行台车前半段顶模和侧模组拼。

(4)将拼装完成二次衬砌台车移动至洞内,并拆除洞外轨道。

7.4　焦树坪隧道出洞施工技术

7.4.1　施工方法选择

焦树坪隧道出口左洞洞口原设计位于斜坡地带,洞门为端墙式洞门,与 T 构桥台相接,桥台与洞口之间纵向间距为 1m。围岩为全 ~ 强风化片麻岩,灰绿色、灰黄色,破碎 ~ 极破碎,片麻状构造,节理裂隙很发育。洞口超前支护设计为超前大管棚。

如图 7-15 所示,根据现场勘测发现,焦树坪隧道出口左洞位于陡峻峭壁位置,悬壁邻河,洞口距下方施工便道高差为 29m,与河谷水平距离约 31m,洞口深入岩体 13m,围岩为中风化片麻岩(图 7-16)。左右洞之间山体为凹形槽,无法通过修筑便道将右洞施工平台连接至左洞洞口,洞口左侧为陡崖 + 坡积体构造,无法修筑便道至洞口位置。

针对焦树坪隧道出口左洞不具备进洞条件的问题,在距离出洞口 100m 位置增设车行横通道,利用车行横通道进行左洞反出洞施工,解决峭壁位置隧道无法进洞的难题;同时将超前大管棚变更为双层超前小导管。

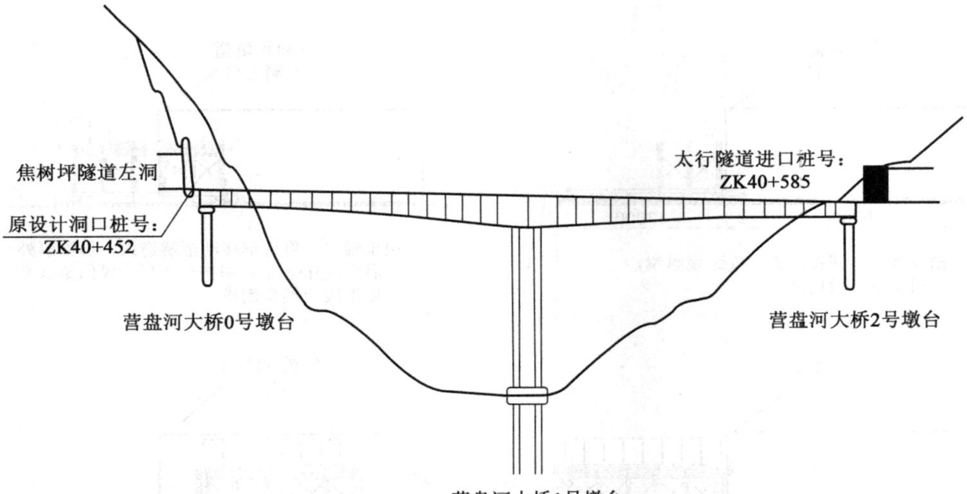

图 7-15 焦树坪隧道左线现场复测情况

图 7-16 洞口岩面情况

常规反出洞多为直接爆破出洞，受焦树坪大桥 1 号墩影响，同时为减少爆破振动对山体的影响，反出洞采用“上下台阶 + 分次爆破”的方案，台阶爆破为先下后上，逐层推进，最后 1m 采用机械破碎，降低爆破振动，减少出洞对下方墩柱的影响。

左线桥隧相接，桥台及隧道洞口均位于陡峻峭壁位置且深入山体，爆破削坡方量极大，约 5400m^3。为避免进行大高度、大范围的爆破削坡，减少对原有山体的破坏，秉持“早进洞”和“零开挖”理念，因地制宜，提出并完成了“隧道延长、桥梁进洞、桥变隧不变、桥隧相结合”的设计优化和施工，解决了陡峻峭壁位置隧道出洞口削坡方量大、安全风险高的难题。

7.4.2 陡峻峭壁位置隧道出洞开挖施工

1) 车行横通道施工

如图 7-17 所示，增设的车行横通道全长 30m，距离洞口 100m 位置，位于Ⅳ级围岩内。围岩为中风化片麻岩，灰黄色，岩体完整性较好。横通道采用复合式衬砌，施作初期支护后断面尺寸为宽 5.8m、高 6.97m。

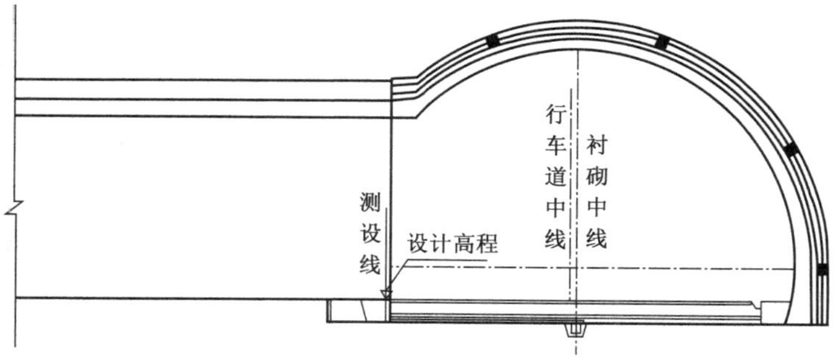

图 7-17　车行横通交叉洞口段结构示意图

考虑主线隧道开挖支护已对周边围岩产生扰动，不宜同时进行横通道开挖支护。将右线主洞继续施工超过横通道位置 30m，停止主线隧道的掌子面掘进，隧道掘进过程中，隧道二次衬砌要及时跟进，二次衬砌施工至距离横通道一模距离，开始进行横通道施工。

在横通道与主线隧道相交处，横通道断面范围内的主线隧道初期支护时预留一定空间，钢拱架可正常架设，但钢筋网、锚杆以及喷射混凝土不施工，以免横通道进洞时再进行拆除，造成人工、材料、机械的消耗和主线隧道初期支护的扰动。

如图 7-18 所示，在横通道开挖时，洞顶岩体为悬空状态，故在主线隧道施工时，须对隧道横通道断面范围拱部处的钢拱架进行加固，交叉口钢拱架安装在双拼 I22b 工字钢纵向托梁上，工字钢为初期支护的加劲措施，其纵向布置间距为 1.0m，钢拱架纵向以 ϕ22mm 钢筋焊接连接，连接筋环向间距为 1.0m。双拼 I22b 工字钢纵向托梁施作前，必须先在设计位置施作 ϕ22mm 锁脚锚杆，锚杆单根长 3m。

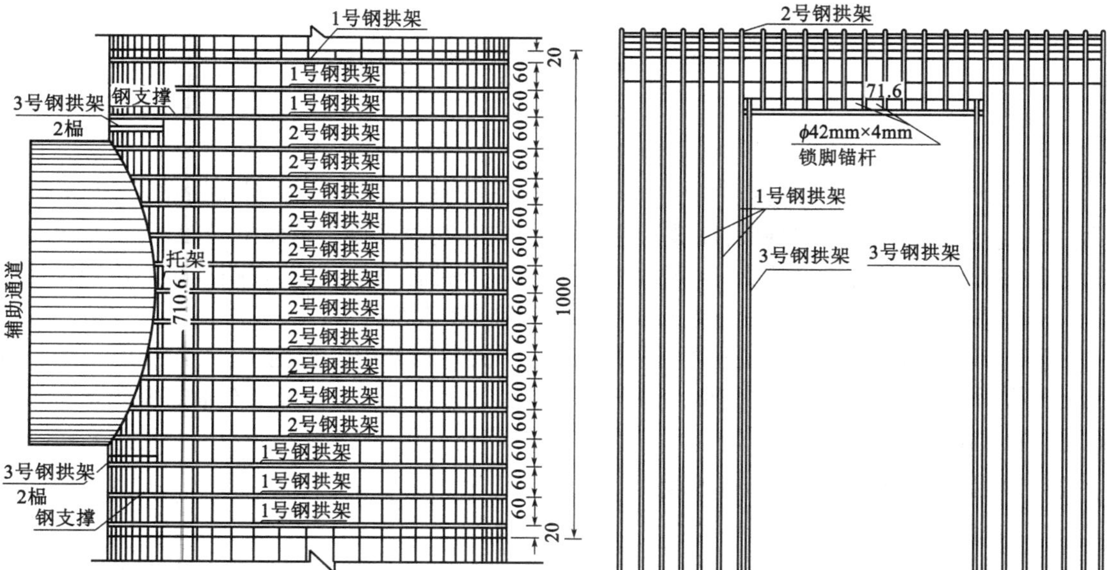

图 7-18　车行横通交叉洞口段结构图(尺寸单位：cm)

2)横通道洞身开挖

隧道横通道洞身开挖前先进行测量放样,按照设计要求做好施工测量、放样工作,放出横通道中线、边墙及封闭门位置和高程,用以控制横通道边墙位置、底面及拱顶高度。图 7-19 为车行横通道设计图。

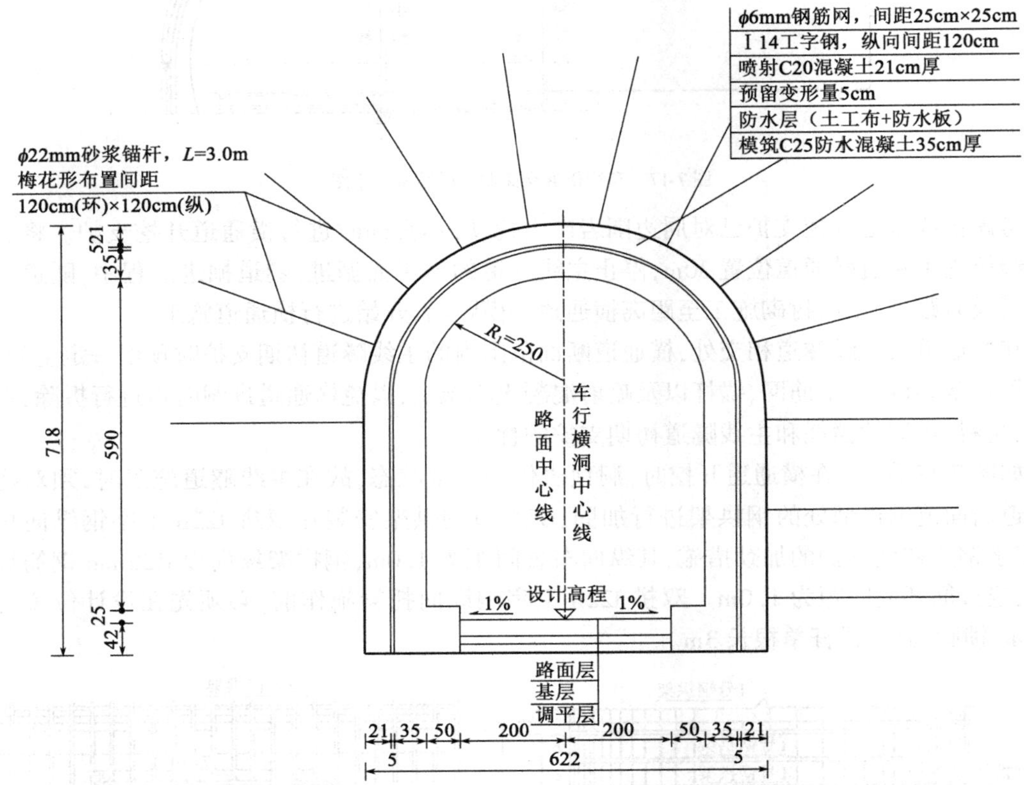

图 7-19　车行横通道设计图(尺寸单位:cm)

横通道采用全断面开挖方法施工,开挖后及时进行初期支护。采用风钻钻孔,人工装药后,非电毫秒雷管微差控制爆破,爆破开挖施工完毕后,初喷混凝土封闭掌子面围岩,并及时安设钢拱架或格栅钢架,按设计支护参数施作系统锚杆和铺挂钢筋网片,复喷混凝土达到设计厚度。开挖爆破后,采用挖掘机配合装载机装渣,使用自卸汽车运输。

根据实际情况考虑,该通道先不开展防排水、二次衬砌分项工程施工,主要考虑一是防排水及二次衬砌施作后通道净空变小,不利于大型施工机械通行;二是施工车辆需要频繁穿梭该通道,对成品保护需要增加成本。

3)陡峻峭壁位置隧道出洞开挖

(1)超前支护

反出洞超前支护变更为双层超前小导管支护,考虑隧道左线出口采用反出洞方法,因此,双层小导管只能由洞内向洞外反向施打。

双层小导管施工过程参照陡峻峭壁位置隧道进洞施工技术研究中的施工方法,但施工过程中需要注意以下几点：

①反出洞双层小导管由洞内向洞外反向施打。

②由于出洞方向山体覆盖层逐渐变薄，可能会出现小导管打穿山体后外漏现象。为保证施工质量及反出洞施工安全，外露出岩体部分的小导管长度不大于 30cm，且不钻注浆孔，避免压浆过程中浆液漫流至山体以外。待隧道洞身二次衬砌施作完毕后，在洞门施作时利用混凝土将外露部分的小导管进行埋设。

(2)洞身开挖

隧道洞口段反出洞施工安全风险最高，因此洞口段施工采取短进尺 + 上下台阶 + 分次爆破的方式进行施工。开挖进尺每循环控制在 0.6m(1 榀钢拱架间距)。预留出洞口处 1～1.5m 段采用机械破碎法施工。

①采用上下台阶 + 分次爆破开挖法施工。

洞口段围岩属于中风化片麻岩，裂隙较发育，完整性较好，采取上下台阶 + 分次爆破技术，台阶爆破为先下后上，每榀逐层推进，开挖后及时施作初期支护；最后浇筑仰拱混凝土及施作二次衬砌，仰拱铺底距离掌子面不得超过 35m。爆破炮眼布置如图 7-20 所示，爆破顺序为①→②→③。

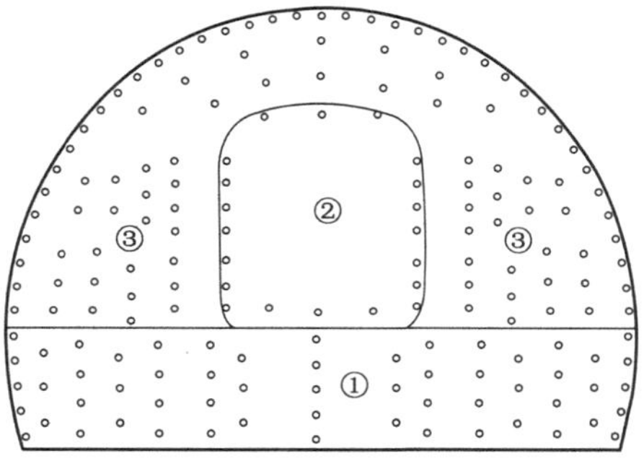

图 7-20　炮眼布置图

注：①～③为爆破顺序号。

a. 开挖主要施工步骤为：

a)首先对下台阶进行爆破施工。采用风钻成孔，下台阶一次爆破成形，通风满足要求后及时清渣。

b)下台阶施工完成后，进行上台阶掏槽眼爆破。因下台阶已爆破完成，掏槽眼可存在 2 个临空面，提高了爆破效果，减少了炸药用量。

c)进行上台阶辅助眼和周边眼爆破。因下台阶和上台阶掏槽眼已爆破完成，辅助眼和周边眼爆破可产生 3 个临空面，有效地减少了炸药用量，提高了爆破效果。

d)爆破完成后，检查爆破后掌子面情况。在下一循环爆破时及时修整掌子面。

b. 施工注意事项如下：

a)由于该方法是用于隧道出口 20m 段的爆破施工，爆破施工时要选用爆速低的炸药(采用 ϕ32mm 乳化炸药药卷)。为更好地实现微差爆破采用非电毫秒雷管，同时要按照设计的爆破药量、密集系数 K、炮孔直径、炮眼间距等参数进行控制，采取分次分段爆破方式，减少炸药量，避免发生意外。

b)隧道采用台阶法开挖，施工中先开挖下断面，然后开挖上断面，每循环进尺 1 榀钢拱架，整个断面开挖完成后及时施作初期支护并封闭成环。

c)施工过程中应加强超前地质预报与监控量测，根据量测信息指导隧道施工，若围岩级别与设计不符，应立即调整施工方案。

d)施工中应遵循"短开挖、强支护、勤测量、早封闭"的基本原则，严格控制施工中的爆破效应，充分保护围岩。

e)各阶段施工时应注意施作超前支护并要预留防排水设施等。

②洞口段预留 1～1.5m，采用机械破碎法施工。

洞口预留 1 ~ 1.5m，掌子面开挖采用机械破碎，严禁使用火工品进行爆破作业，主要是为避免爆破引起飞石、滚石对营盘河大桥 1 号墩和山体稳定性造成影响。

③主要施工步骤为：

a. 由于洞口坡面陡峻，且岩体为块状片麻岩，施工中先在洞口右侧利用机械破碎在上台阶进行侧壁导洞施工，掏凿 3 ~ 4m^2 的导坑洞。

b. 为保证洞口段围岩整体稳定性，避免因开挖洞口后使周边围岩应力释放形成坍塌隐患，因此在出洞口 1 ~ 1.5m 段开挖前，至少完成洞口段 24m 洞身二次衬砌后方可进行出洞施工。

c. 初期支护完成后，利用导坑洞作为施工平台，采用湿喷机械手臂伸出洞外进行洞外边仰坡的喷射混凝土施工，避免由于洞口开挖引起岩体振动发生事故。

d. 边仰坡喷射混凝土完成后，再破除上台阶其他部位岩体。破除岩体要注意自拱顶依次破碎至拱腰。挖开后要及时进行初期支护并施作锁脚锚杆，确保施工安全。

e. 待上台阶施工结束后，再利用机械破碎分别进行左右侧下台阶施工，初期支护流程及步骤按照设计图纸进行。

出洞口 1 ~ 1.5m 段机械破碎过程如图 7-21 所示。

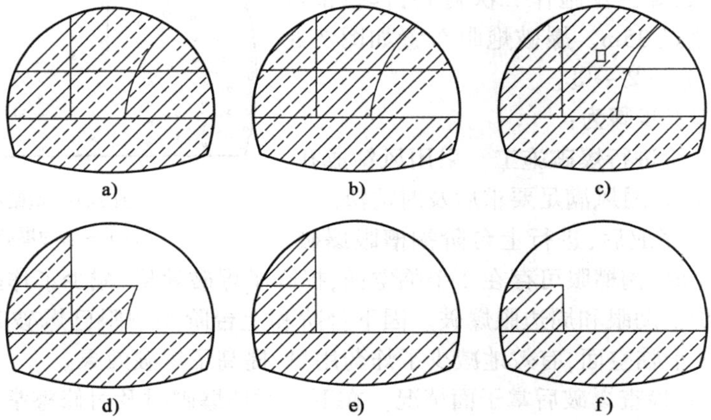

图 7-21　出洞口 1 ~ 1.5m 段机械破碎示意图

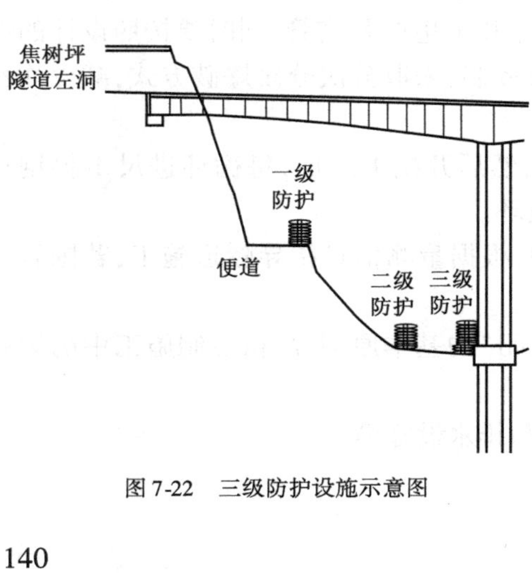

图 7-22　三级防护设施示意图

④洞口外侧防护措施。

由于场地条件限制，焦树坪隧道左线出口端出洞施工洞渣滚落危险性较大，施工中对便道、河道挡墙、营盘河大桥左幅 1 号墩等对应位置设置了具有三级防护作用的防撞设施，设施总体布设如图 7-22所示。

a. 一级防护：焦树坪隧道左洞洞口下方便道外侧设置 3m 高砂袋作为防护墙，沿便道外侧防撞墩进行布设，长度 30m。砂袋堆码按横纵向分层交错布置。

b. 二级防护：沿河道挡墙靠山坡侧，设置 3m

高砂袋作为防护墙，堆码长度约 40m，砂袋堆码按横纵向分层交错布置。

c. 三级防护：营盘河大桥左幅 1 号墩小桩号侧和左侧两面，分别设置 3m 高砂袋，作为第三级防护，避免滚石对墩柱、承台可能造成的影响。

⑤洞顶监控量测。

测量人员应根据设计及规范要求对洞顶地表沉降、拱顶沉降等参数进行监控量测，并及时反馈数据，避免出洞施工发生危险。如监测值超出警戒值，应立即启动应急预案，根据预案等级做出响应，降低安全事故发生的概率。

7.4.3　桥隧相接位置施工

如图 7-23 所示，隧道洞口段有 8m 仰拱加深，仰拱开挖深度 5.5m、宽度 12.92m。分左右幅爆破施工，采取分层分段爆破开挖；左右幅各分 2 个断面爆破开挖，每个断面分 3 层爆破至设计高程。洞口部位预留 1m 采用机械破碎，严禁使用雷管进行爆破作业，主要是为避免爆破引起飞石砸伤隧道外部行人及机械设备。

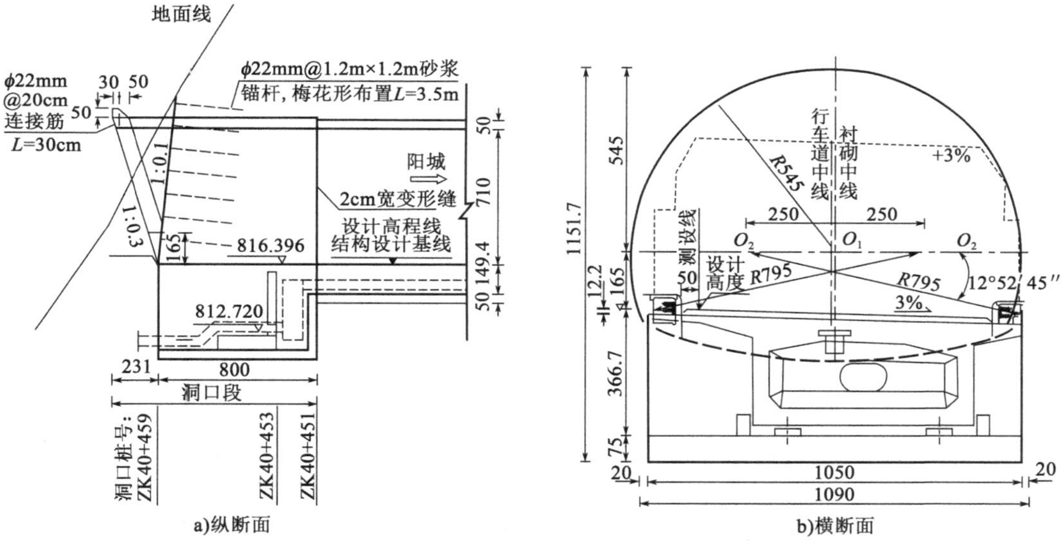

图 7-23　桥隧相接段纵、横断面设计图（尺寸单位：cm）

为加深仰拱采取边开挖边支护，每层开挖完成后及时按照设计图纸施作初期支护，钢支撑由 I20a 工字钢组成，纵向间距 0.6m；钢架间设纵向连接筋，内外交错布置，环向间距为 1.0m。各开挖台阶分界处每处打设两根锁脚锚杆（ϕ42mm、长度 4m 钢管），将锁脚锚杆和钢架焊接牢固以加强初期支护的稳定性。图 7-24为桥台位仰拱开挖平面示意图。

主洞口上台阶施作完成后，即开始加深仰拱施作，预留主洞口下台阶部分，作为对山体外侧防护措施之一，加深仰拱爆破 A 号坑第一层后及时清渣，完成初期支护，然后进行 B 号坑第一次爆破，洞渣回填到 A 号坑第一层，然后完成初期支护，以此方法

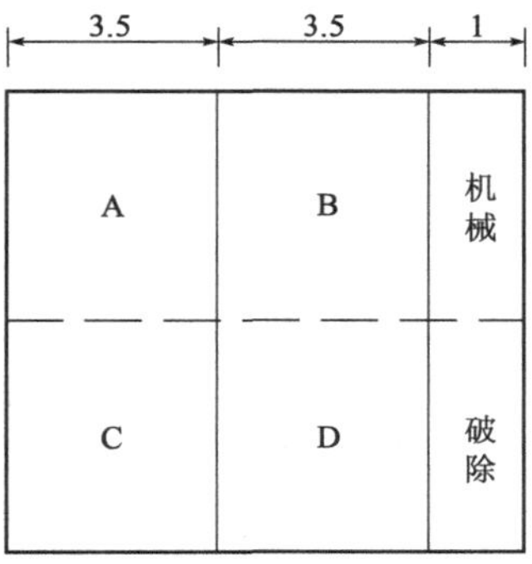

图 7-24　桥台位仰拱开挖平面示意图（尺寸单位：m）

循环施作,完成剩余加深段仰拱开挖及初期支护。加深仰拱每开挖一层,同步进行预留 1m 段的机械破碎开挖并及时完成初期支护,最后清理洞渣。

加深仰拱开挖完成后,桥隧相接的断面和底面必须进行断面清理,确保开挖断面符合设计尺寸,满足条件后及时施作加深仰拱的二次衬砌。考虑桥台交叉施工干扰,二次衬砌浇筑至正洞仰拱最低高程位置停止浇筑,待桥梁 16 号梁及合龙段浇筑后,在进行剩余加深仰拱的二次衬砌浇筑。

7.4.4 高陡边坡隧道洞顶安全防护技术

隧道洞口位于陡峻峭壁位置,洞顶以上坡面斜率约为 1:0.4,存在较多的裸露基岩,围岩稳定性较差,如下方进行爆破施工,受爆破振动影响,可能造成滚石、滑塌等安全事故,因此在隧道施工前,必须进行人工排危,并做好洞顶安全防护工作。现场通过“人工排危 + 被动防护网防护”的方式,有效地解决了隧道施工及后期运营期间的洞口安全问题。

安全防护工艺流程:施工准备→人工清坡、排危→测量放线→基础施工→基座及锚杆安装→钢柱及拉锚绳安装与调试→支撑绳安装与调试→柔性网的铺挂与缝合→格栅铺挂→完善性工序。

1)施工准备及人工清坡、排危

对上山道路进行勘察,选择安全合理路线作为登山便道,宽度不小于 60cm,对选择的线路修整为台阶状,方便人员攀登作业,便道外侧采用绳索将树木进行连接,树木较远位置中间布设立杆,绳索施作上下两层,保证人员攀爬安全。

对坡面上可能因施工活动引起崩塌、滚落而威胁施工安全的危石、枯木等要清理干净,对生长状况良好的树木予以保留,危石清理过程中,施工人员要采取安全防护措施。

2)测量放线

由于现场条件复杂,测量放线需要注意以下两个方面:

(1)系统的横向位置应根据落石可能达到的范围在设计时确定,不得改变。

(2)钢柱的设计柱间距通常允许有 20% 的调整量。当系统的设置走向上有局部沟槽存在时,应调整柱间距避免将钢柱设置在沟槽内,以保证系统在任何位置处的拦截高度符合要求,此时系统底部的悬空部分可以采用额外的柔性网来进行封闭。

3)基础施工

(1)基座坑和锚杆坑的施工

基座坑和锚杆坑的施工应遵守下列规定:

①挖基座坑和锚杆坑前,应根据设计要求和底层岩性,定出坑位,并作出标记。

②基座坑、侧拉锚杆孔、中间加固拉锚绳钻孔尺寸、位置等应符合设计要求。

③锚杆孔深偏差应符合下列要求:

a. 对水泥砂浆钢筋锚杆,孔深误差不宜大于 ±50mm。

b. 对钢绳锚杆,孔深应比设计锚杆长度大 50 ~ 100mm,孔深不得小于设计锚杆长度。

④锚杆孔径应符合下列要求:

a. 钢筋锚杆孔径应大于杆体直径 15mm。

b. 双股钢绳锚杆孔径应大于钢绳2倍直径加12mm。

c. 其他股数钢绳锚杆孔径应符合设计要求。

(2)预埋锚杆注浆

预埋锚杆注浆宜采用机械注浆,并应遵守下列规定:

①注浆开始或中途停止超过30min时,应用水或稀水泥浆润滑注浆罐及其管路。

②注浆时,注浆管应插至距孔底50~100mm,随砂浆的注入缓慢匀速拔出;杆体插入后,若孔口无砂浆溢出,应及时补注。

③钢绳锚杆应在杆体插入孔后内再注浆。

④杆体插入孔内长度不应小于设计规定的95%。锚杆安装后,不得随意敲击,3d内不得悬挂重物或进行下道工序施工。

(3)基座安装

将基座搬运到基坑位置后,将基座套入地脚螺栓,用水平尺测量基座的水平度,若基坑安装面不平整时用水泥砂浆将其垫平,待水泥砂浆凝固到能承受力时,将螺母拧紧,基座面的水平误差不大于5mm,基座底面与基坑混凝土安装面必须完全接触,若有缝隙,必须用水泥砂浆将缝隙补满。在安装基座时,要注意基座的安装方向。

4)钢柱及拉锚绳安装与调试

受现场地形条件限制,钢柱等材料均为人工搬运至洞顶,逐段进行安装。钢柱间距为9m,钢柱与拉锚绳同时安装。在安装完成后,通过改变拉锚绳张拉段的长度来将钢柱调整到设计的安装倾角。钢柱及拉锚绳在安装前锚杆砂浆至少要已经过3d的凝固期。具体施工顺序如下:

(1)将钢柱顺坡向上放置并使钢柱底部位于基座处。

(2)将上拉锚绳的挂环挂于钢柱顶端挂座上,然后将拉锚绳的另一端与对应的上拉锚杆环套连接并用绳卡暂时固定(设置中间加固和下拉锚绳时,同上拉锚绳一起安装或待上拉锚绳安装好后再安装均可)。

(3)将连接板按正确方向用M28×100mm的螺栓与钢柱连接,并拧上螺母。注意螺母不能拧得太紧,连接板要能够转动。

(4)将钢柱缓慢抬起并对准基座,然后将连接板另一端插入基座中,插入连接螺栓,并拧紧。

(5)通过上拉锚绳来按设计方位调整好钢柱的方位,拉紧上拉锚绳并用绳卡固定。

(6)侧拉锚绳及中间加固锚绳安装同上拉锚绳。

5)支撑绳安装

上支撑绳通常必须在柔性网铺挂前安装,下支撑绳先于柔性网安装。支撑绳的安装必须满足其设计位置要求,同时必须事先将减压环调整到正确位置,否则一旦支撑绳张紧后,其位置就不易改变。支撑绳安装就位后,必须予以张紧。当为双支撑绳时,宜按相反的方向对两根支撑绳各自同步张拉,避免单向张拉时钢柱发生明显倾斜;当为单支撑绳时,宜在张拉的同时对已发生明显倾斜的钢柱调整复位,避免钢柱进行二次调试。具体安装顺序如下:

(1)将第一根支撑绳的挂环端暂时固定于端柱(分段安装时为每一段的起始钢柱)的底

部，然后沿平行于系统走向的方向调直支撑绳并放置于基座的下侧，并将减压环调节就位（邻近钢柱的减压环边距钢柱约 50cm）。

（2）在第二根钢柱处，用绳卡将支撑绳固定悬挂于挂座的外侧；在第三根钢柱处，将支撑绳放在挂座内侧；如此相同安装支撑绳在基座挂座的外测和内侧，直到本段最后一根钢柱并向下绕至该钢柱基座的挂座上，再用绳卡暂时固定。

（3）再次调整减压环位置，当减压环全部正确就位后拉紧支撑绳并用绳卡固定；再次调整减压环位置，当减压环全部正确就位后再次拉紧支撑绳并用绳卡固定。

（4）第二根上支撑绳和第一根的安装方法基本相同，区别在于从第一根支撑绳的最后一根钢柱向第一根钢柱的方向反向安装，且减压环位于同一跨的另侧。

（5）在距减压环约 40cm 处用一个绳卡将两根上部支撑绳相互并结（仅用 30% 标准紧固力）。

6）柔性网的铺挂与缝合

（1）柔性网的铺挂

柔性网的起吊就位方法根据现场施工情况，采用简易起吊滑轮组、钢丝绳、粗麻绳、电动葫芦等，配合人力条件完成。先用一根起吊绳（钢丝绳或专门准备的粗麻绳）穿钢丝绳上缘第三排左右的网孔，一端固定在临近钢柱的顶端，另一端穿过悬挂固定在上支撑绳上的起吊滑轮组并使尾端垂落到地面附近；拉动起吊绳尾端，直到钢丝绳网上缘上升到上支撑绳水平为止，再用绳卡将柔性网与上支撑绳暂时松动连接，也可将柔性网与下支撑绳暂时连接以确保缝合时更为安全，此后起吊绳可以松开抽出。重复上述步骤直到全部柔性网暂时挂到上支撑绳上为止。侧向移动柔性网使其位于正确位置。

（2）柔性网的缝合

从系统的一端开始，先将缝合绳中点固定在每一张网的上缘中点处支撑绳上。从中点开始各用一半缝合绳向两侧逐步将网与两根支撑绳缠绕在一起，直到用绳卡将两根支撑绳并结在一起之后，用缝合绳将网与不带减压环的一根支撑绳缠绕在一起；当到达柱顶挂座时，将缝合绳从挂座的前侧穿过（不能缠绕到挂座上），转向下继续将网与相邻网边缘或支撑绳（上支撑绳的与钢柱平行的单绳段）缝合缠绕在一起直到基座挂座；同样从挂座的前侧穿过并转向该张网后继续缠绕不带减压环的一根下支撑绳直到并结两根支撑绳的绳卡之处，从这里开始又用缝合绳将网与两根下支撑绳缠绕在一起，直到跨越钢绳网下缘中点 1m 为止；最后用绳卡将缝合绳与柔性网固定在一起，绳卡应放在离缝合绳末端约 0.5m 的地方。缝合绳的另一半从网上缘中点开始向右缝合，直到与另一张网交界的地方转向下将两张网缝合在一起，当到达下支撑绳时转向该张网并与两根支撑绳缠绕在一起，最后使左右侧的缝合绳端头重叠 1.0m。

7）格栅安装及完善性工序

格栅安装是采用小网孔普通钢丝格栅时的最后一道安装工序。格栅与柔性网间采用钢丝扎结，并宜翻越网顶上沿适当宽度，避免落石冲击时格栅被轻易坠拉下来。此外，格栅下部通常宜留有一定富余，使其自然平铺在网后地面上，避免拦截下来的小块岩石从网底可能存在的悬空处外泄。

系统安装完毕后，有条件时宜用土或小石块将平铺在地面上的格栅压住，避免落石将格栅向上掀起。

7.5　陡峻峭壁位置隧道进出洞安全环保控制措施

7.5.1　施工安全控制措施

（1）严格按照“早进洞，晚出洞”和“零开挖”理念，针对现场特殊复杂情况，寻求安全、最优施工方案。

（2）对所有施工人员开展安全思想教育，牢固树立“安全第一”的思想，坚持“安全生产、预防为主”的方针。建立健全安全施工制度、规程和操作细则和组织机构，对每一项工序进行施工方案和安全技术措施交底工作。

（3）所有现场施工人员挂牌上岗并配备齐安全的防护用品。施工时在明显的位置树立施工安全标志牌，实施井口 24h 值班制度，严禁非生产人员进入施工场地。

（4）高边坡施工作业人员按要求佩戴好相应的防护用具，严禁违规作业。

（5）吊放物品用的电动葫芦、钢丝绳及吊桶等在使用前要仔细检查，消除一切安全隐患。

（6）加强火工品管理，设立爆破施工临时领导小组，严格按照《爆破安全规程》（GB 6722—2011）进行作业。精心组织，严密施工，加强工作责任心，杜绝爆破事故的发生。一旦出现安全事故，爆破工程人员应保持冷静的头脑，分析发生事故的原因，找出解决问题的办法，采取最合理的处理措施并及时排除安全隐患，将损失降到最低程度。

（7）根据施工班人员组和工程实际情况，编制详细的安全操作规程、细则，分发至施工班组，组织人员逐条学习、落实，抓好“安全五同时”（计划、布置、检查、总结、评比生产与安全工作同时进行）和“三级安全教育”。

7.5.2　施工环保控制措施

（1）施工前组织对全体员工进行生态资源环境保护知识学习，增强环保意识，强化环保宣传和思想教育工作，使环保意识全面深入人心，使每个员工都能真正认识环保的重要意义。

（2）由环保工程师组织相关管理人员对施工可能对环境产生的污染进行分析，制订针对性的防污染措施，并在施工过程中监督实施。

（3）严格遵守当地政府关于二级林地保护区的管理规定，尽量减少林业用地。

（4）施工中产生的污水采用三级沉淀池进行处理，处理达标后，向指定的地方排放。控制施工注浆过程中使用的水泥浆的泄漏量，并对进入隧道排水系统中的注浆废液进行净化达标处理。

（5）生产生活垃圾按要求进行集中处理，不乱丢乱弃。

（6）针对现场特殊地形，延长隧道洞长，从而减小边坡开挖影响范围，保护山体稳定和周边地表植被。

（7）隧道弃渣按指定位置和设计堆放要求堆放，并对弃渣展开合理的二次利用。焦树坪隧道因围岩条件较好，前期爆破开挖的石渣，用于洞口平台挡墙墙背回填和挡墙砌筑，后期开挖的优质石渣用于碎石加工，从而达到减少林业占地、保护环境、资源重复利用、节约成本的目的。

(8)在现场施工过程中,施工人员的生产管理符合施工技术规范和施工程序要求,不违章指挥,不蛮干。对不服从统一指挥和管理的行为,按处罚条例严格执行。

(9)对场区内施工道路进行硬化处理,并在晴天经常对施工通行道路进行洒水,防止尘土飞扬,污染周边环境。

7.6 本章小结

本章以济源至阳城高速公路焦树坪隧道工程施工为依托,在对国内外相关技术进行研究分析并进行施工实践的基础上,形成了陡峻峭壁位置隧道进出洞施工技术、大断面公路隧道二次衬砌台车洞内拼装技术、高陡边坡隧道洞顶安全防护技术、陡峻峭壁位置隧道进出洞安全环保控制技术等多项关键技术。具体研究成果包括:

(1)陡峻峭壁位置隧道进洞施工技术

①贯彻“早进洞,晚出洞”和“零开挖”理念,将隧道左右洞均进行变更延长,从而避免了山体的大规模削坡爆破,降低了对原有山体的破坏,符合绿色安全环保理念,节约了成本。

②针对洞口作业平台问题,采用小型钻孔机具进行分层分段钻爆方式,在洞口峭壁位置爆破出约5m工作平台。在平台下方施作18.6m高多级挡墙,挡墙采用混凝土现浇和浆砌组合形式,从而扩展洞口平台宽度,保证了后续施工的正常进行。

③通过动态设计将超前大管棚变更为双层超前小导管,利用洞口有限的工作平台,在前期完成超前作业,保证了进洞时间和安全,降低了施工难度,节约了成本。

④受洞口场区限制,隧道进洞5m后组拼开挖台车,利用隧道开挖后石渣进行洞口平台挡墙砌筑与墙背回填,解决陡峻峭壁位置洞口平台砌筑及回填难题,实现了资源的合理利用,节约了成本。

⑤受现场地形影响,洞口平台完成后,宽度仅为13m,为保证台车拼装期间,隧道正常施工,二次衬砌台车采用逐段拼装逐段进洞的方式,解决了二次衬砌台车的进洞问题。

(2)陡峻峭壁位置隧道出洞施工技术

①针对焦树坪隧道出口左洞不具备进洞条件的问题,项目创新思维,在距离出洞口100m位置增设车行横通道,利用车行横通道进行左洞反出洞施工,解决了峭壁位置隧道无法进洞的难题,同时取得了显著的经济效益。

②常规反出洞多为直接爆破出洞,受营盘河大桥1号墩影响,同时为减少爆破振动对山体的影响,反出洞采用“上下台阶+分次爆破”的技术,台阶爆破为先下后上,逐层推进,最后1m采用机械破碎,降低爆破振动,减少出洞对洞顶岩体和下方墩柱的影响,保证了安全出洞。

③左线桥隧相接,桥台及隧道洞口均位于陡峻峭壁位置且深入山体,爆破削坡方量极大,约5400m^3,为避免进行大高度、大范围的爆破削坡,减少对原有山体的破坏,秉持“早进洞”和“零开挖”理念,因地制宜,提出并完成了“隧道延长,桥梁进洞,桥变隧不变,桥隧相结合”的设计优化和施工,解决陡峻峭壁位置隧道出洞口削坡方量大,安全风险高的问题,同时约节约了成本。解决了焦树坪隧道工程建设中的施工难题,可为类似工程提供一定的参考。

(3)高陡边坡隧道洞顶安全防护及进出洞安全环保控制措施

①隧道出口位于陡峻峭壁位置,悬壁邻河,山顶坡面斜率约为1:0.4,洞顶上方存在较多

的裸露危石,如下方进行爆破施工,山体受爆破振动影响,可能会发生巨大的安全事故。现场通过“人工排危+被动防护网防护”的方式,有效地解决了隧道施工及后期运营期间的洞口安全问题。

②结合施工实践,提出了陡峻峭壁位置隧道进出洞在安全和环保等方面的控制措施,最终焦树坪隧道顺利实现了进洞和出洞,隧道各项控制指标满足相关要求。

第 8 章

软塑、流塑状地层隧道洞口段施工技术

当隧道穿越软塑与流塑状不良地层时，倘若对不良地质处治不当，不仅会影响隧道施工安全和隧道结构的稳定，也会导致隧道周边山体地表恶化。我国现阶段在软、流塑状地层的隧道施工中往往采取过于保守的对策，或采取过于盲目的手段，导致工期、成本及施工安全难以控制。如何对不良地质段采取行之有效的加固手段成为软塑、流塑状不良地层隧道修建的关键难题之一。因此有必要对于软塑、流塑状不良地层隧道施工进行更深入的研究。

本章以京藏高速公路西宁南绕城路段南西山隧道工程施工技术作为研究主线，根据地形、地质、水文、环境等特点，针对洞口段软塑、流塑状地层，总结出一套较为合理的施工方法。通过对类似工程对比分析，合理选择施作框架支挡结构并对边坡进行加固；采取暗洞明做施工方式，取得了本工程的成功。本工程的这种施工方法在国内隧道施工中尚属首例。针对洞口段软、流塑状地层，采用帷幕注浆施工，通过帷幕注浆施工技术研究，总结出一套前进式、后退式注浆施工工艺。通过对南西山软塑流塑状地层隧道洞口段施工技术进行总结，为今后类似软塑流塑状地层隧道洞口段施工提供施工经验，丰富此类隧道工程施工中的技术手段。

8.1 工程概况

8.1.1 工程简介

北京至拉萨线西宁南绕城高速公路工程（简称“南绕城公路”）是青海省“十二五”重点建设项目之一。南西山隧道工程在西宁南绕城公路工程总承包项目部第五合同段范围内，位于西宁市城东区南西山村北，隧道进口位于南西山村，进口段隧道轴线走向约 2750m，出口在兰家沟，洞口段隧道轴线走向约 2700m。隧道设计为分离式，左线长 860m，里程范围为 ZK28 + 180 ~ ZK29 + 040；右线长 840m，里程范围为 YK28 + 190 ~ YK29 + 030，见表 8-1。

南西山隧道明暗洞分界里程表 表 8-1

隧道位置	明洞（一）	暗　洞	明洞（二）
隧道左洞	ZK28 + 180 ~ ZK28 + 203	ZK28 + 203 ~ ZK29 + 025	ZK29 + 025 ~ ZK29 + 040
隧道右洞	YK28 + 190 ~ YK28 + 223	YK28 + 223 ~ YK29 + 015	YK29 + 015 ~ YK29 + 030

8.1.2　工程地质条件

隧址区位于西宁盆地，属构造侵蚀低山丘陵区，地形起伏较大。在地质构造上位于祁、吕、贺“山”字形构造体系的西翼弧形褶皱带部位，总体褶皱形态表现为复式向斜构造。西宁市位于其复式向斜中的后子河—西宁背斜轴部末端。在燕山运动中，本区发生了断裂凹陷，形成了许多山间盆地，沉积了较厚的第三系泥岩；喜马拉雅运动使第三系地层发生了平缓的褶皱和断裂，以后受长期的侵蚀和剥蚀，堆积了较厚的第四系地层。受基底断块凸起影响，第三系地层形成轴向南北，并向北封闭之鼻状背斜构造，两翼产状平缓。断裂、构造及褶皱不发育，无区域性断裂、无全新活动断裂构造通过。

南西山隧道左洞 ZK28 +202 ~ ZK29 +085 段小里程端为一冲沟，南侧为一宽缓的冲洪积阶地，西侧为一山梁，隧道进口段上部依山建有一条乡村公路，根据现场调查，西部山梁上部为黄土、下部泥岩，乡村公路内侧泥岩出露。根据勘察资料，冲洪积阶地段地层岩性为粉质黏土，含水率高，达饱和状态，厚度为 10.2 ~ 40m；下伏第三系泥岩，上层为强风化泥岩夹砂岩，乡村公路处埋深 19m，基岩顶面西高东低。

隧道主要穿越的地层有第四系全新统填土、第四系上更新统风积粉质黏土层，基岩为第三系棕红色泥岩。各地层特征分述如下：

(1)填土

上部以杂填土为主，下部以素填土为主。杂填土，灰黑、灰褐等杂色，松散，主要由建筑垃圾碎石、水泥渣、砖块及黏性土组成。素填土：浅黄色、灰黄色，松散，主要由黄土组成，结构松散。杂填土：层厚为 0.30 ~ 6.00m，平均厚度 2.18m。素填土：层厚 0.50 ~ 9.50m，平均厚度 6.86m。

(2)粉质黏土

主要分布于隧道进口地段和洞身，软塑为主，局部流塑，属弱透水层。黄、灰黄色，成分主要以粉粒为主，厚度 10.2 ~ 40m，平均厚度 21m。

(3)全风化泥岩

主要分布于隧道进口地段和洞身 40m 范围内，揭露层厚为 5.3 ~ 20m，浅灰色 ~ 红褐色。泥质结构层状构造，岩芯多呈泥状，少量呈碎石状，大多夹有 10 ~ 15mm 厚的石膏芒硝薄层，局部夹有 20 ~ 30cm 厚粉砂质泥岩，受石膏芒硝层、粉砂质泥岩的影响，脉状水发育。

(4)强风化泥岩

主要分布于隧道出口局部地段和洞身中段顶部(本次勘察未能揭穿该层)，棕红色，泥质结构，节理裂隙发育。岩芯多呈短柱状、碎石状，上部夹有石膏层，白色为主，其主要矿物成分为石膏，含有伊利石、蒙脱石等黏土矿物。

8.1.3　水文地质条件

隧址区水文地质条件极为复杂，地下水发育，地下水埋深 0.6 ~ 6.3m，同时该段地层上部填土极为疏松，中部粉质黏土层属弱透水层，下部泥岩相对隔水，使中部粉质黏土处于饱和、过饱和状态。由于泥岩地层中的化学成分主要是易溶盐，在地表水渗流时，泥岩地层中的易溶盐被溶解、带走，造成泥岩地层结构的破坏，其地基承载力被削弱而降低，甚至会出现一些易溶盐被溶解后的空洞。

(1)地表水

隧址区无较大地表径流通过,仅在雨季有少量水流,地表水少量来自村庄生活用水。

(2)地下水

该段地下水的出露具有明显的水平方向性,特别是在石膏层、粉砂质泥岩区层,出水明显。地下水部分未探明,对隧道施工影响严重。

8.2 重难点分析

南西山隧道穿越的软塑、流塑状粉质黏土层的最大特点是含水率高、渗透性差、强度低、变形大、固结时间长、压缩性高,并有触变性、流变性和很强的不均匀性。层间夹的薄层粉土、粉细砂构成地下水的水平通道,使该层含有较多地下水,经试验测定进口段粉质黏土天然含水率 $w=40\%\sim60\%$。

南西山隧道进出洞的重难点主要表现在以下几个方面:

(1)围岩自稳能力极差。不能形成有效的承载拱,若超前支护措施不当,在开挖过程中易坍方,严重时可能发生涌泥现象,使施工无法进行。

(2)掌子面难以稳定。掌子面前方的地面沉降难以控制,过大沉降易引起地面开裂,甚至坍陷,影响施工安全;在村庄,地面沉降过大,易造成民房等建筑物开裂,危及建筑物安全,居民正常生活受到影响。

(3)围岩几乎无自承能力。若初期支护强度不足,易产生较大变形,严重将导致初期支护垮塌。

(4)基底承载能力不足。易导致仰拱不均匀沉降,产生开裂或隆起。软、塑状地层隧道施工存在较大的安全风险,必须选择合理的开挖方法,并采取适当辅助措施加固围岩,减小围岩变形、控制地表沉降,保证地表房屋管线不受施工影响。

8.3 洞口段施工方案选择

8.3.1 南西山洞口段地质条件

南西山隧道左洞 ZK28 +203 ~ ZK28 +243 段,平均埋深 15.5m,左侧明洞开挖线与民房之间的距离只有 20m,经补勘显示本段穿越粉质黏土,下伏第三系泥岩。

粉质黏土层以软塑为主,局部流塑,天然含水率 $w=45\%$,属弱透水层,黄、灰黄色,成分主要以粉粒为主,厚度为 22 ~ 40m,平均厚度为 25m。图 8-1 为左线洞口施工现场。

a) b)

图 8-1 南西山隧道左线洞口施工现场

8.3.2　施工方案比选

针对本段地质特点,提出三种施工方案:

方案一:帷幕注浆。

方案二:采用暗洞明做,进行放坡开挖。

方案三:采用水泥土(Soil cement) + 钢管桩(Steel pipe pile) + 横撑(Stull)工法桩(简称"SSS 工法桩")支护,再进行暗洞明做施工。

三种施工方案的优缺点见表 8-2。

三种施工方案优缺点对比表　　表 8-2

方案序号	施工方法	费用	工期	特点
方案一	帷幕注浆	每延米 5.3 万元	每循环 1 个月,需施作 2 个循环,开挖 1.5 个月,共 3.5 个月	工艺较成熟、适应性强
方案二	暗洞明做 + 放坡开挖	开口线超出红线范围,需要进行拆迁,拆迁费用需 1000 万元	暗洞明做需要 2 个月,但征地拆迁进展缓慢,工期受征地拆迁影响,变数较大	暗洞明做施工质量易控制,放坡开挖施工风险减小
方案三	SSS 工法桩 + 暗洞明做	每延米 7.75 万元	边坡加固 1 个月,暗洞明做1.5 个月,共 2.5 个月	投资少、工期可控,施工质量易控制

由表 8-2 可看出,方案三投资较少,工期可控,质量易控制。通过对三个方案的对比分析,确定采用方案三。

8.4　南西山洞口段 SSS 工法桩参数设计

8.4.1　SSS 工法桩简介

SSS 工法桩是一种新型的工法桩支护技术。SSS 工法桩在基坑开挖线外施作钢管桩、横撑,形成框架支护结构;在两侧施作粉喷桩(或水泥搅拌桩、高压旋喷桩等);用水泥土作为固化剂,增加土体的稳定性,并起到防渗的作用,形成一体复合式支护结构。该技术充分利用了水泥土稳定性、抗渗性好及框架支护结构刚度大的特点,通过两者的复合作用,形成基坑挡土防水的支护结构。

8.4.2　SSS 工法桩参数确定

框架形支挡结构由钢管桩 + 工字钢桁架横撑组成。钢管桩采用直径 529mm、壁厚 10mm 的螺旋钢管,沿明洞外侧 1m 布置,每侧两排,排间距 53cm,钢管桩纵向间距为 1m,纵向及两排钢管桩之间均采用 ϕ150mm × 4mm 钢管焊接成整体。钢管桩内灌注 C15 混凝土,钢管桩施作深度 24m。两侧钢管桩间采用 I20 工字钢桁架横撑连接,形成框架结构,横撑施工前先开挖至距拱顶 1m 高的位置。

针对隧道两侧、纵向的软塑与流塑状粉质黏土层,分别采用粉喷桩、高压旋喷桩进行加固处理。南西山隧道明洞加固设计图如图 8-2 所示。

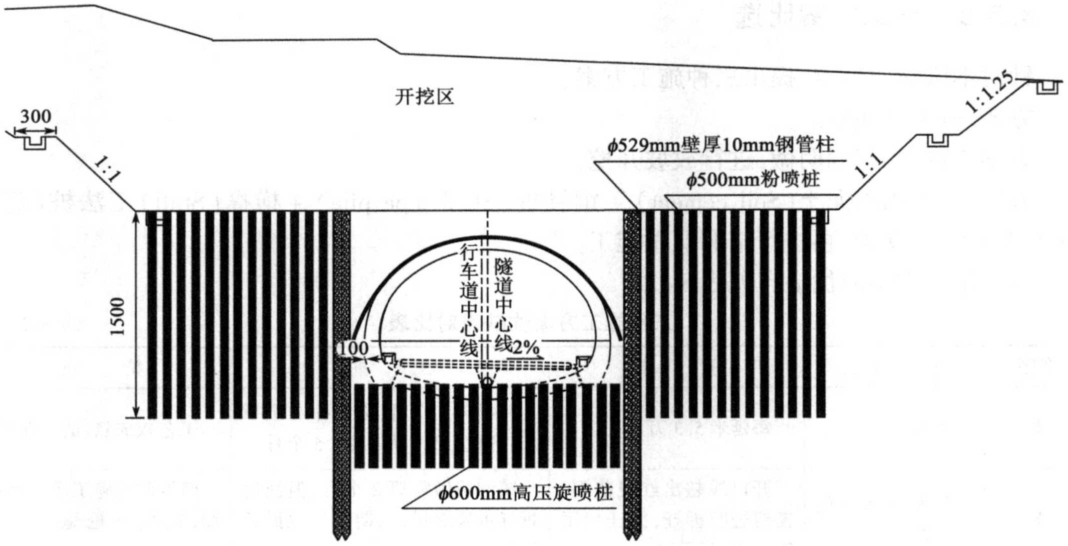

图 8-2　南西山隧道明洞加固设计图

粉喷桩加固范围为隧道两侧 15m 范围内，加固深度至隧道拱底以下 2m，使隧道两侧土体形成格栅状水泥稳定土加固体，提高结构的稳定性。粉喷桩设计参数确定常采用工程类比法、试桩试验法来确定，采用试桩试验法工期较长，所以本项目采用工程类比法确定设计参数。

高压旋喷桩的单桩强度、地基加固强度优于粉喷桩，所以在仰拱及纵向加固区边缘 5m 范围内，采用高压旋喷桩进行加固，SSS 支护桩的设计参数见表 8-3。

SSS 支护桩设计参数表　　表 8-3

项　目	粉喷桩技术参数	高压旋喷桩技术参数
桩径	50cm	60cm
桩长	15m	加固至拱底以下 5m
桩间距	纵横向间距均为 100cm，梅花形布置	纵横向间距均为 100cm，梅花形布置
水泥型号	P·O 42.5 级普通硅酸盐水泥	P·O 42.5 级普通硅酸盐水泥
布置范围	明洞两侧 15m 范围内	加固区向大里程 5m 范围、拱底

8.5　SSS 工法桩施工技术

8.5.1　洞顶土体开挖施工

根据地勘资料，隧道洞顶 2m 以上为回填土，稳定性较好，采取放坡开挖。洞口开挖至距拱顶 2m 的位置，每 6m 设置一个 2m 宽的平台，平台上设置平台排水沟，将水沿平台排至路基截水沟。

洞口开挖采用施工机械，自上而下分层进行，每层开挖高度不大于 2m，严禁上下垂直开挖，采用挖掘机与自卸汽车配合装运施工。开挖时首先利用挖掘机挖出一条机械爬坡道，供自卸汽车配合装运使用，开挖渣土由自卸汽车运至弃渣场。施工顺序为先中部拉槽，再两侧修边，最后人工修整边坡成形。边坡每开挖一层，要及时进行边坡防护一层。放坡开挖现场情况如图 8-3 所示。

图 8-3　洞顶土体开挖施工

8.5.2　钢管桩施工技术

(1) 打桩设备

采用履带式液压锤。

(2) 钢管桩加工

每根钢管桩长 24m，分两节进行加工，每节长 12m，钢管桩尖采用闭口形，首节钢管桩尖加工成锥形。两节钢管桩采用内套钢管进行连接，内套钢管采用 ϕ500mm × 9mm 内套钢管进行接长，接长管长度为 1.2m，两头搭接长度不小于 50cm。第二节钢管在场地内焊接好内套钢管。

(3) 平整场地

施工前对施工场地进行平整，在起重机位地面进行硬化平整处理，便于起重机工作；锁口钢管桩位地面进行平整处理便于钢管桩位的放样和插打。

(4) 施工放样

放出隧道边线及钢管桩中心线所在位置。

(5) 打桩

打桩工艺流程为：桩机安装→桩机移动就位→吊桩→插桩→锤击下沉、接桩→锤击至设计深度→内切钢管桩→精割、戴帽。

(6) 钢管连接

在第一节打入距地面 0.5m 时，进行第二节焊接。第二节焊接前，应将首节钢管顶部变形损坏部分进行修整或切除。为确保焊接牢固，焊接操作必须严格遵循相应的焊接技术规范，并保证焊缝不突出管壁，以防止下管困难。

(7) 灌注混凝土

在钢管桩全部施工完毕后，在钢管内灌注 C15 混凝土。施工完成的钢管桩如图 8-4 所示。

图 8-4　施工完成的钢管桩

8.5.3　工字钢横撑

钢管桩施工完毕后，开挖至距拱顶 1m 的位置，施作 I20 工字钢横梁，横梁连接头根据所接钢管桩外圆弧形状进行切割，以使型钢与钢管桩密贴牢固焊接。上下工字钢采用 I16 工字钢连接，横撑纵向采用 I16 工字钢连接。施工完成的框架形支挡结构如图 8-5 所示。

图 8-5　框架形支挡结构

8.5.4　粉喷桩施工技术

(1) 放桩定位

利用全站仪配合经纬仪测放轴线和桩位，用竹签或钢筋绑定，并在顶端涂红色油漆标记。

(2) 桩机就位

用起重设备悬吊运搅拌机到达指定桩位并调整机身对中，当地面起伏不平时，应注意使起吊设备保持水平。使用全站仪对垂直度进行监测，保证钻杆的垂直度，垂直偏差不得大于 1.5%，桩位偏差不得大于 5cm。

(3) 预搅下沉

启动搅拌机电机，放松起重机钢丝绳，使搅拌机沿导向架搅拌切土下沉，下沉的速度由电机的电流监测表显示。

(4) 上提喷粉

为保证桩底喷粉质量，当搅拌头到达设计桩底以上 1.5m 时，开启喷粉机提前进行喷粉作业，喷粉搅拌头提升至距离地面1.0m时采用慢速。当喷粉搅拌头提升至距地面500mm时喷粉机停止喷粉。严格控制喷粉高程与停喷粉高程，其间不得中断喷粉，确保桩体喷粉长度，严禁在尚未喷粉的情况下进行钻杆提升作业。

(5)下钻搅拌

搅拌头一边下沉一边搅拌，同时严格按照设计确定的提升速度提升搅拌头，提升速度不超过0.5m/min。

(6)复搅

粉喷桩施工时水泥粉是通过钻机空心钻杆送至钻头外侧向喷嘴喷进软土中的，喷嘴在喷水泥时的运行轨迹是由转杆的自转和提升的直线运动复合而成的螺旋线，喷出的水泥粉无法与土充分掺和，必须进行复搅。图8-6所示为粉喷桩施工现场。

实践证明：相同水泥含量下，复搅一次比不复搅的7d强度提高50%以上，增幅明显；复搅两次比复搅一次的强度提高10%左右。结合工程地层含水率较高的地质条件，确定采用复搅两次作为成桩的施工要求，复搅转速为30~50r/min。

(7)提钻、移机位

边提钻、边搅拌，提钻的速度一般为0.50~0.6m/min，达到整平面后停搅，此时制桩完成。

(8)成桩检测

成桩7d后，开挖桩头深1.5m进行外观检查，桩体直径达到设计要求，外观成桩性良好，但桩芯不完整；在成桩28d后取芯试验，芯样完整性好，取4根桩进行抗压强度试验，测定无侧限抗压强度值在0.9~1.3MPa之间，符合设计要求。图8-7所示为成桩桩头现场检测。

图8-6　粉喷桩施工

图8-7　成桩桩头检测

8.5.5　高压旋喷桩施工技术

1)机械设备选择

高压旋喷桩施工分为单管法、二重管法、三重管法，不同施工方法适用的桩径范围、水泥用量也不相同。不同方法的适用范围见表8-4。

高压旋喷桩不同方法适用范围　　表8-4

施工方法	喷射材料	适用桩径范围(m)	水泥用量(kg/m)	施工速度(cm/min)
单管法	只喷水泥浆液	<0.6	<200	20
二重管法	喷水泥浆液和空气	0.6~0.8	<300	10~20
三重管法	喷水泥浆液和空气及高压水	1.0~1.2	>400	10~20

根据设计参数:桩径为 0.6m,水泥用量为 350kg/m,所以实际工程中选择二重管法进行施工。

2)施工工艺

(1)钻机定位

移动旋喷桩机到指定桩位,将钻头对准孔位中心,同时将钻机调平,放置平稳、水平,钻杆的垂直度偏差不大于 1% ~1.5%。就位后,首先进行低压(0.5MPa)射水试验,用以检查喷嘴是否畅通,压力是否正常。

(2)制备水泥浆

桩机移位时,即开始按设计确定的配合比拌制水泥浆。首先将水加入桶中,再将水泥和外掺剂倒入,启动搅拌机搅拌 10 ~20min,再拧开搅拌桶底部阀门,将搅拌水泥浆进行第一道筛网(孔径为 0.8mm)过滤,过滤后水泥浆流入浆液池;然后通过泥浆泵泵送进入第二道过滤网(孔径为 0.8mm)过滤,第二道过滤后水泥浆流入浆液桶中,待喷浆时使用。

(3)钻孔

当第一阶段贯入土中时,可借助喷射管本身的喷射或振动贯入。其过程为:启动钻机,同时开启高压泥浆泵低压输送水泥浆液,使钻杆沿导向架振动、射流成孔下沉;直到桩底设计高程,观察工作电流不应大于额定值。

(4)提升喷浆管、搅拌

在达到设计深度后,接通高压水管、空压管,开动高压清水泵、泥浆泵、空压机和钻机进行旋转,并用仪表控制压力、流量和风量,分别达到预定数值时开始提升,继续旋喷和提升,直至达到预期的加固高度后停止。

(5)桩头部分处理

当旋喷管提升接近桩顶时,应从桩顶以下 1.0m 开始,慢速提升旋喷,旋喷数秒,再向上慢速提升 0.5m,直至桩顶停浆面。

(6)按上述第(4)、(5)步重复喷浆、搅拌,直至喷浆管提升至停浆面后,关闭高压泥浆泵、空压机,停止水泥浆和风的输送,将旋喷浆管旋转提升出地面,关闭钻机。

(7)清洗

向浆液罐中注入适量清水,开启高压泵,清洗全部管路中残存的水泥浆,直至基本干净,并将黏附在喷浆管头上的土清洗干净。

(8)移位

移动桩机进行下一根桩的施工。

(9)补浆

喷射注浆作业完成后,由于浆液的析水作用,一般均有不同程度的收缩,使固结体顶部出现凹穴,及时用水灰比为 1.0 的水泥浆补灌。

3)成桩检测

成桩 7d 后,开挖桩头深 0.5m 进行外观检查,外观检查结果:桩体直径达到设计要求,外观成桩性良好,旋喷桩体中土体颗粒与水泥浆液混合较均匀,在土层中形成具有一定强度的固结体。经试验检测,地基承载力达到 330kPa,满足设计要求(设计要求为不小于 300kPa)。

图 8-8所示为高压旋喷桩施工现场，图 8-9 所示为高压旋喷桩加固后效果，图 8-10 所示为洞身高压旋喷桩加固后效果，图 8-11 所示为地基承载力检测现场。

图 8-8　高压旋喷桩施工

图 8-9　高压旋喷桩加固效果

图 8-10　洞身高压旋喷桩加固效果

图 8-11　地基承载力检测

8.6　暗洞明做施工方案

南西山隧道暗洞明做的开挖、支护顺序如图 8-12 所示。工序包括台阶一开挖、台阶二开挖、施作 SSS 工法桩支护结构、上台阶施工、下台阶施工、施作仰拱和二次衬砌。

（1）台阶一、台阶二开挖

开挖前现场放出边仰坡开挖边线，在距开挖线 5m 以外做好截水天沟，将地表水引入排水系统。天沟采用 M7.5 浆砌片石砌筑，要求砂浆饱满、砌缝密实，沟内排水畅通，做到不渗、不漏。天沟的作用是防止地表水渗入开挖面和流入暗洞内对洞内围岩进行浸泡，影响围岩承载力和洞口边、仰坡的稳定性。

台阶一、台阶二均采用施工机械进行开挖，自上而下分层进行，每层开挖高度不大于 2m，严禁上下垂直开挖，采用挖掘机与自卸汽车配合装运施工。开挖时采用挖掘机先挖出一条机械爬坡道，供自卸汽车配合装运施工，开挖土方自卸汽车运渣至弃渣场。台阶一开挖坡比为1:1，台阶二开挖坡比为1:0.75，台阶一与台阶二中间设2m的平台，坡脚处设置截水沟。施工顺序为先中部拉槽，再两侧修边，最后人工修整边坡成形。边坡每开挖一层，及时进行边坡防护。边坡防护参数为：喷射C25混凝土10cm厚；打设4m长ϕ22mm砂浆锚杆，间距120cm×120cm，按梅花形布设；布设ϕ8mm钢筋网，网格间距20cm×20cm。

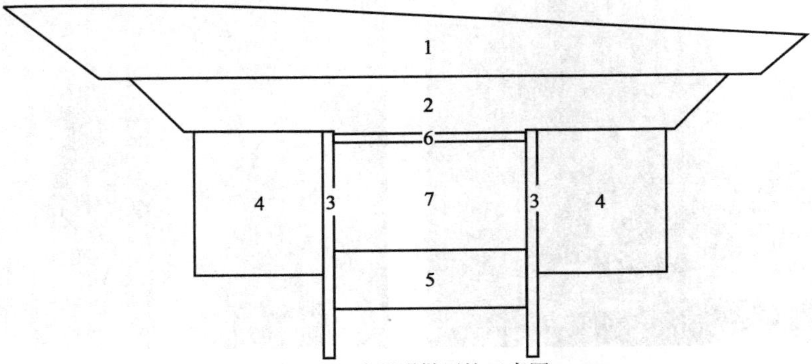

图8-12　暗洞明做开挖工序图

注：1～7-开挖工序编号

(2)施作SSS工法桩支护结构

详见第8.4节和第8.5节相关内容。

(3)上台阶施工

开挖上台阶土体，开挖至拱腰处，施作上台阶钢拱架，拱脚处设置大拱脚，与装在钢管桩牛腿处，拱架与钢管桩焊接牢固，按设计初期支护要求进行网喷支护。

(4)下台阶施工

上台阶完成1个衬砌段后进行下台阶施工，下台阶开挖由洞口方向开始，左右两侧错开位置开挖，每循环开挖3榀，按设计要求进行网喷支护。

(5)施作仰拱、二次衬砌

下台阶完成后进行仰拱、二次衬砌施工。仰拱和二次衬砌均由进口方向开始施作，二次衬砌施工前，应按设计要求施作防水板和止水带。

8.7　本章小结

本章针对南西山隧道洞口浅埋段的特点，对洞口段软塑与流塑状地层施工拟定了三种施工方案，经综合分析，进口段施工确定采用“SSS工法桩+明洞暗做”的方案。该方案的特点是投资较低，工期可控，质量易控制。

针对南西山洞口段SSS工法桩，确定了工法桩的桩型、尺寸和加固范围等设计参数。详细介绍了钢管桩、工字钢横撑、粉喷桩、高压旋喷桩等施工技术。详细介绍了明洞暗做技术的施工步骤和开挖工序。

实践证明，采用SSS工法桩支护结构，并采取暗洞明做的施工方案，支护效果达到了设计要求，方案切实有效。

第9章 黄土地层洞口段施工技术

本章以黄土地层洞口段的施工技术作为研究主线,通过对赵家庄1号隧道、赵家庄2号隧道、王家坡隧道等黄土隧道洞口段施工技术的总结,为类似工程施工提供借鉴。

9.1 赵家庄1号隧道洞口段施工技术

9.1.1 工程概况

赵家庄1号隧道位于山西省吕梁市境内,距209国道约300m。隧道为Ⅴ级围岩黄土隧道,进口里程为DIK177+576,出口里程为DIK178+332,隧道全长756m。在DIK178+392处相邻赵家庄2号隧道,为施工方便,赵家庄1号隧道采取由出口向进口方向开挖。其中DIK178+045~DIK178+070段下穿一条冲沟,隧道以明洞形式通过(图9-1),待明洞施工完毕对洞顶上下游进行回填处理,以保证水流通畅,同时避免水流对隧道明洞洞顶的冲刷,降低隧道运营期间的安全隐患。

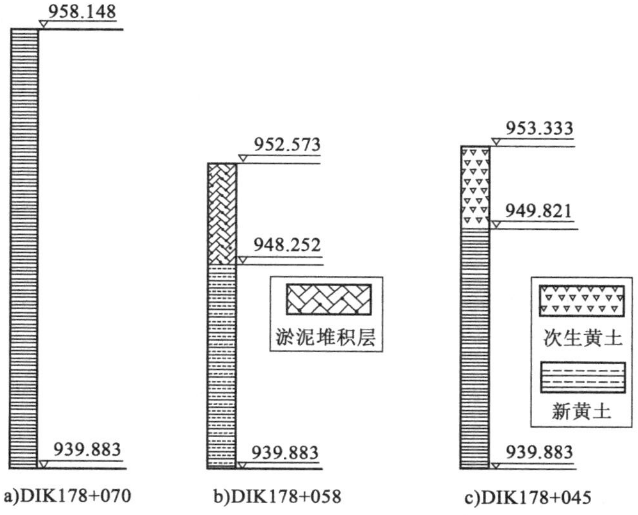

图9-1 DIK178+045~DIK178+070段明洞横断面地质构造图(高程单位:m)

9.1.2 洞口段施工技术方案

1)原施工方案

DIK178+045~DIK178+070段采取明洞施工,出洞和进洞前在DIK178+088~DIK178+070和DIK178+045~DIK178+027段各打入45根长18m、ϕ108mm超前管棚。明洞开挖后先进行仰拱和二次衬砌的浇筑,最后进行拱顶土回填。为防止下雨对隧道结构带来影响,开挖后需立即进行衬砌、回填土、防排水结构的施工。

该方案施工进度缓慢,延长了隧道出洞至回填时间,如遇下雨可能导致隧道坍方,且造价相对较高。

2)变更后的施工方案

经研究讨论后将原施工方案变更为"明洞暗做",即开挖后先用型钢进行初期支护,初期支护完成后立即进行拱顶回填和防排水工程,二次衬砌则适当延后。这样施工可大大缩短隧道出洞至回填的时间,降低因下雨而导致的隧道坍方风险。

施工中以新奥法为施工基本方法,遵守"短开挖、少扰动、强支护、实回填、严治水、勤量测"的原则。具体施工方案如下:

(1)出洞前准备

为防止出洞时遇上下雨等不良天气,在出洞前需做好天气预测工作,在确定最近一段时间里天气情况良好的情况下及时出洞。

隧道开挖至DIK178+075段时,地质情况已到达软弱黄土层,为保证施工人员的安全,开挖时加强对隧道内部围岩的监控,同时派地质专家在隧道外部观测围岩变化情况,一旦有意外情况发生,立即通知施工人员停止作业。

做好洞口外侧临时排水系统,为明洞施工期间遇到降雨做好准备。

(2)洞口段开挖

隧道出洞后,立即对隧道边坡进行刷坡处理。该工程此段隧道洞口周边为重力堆积及冲刷形成的次生黄土,灰黄色,岩性为粉质黏土,垂直节理较发育,结构较疏松,含较多孔洞,强度较低;下部为褐黄、橙黄色粉黏土体,土质均匀,致密,结构完整,整体性较强,微压缩不失陷,强度高;赵永庄1号隧道洞口位于两个冲沟交界处,地质情况十分复杂,如图9-2所示。因此,在开挖过程中要有地质专业技术人员时刻观测开挖面周边地质情况,以保证开挖的顺利进行。同时,为保证雨季到来之前及时进洞,开挖速度可适当加快,以3~4m/d为宜。

(3)初期支护

初期支护采取"型钢+连接筋+钢筋网片+砂浆锚杆+C25纤维混凝土"的支护方式。此段隧道周边所受围岩压力相对较小,因此,为节约成本,在保证隧道安全的情况下,将型钢间距由加强段的0.6m加大到1.2m,同时也提高了隧道施工进度。为了减小对围岩的过度扰动,上台阶不设锚杆,初期支护形式如图9-3所示。

初期支护应在开挖后立即施作,且边开挖边支护。下台阶的开挖和支护暂缓,开挖下台阶时不能过快,开挖时需有地质专业技术人员现场指导。型钢背面绑扎石棉瓦作为外模以保证喷浆质量。为改善洞内空气,在隧道顶部纵向预留两个直径60cm的油桶作为临时排气孔,油桶桶顶高于隧道填土,形状犹如烟囱,这样下雨时可防止雨水流入隧道内,待浇筑二次衬砌时再对此进行处理,如图 9-4 所示。

a)　　b)

图 9-2　赵家庄 1 号隧道洞口冲沟地质情况

图 9-3　赵家庄 1 号隧道明洞初期支护

图 9-4　赵家庄 1 号隧道明洞临时排气孔

(4)二次衬砌

为提高生产效率、节约成本,此段隧道二次衬砌变更为与相邻桩号即 DIK178 +080 ~ DIK178 +070 段、DIK178 +045 ~ DIK178 +020 段相同的支护形式,即采用Ⅴ级围岩加强段方案施工。二次衬砌主筋由 ϕ22mm 螺纹钢改为 ϕ25mm 螺纹钢;纵向连接筋由 ϕ16mm 螺纹钢改为 ϕ14mm 螺纹钢;衬砌厚度由 80cm 改为仰拱厚度 60cm、拱墙厚度 50cm。拱墙二次衬砌利用台车立模浇筑。同时,为缩短隧道出洞至回填时间,此段二次衬砌工程施工可在回填完成后施工。二次初砌进洞剖面如图 9-5 所示。

(5)明洞回填

待隧道二次进洞完成后立即开始拱背回填。此时距隧道出洞仅一周时间,由此可见该方案在缩短出洞到回填时间上的优势。填土底层以粉质黄土为宜,避免草根树皮等杂质混入填土内。明洞拱背回填应对称分层夯实,每层回填土厚度不应超过 0.3m,其两侧回填土的土面高差不得大于 0.5m。回填至拱顶时改用砂夹卵石反滤层,回填至拱顶后须满铺分层填筑,同时使回填面与水平面保持一定坡度,以方便排水。回填高出拱顶约 60cm 后铺设土工布和防水板,切记保证防水板的完好性。最后在防水板上铺设一层 30cm 黏土隔水层压实即可。施工过程如图 9-6 ~ 图 9-9 所示。

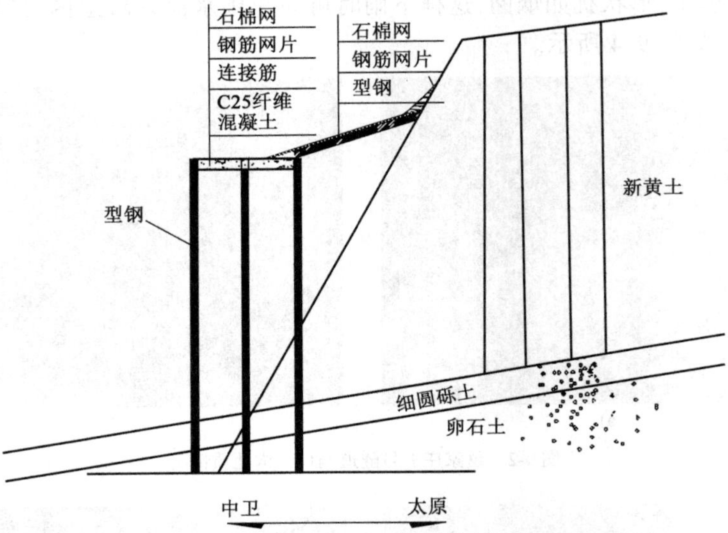

图 9-5　赵家庄 1 号隧道二次衬砌进洞剖面示意图

图 9-6　明洞分层夯实回填

图 9-7　敷设土工布

图 9-8　防水板焊接搭接

图 9-9　敷设防水板

9.1.3　施工技术质量控制

(1)开挖时间的选择

不宜在雨季施工。当必须在雨季施工时,应加强防护,随时监测、检查山坡稳定情况。

(2)开挖方式的选择

开挖方式以及边坡和仰坡的坡度应根据地形、地质条件、边仰坡稳定程度和采用的施工方法确定。石质地段开挖时,应防止爆破影响边坡的仰坡的稳定;松软地层开挖时,宜边支护边开挖。

(3)超前支护控制

浅埋段采用超前小导管替代长管棚支护,施工关键是确保小导管每循环搭接长度及小导管尾部与钢架的焊接质量,控制开挖循环进尺,保证小导管搭接长度不小于 2.0m,确保超前小导管不悬空,保证其杆体梁效应。

(4)初期支护质量控制

严格控制连接质量。连接钢板采用机械成孔,严禁气焊割孔;连接螺栓数量、规格、质量按设计及规范要求使用,螺栓连接必须牢固。

清除拱脚虚土,拱脚型钢用质量较好的木板支垫,并用锁脚锚杆固定,确保型钢整体稳定性。

(5)防排水设施

隧道防排水采用“防、截、排、堵相结合,因地制宜,综合治理”的原则,达到防水可靠、经济合理、不留后患的目的。地处沟谷地段的明洞防排水着重于“防”和“排”,“防”通过土工布和防水板来实现,“排”通过明洞回填坡面排水实现。

由于该沟谷地段位于纵横向两个冲沟交汇处,受雨水影响较大。为有效降低雨水影响,需采取适当的措施:适当加大土工布和防水板纵、横向的铺设范围,纵向与山体坡面搭接 50cm(土工布和防水板),横向与冲沟上游搭接 10m、与冲沟下游搭接 5m,防水板之间的搭接缝采用双焊缝、自动爬行式热合机热熔焊接,单条焊缝的有效焊接宽度不应小于 15mm,焊接密实,不得焊焦焊穿,确保防水板的完好性。

明洞回填地段周边地质条件普遍较差,岩层相对比较松散,回填应充分,排、隔水措施应完善,保证水流通畅的同时应避免水流对隧道明洞洞顶的冲刷,避免拱顶出现池塘等水坑,降低隧道运营期间的安全隐患。

(6)变形缝的设置

明洞地段地质变化明显,因此明暗交界处变形缝的设置尤为关键,这将直接影响到隧道运营后整体结构的安全性。

9.1.4　安全控制措施

(1)制订主要分项工程和工序的安全技术操作规程,工作前认真进行安全技术交底,禁止违章作业。

(2)工地设专职安全员,各工段班组设兼职安全员,做好安全工作的动态管理。

(3)加强施工现场安全防护用品管理,施工现场人员必须佩戴安全帽并采用其他需要的安全防护用品。

(4)明洞施工现场设置彩旗和铁丝栅栏,防止工程无关人员进入施工现场发生安全事故。

(5)做好天气预报的及时收听和现场地质的持续观察,确保现场施工处于安全状态中。

9.1.5 效果分析与跟踪

由表9-1可知,变更后的施工方案比原设计施工方案造价低,超前小导管替代长管棚降低了雨水对明洞冲刷的风险,保证了施工安全,工期缩短了60d,加快了施工进度。总体来说,施工方案合理,施工组织有力,工程施工完成出色,社会效益和经济效益可观。

赵家庄1号隧道方案变更前后工时对比表 表9-1

项目	原设计方案		变更后方案	
	工序	工时(d)	工序	工时(d)
出洞至回填工序	管棚	50		
	开挖	3(可在出洞前开挖)	开挖+初期支护	7
	仰拱	5	回填	3
	二次衬砌	9		
	回填	3		
总工时		70		10

明洞完成10d后,当地持续降大雨达半个月,而雨水未对明洞造成任何损坏,证明明洞质量合格,也表明该方案在时间安排上的合理性。

9.2 赵家庄2号隧道超浅埋黄土隧道洞口段施工技术

9.2.1 工程概况

赵家庄2号隧道位于山西省吕梁市境内,隧道路线大致呈南北走向。隧道里程范围为DIK178+392~DIK178+580,全长188m,该隧道为双线隧道。旅客列车设计时速160km,预设时速200km。隧道开挖断面142m²为特大断面隧道。隧道出口位于浅埋段,最浅埋深仅1.5m,隧道出口的顶部、左侧、右侧均有当地居民窑洞,由于窑洞不能及时地拆除,从而给施工带来了很大的难度。

在施工中,依据新奥法理论,结合工程实际情况不断探索、论证及现场实践,解决了隧道浅埋、土质松软等施工技术难题,厘清了隧道黄土浅埋段施工技术要点问题。通过工程实践总结了一些施工经验,可用于今后同类工程施工借鉴。

9.2.2 工程地质条件

赵家庄2号隧道出口上侧有少量植被,隧道区表覆盖第四系全新冲洪积层(Q_4^{al+pl})新黄土、第四系上更新统坡洪积(Q_3^{dl+pl})新黄土;下伏石炭系上统(C_3)砂岩、泥岩。隧道穿越段围岩等级为Ⅴ级,呈黄褐色,硬塑,具有湿陷性,且局部夹有砂层,隧道顶部部分地段具有陷穴,土的承载力较低。地层特性具体表现在以下方面:

(1)胀缩性

黄土遇水体积膨胀,使其上面的路面隆起,干燥后体积收缩,从而造成地面下沉。

(2)崩解性

新黄土孔隙较大,岩性疏松,浸入水中后吸水湿化,很快全部崩解。

(3)强度衰减性

黄土的强度随含水率的增大而减小,在天然含水率的情况处于较坚硬的状态,具有一定的强度;但浸湿后不易干燥,强度急剧下降。

(4)湿陷性

黄土在外加荷载和土体自重的作用下,受水浸湿后,因土体结构破坏而发生大量、剧烈的附加下沉,即形成湿陷。

(5)渗水性

因黄土具有胀缩性,多次反复形成裂缝,降水后,水从裂缝中下渗,渗入深度增加;又因黄土具有大孔隙垂直节理等特性,其垂直方向的渗透性比水平方向大;同时黏粒含量较多的黄土成为透水不良或不透水的土层。

9.2.3　重难点分析

赵家庄 2 号超浅埋黄土隧道施工重难点主要有以下四点:

(1)隧道出口处有少量的植被,为第四季湿陷性新黄土,出口处最浅埋深仅有 1.5m,如何控制隧道开挖后土体的稳定是本项目施工的重点问题。

(2)收集黄土段变形量测原始资料,分析黄土段变形特点,确定其最佳预留变形量、选取求证最佳施工方案和支护参数是本项目的重点问题。

(3)由于隧道埋深较浅,而且黄土遇水后,强度下降,变形加大,影响洞体稳定,因此选择合理时间,尽可能避开雨季出洞,如在施工过程中出现雨水天气时,需及时做好洞外排水,保证雨后无积水等现象也是本项目施工的重点问题。

(4)隧道出洞口为居民区,隧道顶部、左侧、右侧均有居民窑洞,而且大部分窑洞内还有人居住。如何控制隧道出洞施工过程中窑洞不失稳是本工程的一大难点。

9.2.4　施工方案变更

赵家庄 2 号隧道出口处最小埋深仅有 1.5m,原设计施工方案是采用超前大管棚支护,经研究分析认为该方案存在以下问题:①施工振动可能导致土体出现松散或注浆导致土体液化和强度衰减,这样将不利于安全出洞;②隧道出口处地形变化较大,征地不能及时解决,且无施工便道。而采取超前大管棚支护需要平整场地、新修便道并解决征地等问题,同时会提高工程造价。因此,原施工方案需要变更。

根据现场实际地形、地质情况,项目部组织专家组对现场进行了勘察,发现此处地质坚硬,稳定性较好,图 9-10 为现场地形地貌调查情况。经研究分析后制定的变更方案为:严格执行“早进洞、晚出洞”的施工原则,取消超前大管棚支护,采用超前小导管支护,并做好相应的地面高程和洞内收敛变形监测工作。

9.2.5　施工参数变更

钢支撑由原方案的每 0.7m 一榀加密至 0.6m 一榀;为增加隧道的整体稳定性,ϕ22mm 环向连杆间距由原方案的 1.0m,加密至 0.8m。

a)　　　　　　　　　　　　　　　　b)

图 9-10　现场地形地貌调查情况

为防止下部开挖引起位移，导致拱部整体下沉，拱脚处增设锁脚锚杆 2 或 3 根/榀，锚杆每根长度为 4m。

为加快二次衬砌施工进度，二次衬砌距掌子面距离不能大于 40m，在实际施工中控制在 15m 以内，尽早封闭，控制变形。

实践证明，围岩在开挖后变形量较大，在初期支护后隧道的变形越来越小，在隧道出口段处，将原设计预留沉降量由原设计 10cm 变更为 15cm，从而既保证了初期支护不侵占二次衬砌净空，又避免了二次衬砌厚度过大引起的不必要投资。

9.2.6　变更后的施工方案

变更后的施工方案工艺流程如下：

(1)开挖

上台阶采用预留核心土环形开挖，上台阶主要采用人工配合机械环形开挖，装载机配合出渣，以减少对洞室周边的扰动。考虑到装载机、卸渣车的作业面，上台阶定位为 3.6m；为方便人工出渣，核心土长度定为 1 ~ 1.5m，并在施工中验证了保证掌子面稳定的核心土最小高度为 2.0m。设计中，上台阶开挖循环进尺为 0.7m，在实际中考虑到土体开挖后隧道的稳定性，将原设计开挖循环进尺变更为 0.6m。

(2)初期支护

在开挖结束后，立即进行初期支护。隧道拱圈沿拱架环向间距 30cm 布置 ϕ25mm 药卷锚杆，锚杆尾部与拱形骨架钢要焊接牢固，每次立拱数量按 1 榀交错进行，同时将 ϕ22mm 的横向拉筋长度由原设计 1m 变更为 0.8m；为确保钢支撑的整体性，在钢架施工完后，立即进行拉筋施工，在施工中严格按照一锚一网一喷的工序作业。隧道出口处地质比较松散，在架设工字钢的过程中为增大拱脚受力面积，减小压强，增加稳定性、减少拱顶下沉，将原设计 650mm × 240mm × 14mm 的钢板变更为 650mm × 340mm × 14mm 的钢板；同时在拱脚下支垫 65mm × 65mm × 340mm 的方木，单位受力面积增大，有效地减小了拱脚的下沉速率。

在开挖前准备的圆木，在掘进的过程中将预留核心土按照 30cm 设置梯形台阶，根据实际，当土体稳定性极差时，采用圆木对钢拱架进行临时支撑，防止混凝土达到预定强度前拱顶下沉，支撑木底部采用截面尺寸为 15cm × 15cm 的方木进行分散力支撑。

(3)下台阶开挖控制

下台阶左右侧开挖须保持交错跳跃进行，由于受到地质的影响，左右侧开挖间距应控制在

3m。下部开挖就会导致拱顶下沉速度超过 1 ~ 2mm/d，在下部开挖施工中，要严禁对称开挖，否则轻则引起拱部急速下沉，重则引起坍塌。下台阶原设计开挖循环进尺为 2.1m，实际变更为 1.2m。

（4）施工过程控制

浅埋段黄土隧道坍塌主要是拉裂破坏，拉裂破坏为洞体稳定性的主要威胁，若对浅埋隧道变形控制不利，将出现隧道围岩迅速松弛，产生拉裂破坏，导致出现坍塌等现象。因此，变形的监控量测十分重要，在实际施工过程中主要采取洞内监控、洞外高程检测两种方法相结合，共同检测，保证隧道顺利出洞。

9.3　王家坡隧道钙质结核地段隧道洞口段施工技术

9.3.1　工程概况

王家坡隧道进口里程为 DIK180 + 128，出口里程为 DIK180 + 935，进出口均为 8m 明洞，全长 807m，设计为双线隧道。隧道进口与线位基本正交，进口处全部被黄土覆盖，地面有少许民房；出口处黄土覆盖，不见基岩，地表面有少量植被。隧道全段位于半径为 2008m 曲线上，两线间距 4.527m，隧道进口至 DIK180 + 650 为 8.5‰的上坡，DIK180 + 650 至出口为 7‰的上坡；最大埋深约为 110m。

本隧道地层岩性为第四系上更新统坡洪积层（Q^{pl+dl3}）新黄土和第四系更新统洪积层（Q_3^{pl}）老黄土。隧道区广泛分布新黄土，具湿陷性；湿陷系数 $\delta_s = 0.028 \sim 0.077$，为自重湿陷性。老黄土硬塑坚硬，呈散状结构，没有地下水。

围岩级别为Ⅴ级、Ⅳ级两种，其中Ⅴ级围岩包括新黄土、黄褐色、硬塑具有湿陷性；老黄土，棕红色，硬塑，夹碎石，粗圆砾土，呈松散结构。Ⅳ级围岩包括老黄土，棕红色，硬塑夹碎石；密实，呈松散结构。夹杂钙质结核，底部常见砂砾石层，粒径大小不等，多为 2 ~ 20cm 不等，结构致密，呈硬塑状，属低液性黏土。天然含水率较低，一般在 10% 左右，无胀缩性，垂直节理发育，堆积厚度变化较大，为 2 ~ 40m 不等。

洞身内基本无地下水，仅局部有少量渗水。沿线所经地区由东至西依次属暖温带亚湿润、中温带亚湿润，暖温带干旱大陆性气候区。按对铁路工程影响的气候分区，项目线路所经地区均为寒冷地区。王家坡隧道围岩分级见表 9-2。

王家坡隧道围岩分级　　表 9-2

序号	起点里程	终点里程	长度(m)	围岩级别
1	DIK180 + 123	DIK180 + 133	10	Ⅴ
2	DIK180 + 133	DIK180 + 138	5	Ⅴ
3	DIK180 + 138	DIK180 + 163	25	Ⅴ
4	DIK180 + 163	DIK180 + 320	157	Ⅴ
5	DIK180 + 320	DIK180 + 390	70	Ⅳ
6	DIK180 + 390	DIK180 + 670	280	Ⅴ
7	DIK180 + 670	DIK180 + 750	80	Ⅳ
8	DIK180 + 750	DIK180 + 906	156	Ⅴ
9	DIK180 + 906	DIK180 + 931	25	Ⅴ
10	DIK180 + 931	DIK180 + 938	7	Ⅴ

9.3.2 重难点分析

王家坡隧道区广泛分布新黄土,具有较强的湿陷性,且在我国隧道施工中的经验还比较少,施工技术是在摸索和总结中提高。

在王家坡隧道中,黄土地层分布连续性较好,厚度相对较大,发育较典型。开挖隧道成型好易于施工。只要断面形式及设计参数合理,施工方法得当,支护及时就能充分发挥黄土的自身承载能力的作用。

该隧道的施工难点为隧道整体处于湿陷性黄土中,遇水易坍塌。钙质结核部位的围岩呈现断层现象,且钙质结核自身结构致密,呈硬塑状,属低液化性黏土;无胀缩性,垂直节理发育,在隧道中分布不规则。开挖此类地层隧道只能进行爆破施工,施工难度大。且钙质结核部位施工时易出现较大程度的超、欠挖现象,成洞性差,易使其他部位失稳、变形。王家坡隧道不良地质纵断面分布情况如图 9-11 所示。

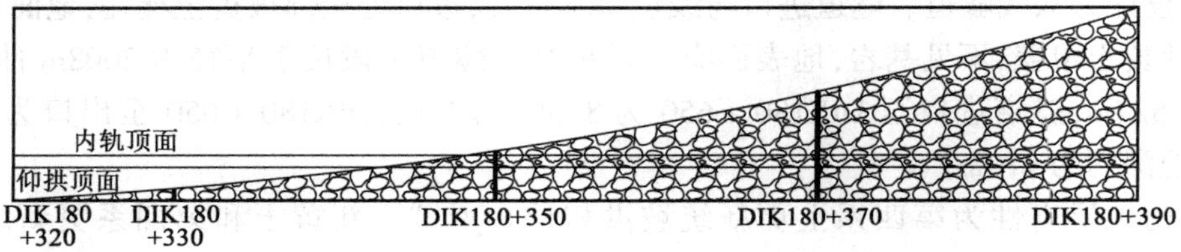

图 9-11　王家坡隧道不良地质纵断面分布图

9.3.3 施工要点和施工方法

1)施工要点

(1)做好洞口、洞门及洞顶的排水系统,并妥善处理好陷穴、裂缝,以免地面积水浸湿洞体周围,造成土体坍塌。

(2)施工中如发现工作面有失稳现象,必须及时采取喷射混凝土封闭、加设锚杆、架立钢支撑等措施加强支护。

(3)施工时要特别注意拱脚下墙脚处断面,如超挖过大,须用与墙体同强度等级的混凝土回填,并且要保证回填密实。如发现该处土体承载力不够,应立即加设锚杆或采取其他措施进行加固。钻锚杆孔时,要采用干式钻进。

由于钙质结核地段的沉降量变化较大,必须加大监控量测频率,并根据量测结果,及时调整施工方法,准确把握围岩与支护之间的收敛动态,掌握围岩与支护的动态规律,并结合超前地质预报,客观评价围岩稳定性。

2)钙质结核地段的洞身开挖

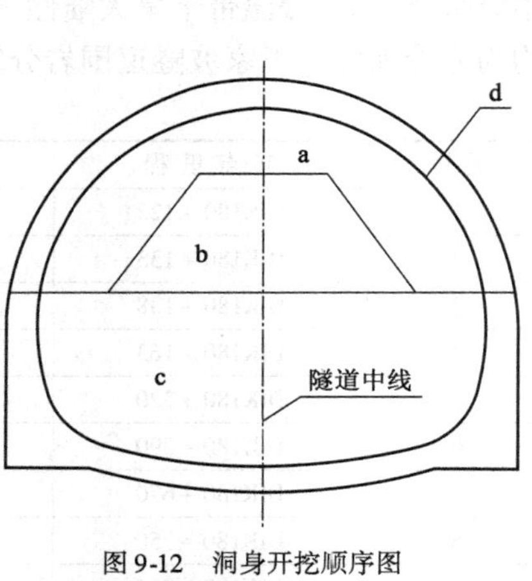

图 9-12　洞身开挖顺序图

a-上台阶环形开挖部分;b-预留核心土;c-下台阶;d-二次衬砌

当隧道断面中局部存在钙质结核现象时,围岩整体性差呈现断层现象,易失稳、变形、位移。在开挖时在上台阶中预留核心土(图 9-12),使掌子面形成三向受力,并且对开挖后的应力释放起到缓冲作用，从而保证掌子面土体的稳定。开挖中以挖掘机先挖除大部土体，并在核心土周围挖出 1.5 ~ 1.8m 的施工范围，并人工修整 20 ~ 30cm 的轮廓线，避免出现大的超欠挖。当局部存在钙质结核时，采用风镐进行辅助作业，这样能保证施工质量和进度；但是在土石结合段施工时进尺要短，一个循环进尺应控制在 1m 左右。

当隧道区域钙质结核地段存在范围广，而不得不采取爆破时，可优先考虑松动爆破施工，使炸药产生的能量尽量多地用于破碎岩石，减少传给开挖范围以外岩石的能量，从而使开挖范围外的岩石引起的振动和损害最小，这样可以有效地保护围岩。

（1）爆破技术的特点

①眼较浅、打眼密、少药量，炮孔布置除周边和掏槽孔外都是线形，炮孔布置简单，炮孔参数准确；可提高炸药爆炸能量利用率，同样情况下用炸药量少，对围岩的扰动小，最终做到“松而不散，散而不滚、碎而不飞”，最适合采用“新奥法”施工。

②采用炮孔都是平行的，便于钻孔，可提高钻孔效率的光面爆破，控制开挖轮廓，其作用机理是控制爆破的范围和方向，施工时沿开挖线轮廓布置间距较小的平行炮孔，在这些光面爆破炮孔中进行药量减少的不耦合装药，然后同时起爆这些炮孔，爆破时沿这些炮孔的中心连接线破裂成平整的光面，达到提高岩壁的稳固性、减小爆破振动的作用，进而达到控制岩体开挖轮廓的效果。可以控制爆破块度，提高装运效率。

③可减轻对周围地层的振动。

（2）爆破设计原则

①炮孔布置要适合机械钻孔。

②尽量提高炸药能量的利用率，以减少炸药用量。

③减少对围岩的破坏，采用光面爆破，控制好开挖轮廓。

④控制好起爆顺序，提高爆破效果。

⑤在保证安全前提下，尽可能提高掘进速度，缩短工期。

（3）炮眼布置

炮眼布置如图 9-13 所示。

图 9-13　现场炮眼布置

①周边眼用光面爆破，掘进眼用线形布置，同时起爆，可提高钻爆效率。

②上台阶采用斜眼掏槽，可降低爆破振动强度。

③上台阶可利用作拱部初期支护，以保证施工安全。

④下半断面临空面好，可节约炸药用量。

3）钙质结核地段的初期支护

钙质结核地段施工必须按照“弱爆破、短进尺、少扰动、强支护、勤量测”的原则执行，开挖完成后应立即挂网、打锚杆、喷射混凝土，减少围岩暴露时间，增强土体自身承载能力。在喷射混凝土时，由于黄土隧道本身就存在节理发育，且在钙质结核段在爆破施工后更容易发生掉块，所以在喷射时要多注意检查钢筋网片与围岩之间夹杂的掉块，避免出现空洞。在爆破完毕后，人工对隧道内轮廓进行修饰，若发现已经有松动的岩体，必须将其清理掉，不能让松动的岩体存在于初期支护里，松动岩体的存在始终是破坏隧道整体性的定时炸弹。在喷射混凝土时一次成形难度大，且回弹量大，容易出现漏喷、空洞等不密实的现象，而且一次喷射成形的混凝土容易出现局部掉块（图 9-14），容易造成浪费，即适宜多次复喷，直至达到设计部位和厚度。

在王家坡隧道施工中，由于失陷性黄土隧道遇水易发生失稳坍塌等问题，本项目采用了超前小导管不注浆施工，取得了良好的效果。主要是沿隧道拱部周边环向打一层小导管（图 9-15），形成承载拱，承受拱上部岩层重量，使拱内部围岩及支护系统处于免压状态，可以防止坍塌。超前小导管采用 $\phi 42\text{mm} \times 3.5\text{mm}$ 热轧无缝钢管，钢管前端呈尖锥状，长度为 3.5m，内部不设压浆孔。超前小导管施工时，钢管与隧道纵轴线以 15°外倾角打入拱部围岩（根据岩体节理面产状确定最佳方向），钢管环向间距 40cm。导管纵向间距根据围岩级别和衬砌形式做相应调整，但应保持不小于 1m 的搭接长度，超前小导管尾部要焊接在钢支撑上，使其连接成一整体。

图 9-14　喷射混凝土局部掉块

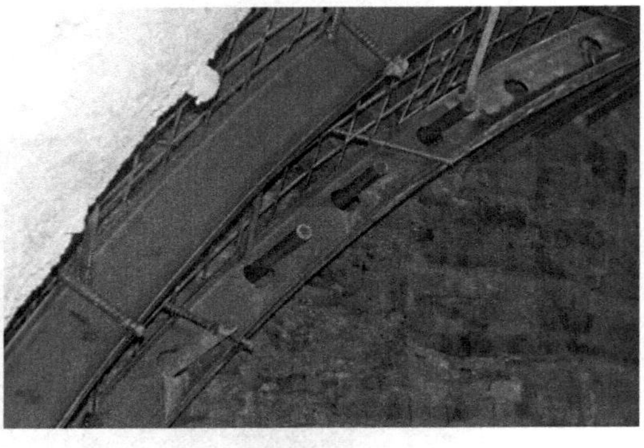

图 9-15　王家坡隧道超前小导管布置

超前小导管支护的作用机理主要包括：

（1）梁拱效应：小导管嵌入围岩内、后端与砂浆锚杆出露端相焊接形成纵向支撑梁，有效抑制围岩松动。

（2）环槽效应：利用分布在掌子面的孔减少爆破产生的冲击波造成对岩石的破坏和扰动。

黄土隧道施工中初期支护与围岩的黏结力较差，易产生拱脚失稳的现象，在钙质结核地段由于其特殊的地质条件，易发生变形、位移等，更易出现失稳现象。所以在上部拱架施工时，拱脚必须稳固、密实、可靠，并应特别注意锁脚锚杆的施工，必要时要增加锁脚锚杆的数量，以防止拱架和初期支护发生不必要的沉降，从而影响后期二次衬砌的施工质量。由于钙质结核段沉降量会比正常围岩沉降量大，在施工时就应谨慎考虑预留沉降量和二次衬砌净空扩大量，因此要适当加大型钢拱架圆弧的半径，并应高度重视这一环节的施工。

4）施工原则

施工中应严格按照"弱爆破、短进尺、少扰动、强支护、勤量测"的原则执行。

（1）短进尺

由于我国黄土隧道施工经验较少，王家坡隧道施工中严格坚持"短进尺"这一原则，正常围岩施工时每个循环进尺为2或3榀，在围岩发生不良变化和围岩交替时就适当减少，例如在洞口段、DIK180+310～DIK180+335、DIK180+380～DIK180+420等钙质结核或地质交替段施工时每个循环进尺为1榀（图9-16），从而很好地保证了施工质量及施工安全。

图9-16　围岩不良地质地段短进尺施工

（2）少扰动

少扰动主要是指洞身开挖过程中，由于黄土隧道本身较为松散，在钙质结核段施工时，挖掘机和风镐等机械对这种硬塑、密实的围岩的作用很小，就必须采取松动爆破施工，此时爆破必须减少对隧道其他岩体的扰动，否则将会破坏黄土隧道的自稳能力，从而导致隧道坍塌，故减少扰动显得尤为重要。

（3）强支护

强支护主要体现在确保衬砌类型与围岩状况的匹配性上，加强超前支护和初期支护钢拱架型号、间距、锁脚锚杆等方面，提高初期支护抵抗围岩变形的能力。

（4）勤量测

钙质结核地段隧道变形大，即垂直沉降量大和围岩收敛变形大。因此，必须及时进行监控量测，并根据监测数据适当调整支护措施。当拱脚附近的水平收敛变化速率大于0.2mm/d或拱顶下沉变化速率大于0.1mm/d，并继续增大时，说明围岩处于不稳定的状态，有可能出现失稳塌方。在王家坡隧道施工时，沿洞身方向每隔10m设置一个监测断面，在特殊部位适当缩小断面间距，每个断面设置3个监测点，也可设置5个监测点（图9-17）。在钙质结核段宜设置5个监测点。

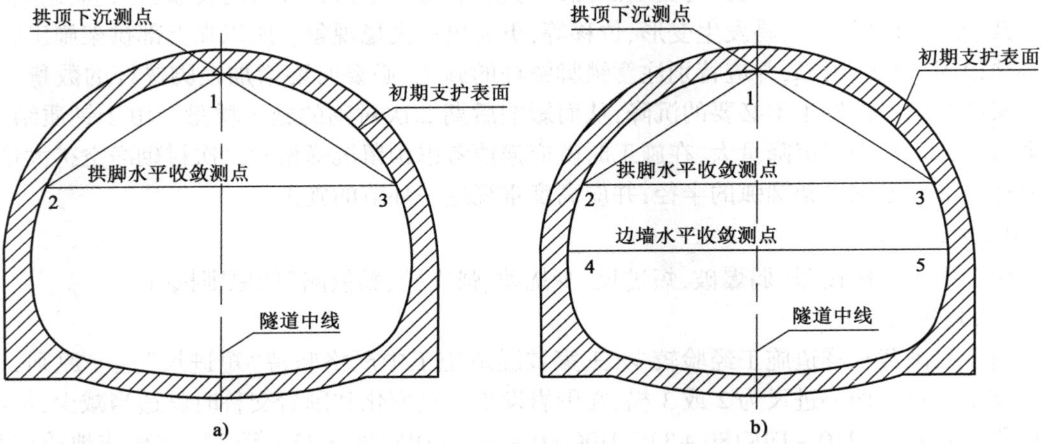

图 9-17　监控量测监测点布置图

注:1 ~5-监测点编号

5)施工顺序

黄土隧道中,封闭成环这一环节特别重要,当隧道进尺达到 10m 以上时必须开挖进行封闭成环施工,在新黄土和不良地质地段应更及时,否则容易出现地表不均匀沉降,引起山体裂缝,严重时会引起初期支护开裂,甚至洞身坍塌。在钙质结核段施工时一定要合理安排工序,左右错开开挖,不能同一断面同时开挖,从而造成拱架及初期支护悬空,可能引发安全事故。

具体的施工顺序应为:

(1)进行边墙分段跳槽开挖,在钙质结核地段的开挖长度一般控制在 6m 以内,开挖后及时初喷混凝土,并逐榀安装边墙型钢拱架,支撑下部拱架。钢拱支撑稳固后,紧跟锁脚锚杆及系统锚杆的施工,挂设钢筋网片,复喷混凝土至设计厚度。

(2)当该段左右两侧边墙都施工完成且边墙混凝土达到一定承载力后,进行仰拱开挖,在开挖成形后、仰拱施作前,需进一步检查仰拱地质情况,与设计不符或存在隐患时,应及时进行方案变更,对基底采取加固措施后,再进行仰拱的施工。仰拱、填充紧随开挖进行,为减少其与出渣运输的干扰,采用仰拱栈桥跨过施工地段,以保证隧道底部的施工质量,从根本上消除隧底质量隐患,确保结构稳定。

(3)仰拱和填充混凝土超前施工(图 9-18),为拱墙衬砌模板台车作业提供条件。仰拱混凝土灌注前,基底要清除干净,达到无虚渣、无积水。仰拱混凝土自中间向两侧对称灌注,用插入式振捣器振捣密实。仰拱混凝土终凝后才可进行填充混凝土的施工,混凝土强度达到规范要求后方可在其上方行车。

湿陷性黄土隧道最怕水,在钙质结核段更应注意防水。在王家坡隧道中,未有地下水,故采取“以排为主,防、排、堵、截相结合,综合治理”的原则,达到排水畅通、防水可靠、不留隐患的目的。但是在钙质结核段偶有渗水,具体做法是在拱脚处施作引水孔,并和施工用水统一排出,随时用水随时排出洞外,保持洞内干燥。

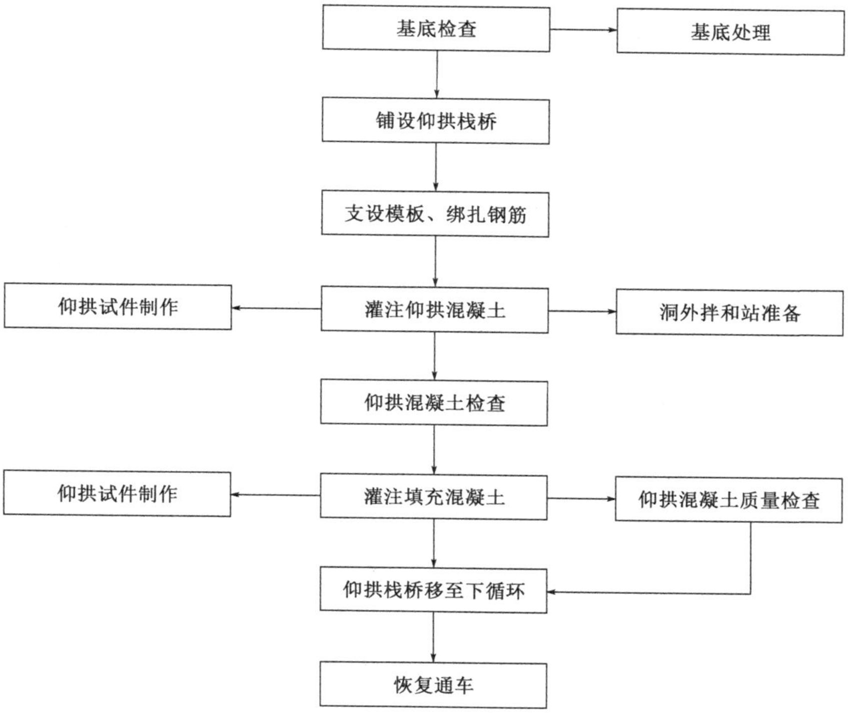

图 9-18　仰拱施工工艺流程

9.3.4　安全控制措施

针对王家坡黄土钙质结核段施工中可能出现围岩失稳、塌方、涌水等地质灾害，施工中主要采取以下安全控制措施：

(1)施工中加强地质预报工作，认真进行超前地质预报和超前探水工作，杜绝突水现象的出现。

(2)隧道开挖过程中，成立专职地质组，配备专职地质工程师，做好地质描述和超前地质预报，提出对策和措施。施工工程师指导和督促各种措施、技术交底的落实，保证标准化作业。开挖过程中，地质工程师轮流值班，及时发现地质变化情况，制订特殊地段的施工方法和可靠的措施并严格实施，监控指导现场施工，科学组织、合理安排，严格管理，确保安全。

(3)通过超前地质预报、施工中地质素描、超前探水等工作对前方围岩及时进行探测和评估，确保施工过程中围岩的稳定性，防止围岩出现坍塌。

(4)加强施工监控量测信息反馈，为施工提供及时、准确的信息，及时对施工方案进行调整，保证施工安全。

9.3.5　环保控制措施

(1)减少生态破坏。临时施工场地的选择与布置，应尽量少占用绿地面积，材料、废弃物不得于林中堆放，保护好周围环境，减少对植被生态的破坏。施工结束后，及时恢复绿化或整理复耕,重视临时施工用地的复垦。

(2)降低噪声污染。合理分布动力机械的工作场所,尽量避免同处运行较多的动力机械设备;对空压机、发电机等噪声超标的机械设备,采取安装消声器的方式来降低噪声;合理安排噪声较大机械的作业时间,距居民较近地段严格控制噪声,不得在夜间进行产生环境噪声污染的施工作业。

(3)保护水环境。隧道内、搅拌站以及其他施工区产生的施工污水经净化处理后排放,不得直接排入河道;机械存放点、维修点、车辆停放点以及油品存放点做好隔离沟,将其产生的废油、废水或漏油等通过隔离沟集中到隔油池中,经处理后进行排放。注意保护自然水流形态,做到不淤、不堵,不留施工隐患,不阻塞河道。

(4)保护大气环境。施工场地和运输道路要经常洒水尽可能减少灰尘对生产人员和其他人员造成危害及对农作物的污染;在运输水泥等易飞扬的物料时用篷布覆盖严密并装量适中,不得超限运输。

9.4 本章小结

本章针对黄土地层洞口段施工技术进行了研究,总结了赵家庄 1 号隧道黄土地层洞口段施工技术,赵家庄 2 号隧道超浅埋黄土隧道洞口段施工技术,王家坡隧道黄土钙质结核地段隧道洞口段进洞施工技术等黄土隧道施工技术,为黄土地层隧道洞口段施工提供了宝贵的施工经验。

对于赵家庄 1 号隧道黄土地层洞口段施工,采用的施工工艺流程为:开挖后先用型钢进行初期支护,初期支护完成后立即进行拱顶回填和防排水工程,二次衬砌则适当延后“明洞暗做”。采用该施工工艺降低了造价,缩短了工期,保证了施工安全,创造了巨大的经济效益和社会效益。

对于赵家庄 2 号隧道超浅埋黄土隧道洞口段的施工,主要有隧道出口埋深浅、雨季出洞风险大、出洞口离居民区较近三大施工难点。根据现场实际,取消了原设计中超前大管棚的施工方案,采用超前小导管的施工方法。严格执行“早进洞、晚出洞”的施工原则,为避免因超前大管棚支护施工震动导致土体松散或注浆导致土体液化强度衰减。

对于王家坡钙质结核地段隧道洞口段的施工,主要有隧道整体处于湿陷性黄土中,钙质结核黄土只能进行爆破施工,超欠挖控制难度大,隧道易失稳等问题。采用“弱爆破、短进尺”的施工方法,对隧道施工进行动态监测。

对于黄土隧道洞口段施工技术,一定要加强对“水”的使用和控制;同时施工中应注意“弱爆破、短进尺”,注意隧道超欠挖的控制;采用动态监测方法,将监测结果及时反馈给施工现场,并对施工方案进行动态调整。

第 10 章

陡坡地段深层坡积体隧道进洞施工技术

10.1 工程概况

张庄隧道位于济源市北，地属太行山系王屋山脉，海拔高度 700 ~ 900m，山势陡峻，沟谷深切，河谷纵横，交通条件极差。张庄隧道左线起讫桩号 ZK43 + 730 ~ ZK45 + 332，全长 1602m，隧道共设置车行通道 1 处、人行通道 2 处。隧道左线设置为半径 $R = 1640$m 的圆曲线接 $A = 558.211$m 的缓和曲线，再接 $A = 1001.499$m 的缓和曲线，再接半径 $R = 2950$m 的圆曲线。

张庄隧道左线出口洞口设计为环框式洞门，洞口桩号为 ZK45 + 332，明洞长 8m，明暗洞交界桩号为 ZK45 + 324，边仰坡坡率均为 1 : 0.3，采用喷锚防护；ϕ22mm 砂浆锚杆长 3.5m，采用梅花形布置，间距 1.2m；ϕ6mm 钢筋网，网格间距 20cm × 20cm；喷混凝土厚 10cm。进洞辅助措施是采用 ϕ108mm × 6mm 超前大管棚，管棚长度 36m。

10.1.1 工程地质条件

该隧道区分属华北地层区，依据区域地质资料及地质勘察勘探资料对比结果，区内上覆地层为第四系全新统（Q_4）残坡积碎石土，分布不连续，主要分布在坡脚处，下伏寒武系上统三山子组（ϵ_3）石灰岩，具体描述如下：

（1）第四系全新统（Q_4）残坡积体，以碎石土为主，褐黄色，杂色，碎石含量为 50% ~ 60%，局部富集，母岩成分多以砂砾岩和石灰岩为主，粒径 10 ~ 120mm，形状多为次棱角状，由粉质黏土填充，一般厚度为 0.3 ~ 1.0m，多分布于坡脚附近。

（2）寒武系上统三山子组（ϵ_3），根据勘测钻孔揭露，全 ~ 强风化层厚 9.5 ~ 18.0m，青灰色 ~ 灰黄色，极破碎，节理裂隙很发育，泥晶质结构，层状构造，岩芯多呈碎块状，敲击声哑、较易断；强 ~ 中风化层厚 11.5 ~ 25.0m，在出口端局部夹泥质砂岩层，青灰色 ~ 灰黄色，较破碎，泥晶质结构，层状构造，岩芯多呈柱状，节理裂隙发育 ~ 较发育，岩芯锤击声清脆；中 ~ 微风化层青灰色，泥晶质结构，层状构造，岩芯多呈柱状，节理裂隙较发育 ~ 不发育，岩芯锤击声音清脆，多为巨厚层状，工程性质良好。

张庄隧道左线出口洞口段地形地质条件为出口段围岩定为Ⅴ级，地面坡度约45°，植被稀疏。表层为第四系全新统（Q_4）残坡积土，以碎石土为主，褐黄色，杂色，碎石含量为50%～60%，局部富集，母岩成分多以砂砾岩和石灰岩为主，粒径10～120mm，粉质土充填，一般厚度为0.3～1.0m，为全风化残坡积物，结构松散。下部为全～强风化石灰岩，裂隙发育。洞口上部仰坡稳定性差，且该洞口上方在ZK45+287.0～ZK45+290.72段下穿当地乡村水泥道路，下穿处埋深约28m，与洞口相接为最大填高约30m的高填路基。

项目区位于二级构造单元——山西中条隆起区的西南边缘、豫西褶皱带的北侧，以燕山期以来的构造运动为主，以高角度正断层及短轴褶皱平缓开阔褶皱构造为主，总的构造方向以东西为主。

工程区新结构运动以断裂活动和差异性升降为主，差异性升降主要表现为震荡或升降运动，区内卫河、蟒河、沁河等发育有二、三级阶地，且河谷沉积有大量河流相堆积物。

根据有关区域地震资料，隧址区地处华北地震区太行山前大断裂地震带的西南末端，该地震带历史上曾发生过多次5级以上的地震，具有发震构造。

基于上述区域地震、地质构造及地震构造活动特点，并依据《中国地震动参数区划图》（GB 18306—2015）、《建筑抗震设计规范》（GB 50011—2010），隧址区地震动峰值加速度为0.10g、设计地震第二组，场地类别为I1，地震动反应谱特征周期为0.30s。根据地震动峰值加速度与地震基本烈度对照表，地震基本烈度为Ⅶ度。

10.1.2 气象和水文地质条件

隧址区地下水类型主要为松散类孔隙水和溶洞岩类裂隙水，松散岩类孔隙水分布在全新统碎石土层，该层含水层富水性一般，含水率受降水影响大。溶洞岩裂隙水指赋存于寒武系上统三山子组石灰岩的构造裂隙、风化裂隙及孔洞中的地下水。由于分布基岩山区侵蚀切割强烈，山高谷深，不利于地下水的补给与储存，一般富水性较差。

隧道区域内的松散类孔隙水埋藏较浅，其特点是以就地补给、向附近沟谷排泄为主要形式。

本区岩石的节理、裂隙发育比较均匀，尤其沟谷内有残坡积物存在时，地下水没有明显露头，地下水会沿岩石裂隙流入隧道，造成隧道滴水，局部破碎岩体可能会突发涌水现象，雨季降雨会加大这种影响。

10.2 重难点分析

张庄隧道左线洞口仰坡施工存在以下难点：

（1）出口段围岩定为Ⅴ级，表层为全风化残坡积碎石土，结构松散，中下部位为全风化及强风化石灰岩，岩体裂隙发育，出口坡角为40°，洞口上部仰坡稳定性差，洞口开挖易发生滑塌灾害，存在一定安全隐患。

（2）洞口处于“V”字形沟谷的半山腰处，顺接高填方路基，填筑高度约30m，分布有拱涵两道。洞口施工临近沟谷，施工场地受限，存在较大的安全风险。

（3）仰坡在第一次开挖过程中发生了较深层的滑塌，再次缓坡卸载极容易导致对开挖面造成二次扰动，并且仰坡上方有乡村道路，存在重大安全隐患。

(4)洞口仰坡由于坡积体松散破碎，含碎石，易卡钻、堵孔，仰坡高度达 28m，施工平台有限，洞口加固防护存在较大的安全隐患。

(5)洞口仰坡高达 28m，若按设计一次性施作套拱，由于临空面过大，极易形成顺层滑动面，存在重大的安全隐患。

10.3 张庄隧道进洞施工技术

10.3.1 进洞施工方案

在按设计明暗交界桩号及边仰坡坡率进行开挖过程中，仰坡上方残坡积土堆积体发生大面积较深层滑塌，超出仰坡开口线约 6m，坡积体极为松散且夹大量的大块状孤石，如图 10-1 所示。由于坡积体及全风化岩层覆盖厚度深，坡面较陡且极不稳定，单靠喷锚防护无法稳定坡体，若贸然继续进行开挖，势必会加重对山体的扰动，假如进洞后由于洞口基本处于三面临空状态，一旦发生大的顺层滑塌，将造成不可挽回的损失。

图 10-1　仰坡滑塌

考虑整个山体坡面较陡，不良地质覆盖层厚度尚未明确，同时洞口上方存在既有乡村道路，应遵循设计及施工规范相关要求，隧道洞口边仰坡不宜“大挖、大刷”，少扰动山体，维持隧道山体原有地表的稳定，尽量实现“早进洞，晚出洞”，进出洞前要做好各种防护、支护体系等，故暂排除了放缓边仰坡的处理方式。

图 10-2　地质钻探

1)重新组织地质勘探

如图 10-2 所示，地质钻探在乡村道路上隧道中心线处进行，探查深度 30m，由不同深度处取得的岩芯以及钻进速度进行分析，0 ~ 8.7m 范围内为残坡积碎石土，施钻速度极快，土质湿润。8.7 ~ 20.5m 范围内为全 ~ 强风化石灰岩，岩芯多为粉质土状，块状易碎，芯样完整率很低。20.5 ~ 30m 范围内为中 ~ 强风化泥质砂岩，强度较高，完整性较好(此处高于洞顶高程约 7m)。

2)进洞方案

根据隧道洞口设计及施工相关规范和理念，结合现场实际地形地质条件，综合考虑隧道施工安全、质量、进度及工程投资等方面的因素，将原进洞方案进行变更调整。变更后的进洞方案如下：

(1)由于仰坡发生较深层滑塌,致使明暗交界桩号只能往山体内平移7m,由ZK45+324调整到ZK45+317,暗洞明做,洞口桩号保持不变。

(2)边仰坡处治摒弃一味地缓坡卸载,避免“大挖、大刷”对山体和原地貌的破坏,充分保留原乡村道路,以“控制开挖、针对加固”为主要出发点。从乡村道路外侧3.5m处开始放坡,设两级仰坡,坡率均为1:0.75,在ZK45+301.15~ZK45+304.75处新刷一平台,平台宽度3.6m,距乡村道路直线距离12m,平台处埋深约16m。

(3)由于坡积体松散破碎,含碎石,易卡钻、堵孔,为提高坡面加固效率和质量,喷锚防护中的原设计长3.5m、ϕ22mm砂浆锚杆调整为长4.5m、ϕ42mm×4mm注浆钢花管,小导管用热轧无缝钢管加工制成,管壁钻注浆孔,孔径8mm,孔间距10cm,呈梅花形布置,尾部30cm作为止浆段不钻注浆孔。

(4)在新刷平台处设置两排ϕ89mm×6mm注浆钢花管,排距1.2m,横向间距2m,错位布设,长度暂定8m(深入到强风化灰岩不小于1m)。在平台内测设置60cm×60cm,壁厚25cm的浆砌片石截水沟,将道路下边坡汇水集中引至路基边沟,减少雨水对隧道口上边仰坡的冲刷。

注浆管前段加工成锥形,管身钻设ϕ16mm的注浆孔,间距20cm,孔口2m范围内止浆段不设注浆孔,止浆段内侧对管孔缝隙采用C30速凝砂浆进行糊缝处理。为确保注浆效果,在平台地表设置止浆盘,止浆盘采用20cm厚C20钢筋混凝土,钢筋直径为8mm,间距20cm×20cm。

(5)超前辅助措施按原设计36m超前大管棚施工,洞身开挖采用三台阶七步开挖法,仰拱尽早封闭成环,及时施作明洞。

10.3.2 施工要点

(1)在乡村道路外侧设置混凝土防撞墩,间距适宜,稳固牢靠;布设地表监控点,加强监控监测;安设醒目的标识标牌,同时在方案实施期间,安排专人对道路进行交通管制。

(2)施工尽量避开雨天,下雨时可采用适当的覆盖措施,防止雨水浸泡渗透,影响边仰坡的稳定性。

(3)边仰坡施工工艺流程为:机械开挖刷坡→人工修整→初喷混凝土→钻孔→锚管安装→挂网注浆→复喷混凝土。

开挖施工严格按照“开挖一级,防护一级”的要求进行,一次开挖深度以2m为宜,遇大块状片块石不宜生拉硬拽,可采用人工风镐修整。锚管宜垂直岩面,确保受力良好,根据施钻速度,对于明显松散处可适当增加。钢筋网应随坡面起伏敷设,并焊接在锚管头上,防止复喷时混凝土出现空洞及钢筋网晃动。喷射混凝土喷头应基本垂直对准坡面,且距离坡面为0.6~1m,喷射时喷头以旋转轨迹移动,一圈压半圈,每次蛇行长度3~4m,以保证喷混凝土的密实性。

(4)平台竖直注浆钢花管的作用类似于抗滑桩,其施工质量对整个坡面的加固效果至关重要,其施工要点如下:

①钢花管原材料和加工质量应可靠。

②打设深度应嵌入强风化岩层至少1m。

③注浆方式采用全孔压入式,浆液采用纯水泥浆液,水泥采用42.5级普通硅酸盐水泥,水灰比为1:1,初压力为0.5~1MPa。

④注浆前应进行注浆现场试验,参数根据实际情况灵活调整,以利于施工。

⑤注浆在止浆盘达到设计强度的 70% 后进行,先灌注边孔,使松散围岩形成一个相对封闭的注浆环境,然后依次向内推进,每排注浆孔应交替进行。

⑥因地层松散破碎,为确保注浆效果,当注浆压力达到 2.0MPa 时,继续保持 10min 以上且注浆量达到设计注浆量的 90% 以上时方可结束注浆。

⑦注浆过程中要防止串浆、冒浆、漏浆,若漏浆严重,可酌情采用双液浆处理,水泥浆与水玻璃比 1:0.6~1:0.8,同样需现场试验确定。

(5)及时施作截水沟,做好集中引排。截水沟施作完成后,在平台上同样布设地表监测点,由专人负责,加强监控量测。

(6)边仰坡逐层开挖防护至明暗交界处,在采用预留核心土法进行套拱开挖过程中,发现实际地层为全~强风化泥质砂岩,灰褐色,节理裂隙极发育,裂隙多为张开型,大块岩石受挤压明显,倾向外斜,岩体松散破碎,存在软弱土质夹层,如图 10-3 所示。仰坡高达 28m,若一次性施作套拱,由于临空面过大,极易形成顺层滑动面,存在重大安全隐患。

a)

b)

图 10-3　套拱开挖面地质情况

根据现场实际情况,为防止对开挖面造成二次扰动,减少仰坡滑塌的风险,采取立即对开挖面喷锚加固,提前施作套拱及管棚的方法,第一次套拱浆砌片石基础设成斜面,确保受力良好。在中台阶开挖过程中,再依次将两侧套拱接长至设计位置。

(7)由于围岩松散破碎,为确保安全质量,提高施工速度和节约施工成本,管棚施工采用跟管钻进法。超前大管棚的施工质量对洞口段暗挖施工具有至关重要的作用,其主要施工要点如下:

①严把质量关,各工序均由专人负责,严格实施岗位责任制,力求做到分工明确,责任到人。

②每个孔位都要仔细调整钻机方位,同时跟踪校核纠偏,确保每根钢管以准确的方向钻进。

③大管棚打设时必须跳孔打,终孔跟踪注浆,注浆必须保证管内外环状间隙注满填充实,跳打 3~5 个孔再回去补打。如果不跳打,接着再打下一个孔,地层软硬不均,钻进时钢管很难控制偏斜,无法保证大管棚质量。

④注浆采用水泥浆,水灰比为 1:1,并经现场试验调整,注浆量先根据钢管内和钢管外的

环状间隙计算，然后根据地层渗漏情况确定每一根钢管的注浆量。

⑤注浆控制采用注浆量和注浆压力双控法，确保注浆质量。

(8)洞身开挖采用三台阶七步开挖法，严格贯彻“短进尺、少扰动、早喷锚、勤量测、紧封闭”的基本原则，每循环进尺1榀，仰拱一次开挖长度不大于3m，开挖方式以机械开挖为主，弱爆破为辅。设计上半圆钢拱架平均分为5节，故各台阶的开挖高度可按拱架连接处划分，上台阶核心土高度1.5～2.5m，宽度为上台阶开挖跨度的1/3～1/2。

10.3.3 管棚跟管钻进法施工

由于岩体极为松散破碎，用常规的潜孔钻进行管棚钻孔后出现了塌孔、卡钻、进管困难等问题，为了保证管棚施工质量和施工进度，确保隧道进洞施工安全，采用管棚跟管钻进法施工。

1）管棚设计参数

(1)钢管规格：采用热轧无缝钢管，直径108mm，壁厚6m，每节长度3m或6m。

(2)管距：环向间距40cm。

(3)倾角：仰角1°～2°(不包括路线纵坡)，方向与路线中线平行。

(4)钢管施工误差：径向不大于20cm。

(5)隧道纵向同一横断面内的接头数比例不大于50%，相邻钢管的接头应至少错开1m。

2）施工原理

跟管钻进法是利用偏心钻旋转扩孔原理，结合气动冲击装置的特点，将钻具和管棚钢管通过钻杆连为一体，再通过偏心钻头研磨、冲击、挤密岩体成孔，用冲击振动冲击管棚钢管，实现成孔与钢管推进同步完成的施工技术，从而解决岩体岩体松散、孔隙率高，不宜成孔的困难。图10-4所示为钻杆安装。

a)　　　　b)

图10-4　钻杆安装

3）主要施工方法

(1)工艺流程

跟管钻进工艺流程如图10-5所示。

(2)施工准备

现场施工准备分技术准备和现场准备两个方面，施工配备1台SY-2PCG型风压钻机，2台20m³空压机。跟管施工由专业操作人员进行，每台钻机配备4名操作工。

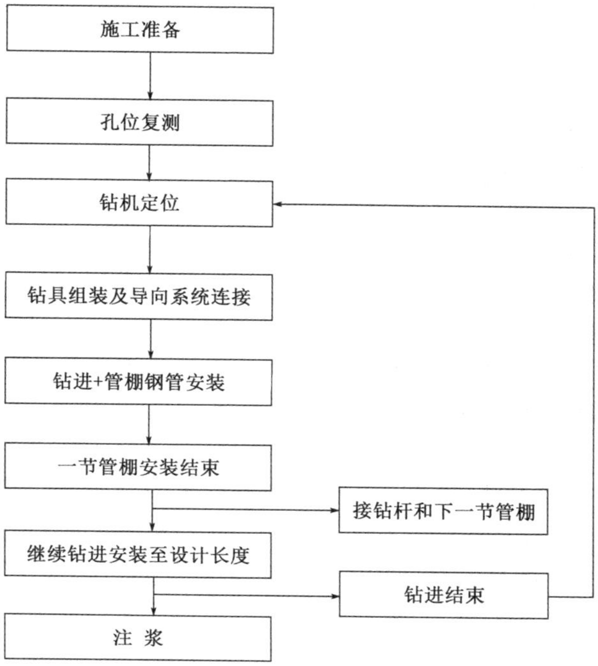

图 10-5　跟管钻进工艺流程图

(3)搭钻孔平台安装钻机

①搭设平台应一次性搭好,钻孔由高孔位向低孔位进行。

②平台地基要稳固,防止在施钻时钻机产生不均匀下沉、摆动、位移而影响钻孔质量。

③钻机要求与已设定好的孔口管方向平行,必须精确核定钻机位置。用全站仪、挂线、钻杆导向相结合的方法,反复调整,确保钻机钻杆轴线与孔口管轴线相吻合。

(4)跟管钻进施工

①在每孔的第一节管棚打设时,奇偶孔号分别用长 2.5m 和 2m 的钢管,并安装管靴。其余每节管均采用长 2m 钢管。

②钻头与管靴连接后,放入导管内,钻杆穿过第一节钢管与钻头连接,开动管棚机,钻头偏出,旋转扩孔,将岩体研磨、冲击、挤密成孔,利用冲击器带动管棚钢管钻进。

③第一节钢管钻进到位后,继续安装钻杆及管棚钢管。待钻到设计管棚长度后,反转钻杆,使偏钻头退回管内,取出钻头及钻杆,进行下个钢管钻进。

④钻进过程中经常用测斜仪测定位置,调整钻进方向。

⑤做好钻进过程原始记录,对孔口岩屑地质判断、描述。以此作为开挖洞身的地质预探资料,用于指导洞身施工依据。

⑥钻进时,少量钻渣通过注浆孔进入管内,钻进结束后,用高压气从管底向管内清理钻渣。

(5)注浆

①按照编号对孔内注浆,注浆时从左至右先灌注单号孔,再灌注双号孔。

②注浆材料:水泥浆水灰比 1:1,注浆孔口初压力 0.5～1.0MPa。

③采用注浆机将砂浆注入管棚钢管内,初压力 0.5～1.0MPa,当注浆压力达到 2.0MPa

时，继续保持10min以上且注浆量达到设计注浆量的90%以上时方可停止注浆。

(6)常见问题原因及处理

①钻孔偏斜。

a. 主要原因：传统的管棚施工采用先成孔后顶管的工艺，在钻孔过程中，因钻杆长细比大、钻头重、钻具摆动大、地层软弱不均、钻孔易向下偏斜，造成顶管困难并影响管棚质量。

b. 防治措施：在偏心跟管钻进式管棚施工中，由于钻具头部（跟管装置和冲击器）与管棚间隙小且管棚紧跟，钻进中方向约束能力强，施工中不宜发生偏斜。但是钻进过程中一旦发生偏斜，纠偏非常困难，能直接导致管棚施工的失败。因此，管棚的纠偏一定要以预防为主。预防主要从控制机具和管具安装精度入手，加强施钻等环节人员培训，根据情况控制钻速、压力及冲击风压，明确职责和奖惩措施。管棚测斜主要是及时检查每节钢管加设后的方向和角度，通常采用钢尺测距法测量，简单快捷。

②卡钻。

a. 主要原因：钻进动力不足；钻进压力过大；钻孔严重偏斜，增大管系及钻头摩擦。

b. 防治措施：更换设备；调整操作工艺，选择丰富经验的操作手；预估钻孔倾斜度，合理加大抬高量和仰角，钻进中经常进行偏斜测量，必要时进行纠偏。

10.3.4 仰坡锚杆框架梁植草防护

随着时间的推移，仰坡喷锚表面局部有开裂现象，且仰坡大面积的喷射混凝土与自然景观不协调，如图10-6所示。为了保证通行安全且考虑景观要求，经多方现场勘察协商决定，对张庄隧道左线出口边仰坡增加锚杆框架梁植草防护加固。

a) b)

图10-6 仰坡锚喷局部开裂

如图10-7所示，坡面采用锚杆框架梁防护，其中锚杆直径25mm，锚杆长度9m，纵横向间距3m×3m，格梁横截面尺寸为30cm×30cm，采用现浇C25混凝土。如图10-8所示，由于坡面覆盖层较厚，岩体松散破碎，采用常规施工方法试钻均出现卡钻、埋钻现象，无法正常成孔、无法入岩。通过动态变更调整，把锚杆长度由9m增加到12m，增加锚杆与岩体之间的锚固长度，并对钻孔工艺进行了调整。锚杆采用套管跟进干法钻孔成孔工艺，在施工过程中确保钻孔成孔质量。

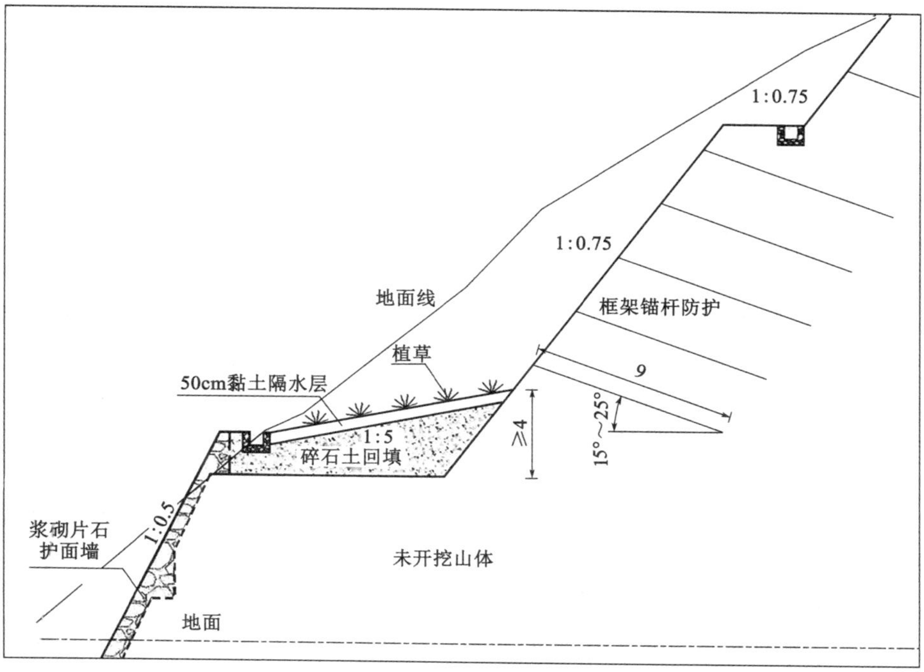

图 10-7　仰坡框架梁方案图(尺寸单位:m)

a)卡钻深度4.2m

b)塌孔后剩2.3m

c)卡钻深度4.9m

d)塌孔后剩2.1m

图 10-8　套管跟进干法钻孔成孔过程

1)施工方法

(1)施工流程

测量放线→平台搭设→钻机就位→套管安装钻孔→钻孔验收→清孔→锚杆制作与安装→注浆→框架梁施工。

(2)脚手架安装

脚手架搭设前必须先对现有边坡的稳定情况进行观察,确定安全后再搭设脚手架。脚手架采用 ϕ50mm 钢管搭设,支架立柱应置于坚硬稳定的岩石上,不得置于浮渣上;立柱为间距1.5m。脚手架宽度1.2~1.5m,横杆高度1.8m,并应设置安全栏杆。搭设管扣要牢固和稳定,钢架与壁面之间必须楔紧,相邻钢架之间应连接牢靠,以确保施工安全。

脚手架搭设完成后,应根据施工需要在脚手架上设置竹跳板和爬梯,且竹跳板和爬梯应用铁丝捆绑牢固,以保证人员及机具的施工安全。

(3)锚杆钻孔

①锚杆孔位测放时,应用油漆在岩层面上标出孔位,孔位误差应小于±5cm,并做好放线技术交底。

②钻机用三脚支架提升并将其放置于稳定平整的竹跳板上,根据坡面测放的孔位准确安装固定钻机,并严格认真进行机位调整,确保锚杆孔开钻平面定位误差不得超过±50mm,高程误差不得超过±100mm,钻孔倾角和方向符合设计要求,倾角允许误差±1.0°,方位允许误差±2.0°,钻孔底部的偏斜尺寸不应大于锚杆长度的3%。采用斜支撑、拉锚筋、剪刀撑和承载部位增加立柱密度相结合的措施保证管架刚度,满足施工要求。

③套管跟进设备选用YXZ-90A型锚杆钻机,使用 ϕ89mm 的钻杆,跟进套管为 ϕ108mm×6mm 的无缝钢管。锚杆孔采用自上而下方式进行钻孔,锚杆孔孔径为90mm,钻孔深度为15m,钻孔与水平面倾角15°~35°,锚杆孔横向和竖向间距均为3.0m,第一排锚杆距离护脚顶0.5m,呈井字形布置。施工现场如图10-9所示。

a) 跟进套管

b) 施工现场

图10-9 跟进套管施工

④第一节钻杆和第一节套管选用干法作业成孔。套管的前端镶有钻头,后端为加工直螺纹,将钻杆插入套管中,置于钻臂架上,前端对准坑壁,开动钻机动力为正转,先安装第一节钻

杆,再安装第一节套管,然后将带螺纹套管对准所要施工的锚杆孔位。

⑤安装钻机前用直径相同的探头对钻孔重新进行检查,若塌孔、掉块应及时进行适当的钻杆提拉运动,利用高压风将孔内钻渣及时排出孔外,清理或处理钻孔,确保钻孔畅通。锚杆孔达到设计深度后,不能立即停钻,要求稳钻1~2min,防止孔底尖灭、达不到设计孔径,为确保锚杆孔深度,要求实际钻孔深度大于设计深度0.5m以上。

(4)清孔、验孔

①在达到设计钻孔深度后,应用高压风枪清除孔内和孔口处的水、浮渣及粉尘,注意清孔顺序是自上而下。清孔完成后,应将孔口暂时封堵,避免碎屑杂物进入孔内。

②在清孔的同时,需对孔位、孔深进行检查,锚杆孔位、孔深允许偏差为±50mm,漏钻孔及深度不够的孔位应及时补钻。

③在监理工程师检查后,方可插入锚杆。

(5)锚杆安装

①锚杆插入前为保证锚杆有足够的保护层,需进行定位支架焊接,定位支架采用ϕ8mm的钢筋制作,自锚杆前端0.2m处每2m设置一处。

②支架焊接时需满焊支架头,且注意焊接时不得损伤锚杆母材。

③锚杆端头距孔底为0.15m,外露端头需做成弯钩状并与框架梁主筋焊接或绑扎牢固。

④成孔质量直接影响到锚杆的锚固有效时间,钻孔深度达到设计师要求后,由业主、监理对孔深进行检查,并做详细、完整的钻孔记录。

(6)灌注水泥砂浆

①灌浆前应对机制砂进行检查,不得出现石子等杂物,防止机器的堵塞。并应检查注浆泵、管路及接头的牢固程度,防止浆液冲出伤人。

②采用压浆机将1:1的C30膨胀水泥砂浆注入锚孔,注浆需按孔位自下而上进行。如遇空洞不能加压太大,要保持0.4 MPa的工作压力。注浆时注浆管应插至孔底5~10cm处,随砂浆的注入缓慢匀速拔出,并在孔口处应减压或松压至零。注浆要保证砂浆饱满,不得有里空外满的现象。

③拔出注浆管时应注意钢筋有无被带出的情况,否则应再压进去直至不带出为止,再继续拔管。

④浆液硬化后不能充满锚固体时,应进行补浆,注浆量不得小于计算量。

⑤砂浆拌和均匀,随拌随用,一次拌和的砂浆要在初凝前用完,注浆结束后,应将外露的钢筋、注浆管、注浆枪和注浆套管清洗干净,同时做好注浆记录。

(7)框架梁施工

①放样。当锚杆偏离框架梁中心过大时,应适当调整锚杆端头或立即补钻孔。

②基础开挖采用人工风镐凿除方式应自上而下进行,锚喷面清除确保后期植草存活率。

③钢筋制作安装。采用现场坡面绑扎、焊接的方式进行,钢筋净保护层厚度为50mm,钢筋焊接时双面或单面均可。锚杆的弯钩需与框架梁主筋焊接或绑扎牢固,若锚杆与箍筋相干扰可适当调整箍筋,且注意在钢筋绑扎、焊接预留伸缩缝的位置。钢筋焊接接头需错开分散布置,同一截面钢筋接头数不得超过钢筋总根数的1/2,且焊接接头间距<75cm。

④模板安装。采用原槽浇筑的方法,岩层面以下不安装模板。岩层面以上模板采用小块

钢模板和木模板相结合,用短锚杆固定在坡面上以支撑模板或用铁丝拉住模板。图10-10所示为模板现场施工图。

⑤浇筑混凝土。混凝土浇筑前,应调配好人员、机具及原材料,防止浇筑过程中发生中断及其他事故。混凝土浇筑时,尤其在锚孔周围,钢筋较密集,一定要仔细振捣,保证质量。框架分片施工,两相邻框架接触处留2cm宽伸缩缝,用浸沥青木板填塞。分段施工时,需预留钢筋,连接面按施工缝处理。

⑥养护。采用草麻袋覆盖及浇水的养护方式,混凝土的养护在混凝土浇筑12~24h后进行,养护时间一般不得少于14d。

⑦拆除脚手架。拆除时严禁将拆卸下的杆部件和材料向地面抛掷,且一定要按照先上后下、先外后里拆除顺序,作业现场应设安全围护和警示标志,禁止无关人员进入危险区域。图10-11所示为施作完成的仰坡锚杆框架梁植草防护现场情况。

图10-10　模板施工

图10-11　施作完成的仰坡防护现场

10.4　本章小结

本章对陡坡地段深层坡积体隧道进洞施工关键技术问题进行了研究,经过充分的调查和论证,制订了张庄隧道进洞技术方案。目前,该隧道已成功安全进洞,明洞也及时跟进。通过监控量测,地表沉降较小,仰坡仅局部有轻微开裂,洞内初期支护无开裂,沉降收敛值均符合设计及规范要求,表明地表及围岩已处于稳定状态,保证了隧道的安全。通过本章的研究得出了以下结论:

(1)由于地质的复杂性、多变性和不可预见性,施工图纸往往并不能完全真实、全面地体现整体的施工条件变化情况,也不一定完全适用于整个施工过程,因此施工中切不可仅仅依照图纸施工,必须准确掌握围岩的实际情况,与设计不符时要及时寻求动态设计,不能等到边仰坡坍塌堵塞隧道洞门、危及施工安全时再做变更,这样会造成较大的经济损失,并影响施工进度。

(2)不良地质边仰坡应尽可能采取长锚管或锚索加强支护,多措并举,简单的喷锚防护并不能有效阻止岩层顺层滑动,锚管或锚索施工方向尽可能与层面垂直,保证锚固效果。

(3)跟管钻进可以避免一般软弱地层出现塌孔、卡钻、进管困难等问题;钢管用螺纹连接,可加强钢管连接的顺直;采用偏心钻扩孔,可减少钻渣对管棚施工的影响,保证施工进度、安全和质量。

(4)严格过程管控,把好工序关,严格按“新奥法”要求组织施工,及时施作明洞。对于陡坡地段受地形条件限制无法及时施作明洞的,可采取临时棚洞,适当反压回填过渡。

参 考 文 献

[1] 东、中、西日本高速道路株式会社. 公路隧道设计要领(第三集)[M]. 东、中、西日本高速道路株式会社,2014.

[2] 肖广智,魏祥龙. 意大利岩土控制变形(ADECO-RS)工法简介[J]. 现代隧道技术,2007,44(3):11-15.

[3] Lunardi P. Design and construction of tunnels: analysis of controlled deformation in rocks and soils [M]. Springer,2008.

[4] 李明,刘强,相犟. 隧道"零开挖"进出洞施工方法的探讨[J]. 公路交通科技(应用技术版),2012(3):187-190.

[5] 蒋树屏,李建军,谢锋. 隧道洞口不同开挖方法的稳定性比较分析[J]. 隧道建设,2007,27(S2):16-20.

[6] 宋玉毛. 环境敏感区大跨径隧道环保型建设技术——老山Ⅱ号隧道"零仰坡"进洞技术[J]. 铁道标准设计, 2007(6):95-96.

[7] 何英伟. 复杂地形条件下山岭隧道单口出洞施工技术[J]. 公路工程,2011,36(3):115-118.

[8] 胡桂先. 金沙江陡岸隧道洞口施工技术[J]. 铁道标准设计,2005(8):76-78.

[9] 徐加民. 隧道出洞的设计研究与应用[J]. 铁道工程学报,2015,32(3):73-76.

[10] 李宗长,陈永亮. 浅埋偏压隧道小导洞出洞施工与监控量测技术[J]. 施工技术, 2009(S2):285-287.

[11] 田鲁鲁. 高速铁路隧道洞口缓冲结构设计[J]. 四川建筑,2019,39(1):73-75.

[12] 王维富, 梅竹. 台阶法在超大断面浅埋偏压隧道中的应用研究[J]. 隧道建设,2017,37(12):1578-1584.

[13] 贾晓旭, 赵玉成. 软弱围岩隧道 CD 法和台阶法施工力学行为分析[J]. 铁道标准设计,2016,60(7):121-125.

[14] 杨建民. 谈高速铁路黄土隧道 CRD 法施工中的几个问题[J]. 铁道标准设计, 2015(10):134-139.

[15] 刘宁,陈凯,吴波,等. 双侧壁导坑法施工各分部开挖工序优化研究[J]. 施工技术, 2018(14).

[16] 高飞,李云鹏. 长哨浅埋偏压隧道施工顺序与支护力学行为分析[J]. 隧道建设,2009,29(1):19-23,37.

[17] 来弘鹏,谢永利,杨晓华. 地表预注浆加固公路隧道浅埋偏压破碎围岩效果分析[J]. 岩石力学与工程学报,2008,27(11):2309-2315.

[18] 邹德松,刘兰利. 枣槐岭 2 号隧道进口段地表加固施工[J]. 铁道建筑技术,2005(S1):115-117.

[19] 秦正刚,彭锋. 小德江 2 号隧道洞口山体滑坡成因及综合治理[J]. 西部探矿工程,

2000(3):65.
[20] 曹立峰. 尖山子隧道洞口施工技术[J]. 公路交通技术,2004(4):92-94.
[21] 李学森. 东巨寺沟隧道洞口边坡、仰坡坍方处理[J]. 铁道建筑,2002(3):38-40.
[22] 蒋楚生. 二郎山隧道洞口处滑坡的计算分析和整治[J]. 公路,2000(12):17-18.
[23] Popescu M. A suggested method for reporting landslide remedial measures[J]. Bulletin of Engineering Geology & the Environment,2001,60(1):69-74.
[24] 张发明,刘汉龙,赵维炳. 预应力锚索加固岩质边坡的设计实例[J]. 岩土力学,2000,21(2):177-179.
[25] 封明君,鞠小华. 预应力锚索加固隧道洞口蠕滑山体[J]. 铁道工程学报,1999,16(2):58-62.
[26] 吴维. 管棚支护的设计与施工[J]. 铁道勘测与设计,1993(2):1-4.
[27] 苟德明,阳军生,高世军. 下穿公路连拱隧道双层管棚预加固作用数值分析[J]. 交通科学与工程,2008,24(2):16-22.
[28] 周太全,华渊. 东巨寺沟隧道湿喷纤维混凝土支护结构和围岩稳定性位移模糊判别[J]. 岩土力学,2008,29(5):1377-1381.
[29] 张敏. 复杂地质条件下大断面隧道"零"进洞工法技术体系及应用研究[D]. 成都:成都理工大学,2009.
[30] 尹航. 隧道洞顶地表及套拱变形开裂综合处理[J]. 北方交通,2016,278(6):155-157,160.
[31] 朱容辰. 客运专线铁路隧道高陡坡洞口开裂整治技术研究[J]. 铁道标准设计,2016,60(3):112-116.
[32] 刘新荣,钟祖良,黄林伟,等. 桃树垭隧道初期支护大变形分析与工程处理[J]. 水文地质工程地质,2008(4):84-87.
[33] 孟祥马. 隧道软弱围岩施工初期支护变形的处理与认识[J]. 交通世界(建养. 机械),2014(10):112-113.
[34] 赵桦,韦猛,廖秀宇. 司家寨隧道洞口失稳机理分析及快速处理措施[J]. 内蒙古科技与经济,2018(8):92-93.
[35] 朱经志. 膨胀土地区隧道洞口边仰坡垮塌机理与防治措施研究[J]. 水利与建筑工程学报,2016,14(3):226-231.
[36] 王常金. 东皇庙隧道冒顶坍塌事故分析及处理方案探讨[J]. 交通科技,2015(1):126-128.
[37] 申晓平. 南山一号隧道冒顶的原因分析和处理方案研究[J]. 企业技术开发,2013,32(5):148-149.
[38] 徐志勇. 渝怀铁路大板溪三线隧道出口山体滑移处理[J]. 隧道建设,2005(5):45-48.
[39] 张杰. 牛头山隧道进口山体崩塌处理施工技术[J]. 施工技术,2005(5):77-80.
[40] 杨振军. 宜万铁路八字岭隧道洞口陡壁危岩整治[J]. 铁道勘察,2008(3):85-87.
[41] 武长贵. 湿陷性黄土隧道浅埋段围岩变形治理[J]. 青海交通科技,2008(4):61-63.
[42] 崔永杰. 顺层偏压隧道灾害处理及施工技术[J]. 现代隧道技术,2009,46(5):86-91.